कोई बात नहीं

(उपन्यास)

कोई बात नहीं

अलका सरावगी

राजकमल प्रकाशन

ISBN : 978-81-267-0841-3

मूल्य : ₹ 400

पहला संस्करण : 2004
दूसरा संस्करण : 2015

प्रकाशक : राजकमल प्रकाशन प्रा. लि.
1-बी, नेताजी सुभाष मार्ग, दरियागंज
नई दिल्ली-110 002

शाखाएँ : अशोक राजपथ, साइंस कॉलेज के सामने, पटना-800 006
पहली मंजिल, दरबारी बिल्डिंग, महात्मा गांधी मार्ग, इलाहाबाद-211 001
36 ए, शेक्सपियर सरणी, कोलकाता-700 017

वेबसाइट : www.rajkamalprakashan.com
ई-मेल : info@rajkamalprakashan.com

मुद्रक : बी.के. ऑफसेट
नवीन शाहदरा, दिल्ली-110 032

KOI BAAT NAHIN
Novel by Alka Saraogi

अकथ कहानी : पुनर्वाचन

यह कथा एक तरह से कही जा रही थी कि तभी वह भीषण विस्फोट हुआ, जिसने इस कथा के परखच्चे उड़ा दिए। अब इस कथा—जो झुटपुटे अँधेरे के ताने में उम्मीद और रोशनी का बाना लगाकर बुनी जा रही थी—के हज़ारों-हज़ार टुकड़े हो गए और वे सारे टुकड़े इस कदर छितर-बितर गए कि उन्हें पहचानना तक मुश्किल हो गया। उन टुकड़ों को फिर से जोड़कर वह कथा वापस नहीं बनाई जा सकती थी। इसलिए उस कथा को—यदि अनादि काल से अब तक लिखी गई हजारों-लाखों कथाओं के बावजूद—कहना जरूरी हो, तो उसे फिर से एकदम नए सिरे से ही कहा जा सकता था।

काहे री नलिनी तू कुम्हलानी।
तेरे ही नाल सरोवर पानी...
(ए नलिनी, तू कुम्हला कैसे गई? तेरी नाल तो अब भी सरोवर के पानी में ही है...)

"देख, इस पानी को देख। गंगा का बहता पानी। कितना पानी, न जाने कब से बहता आया। इसका कोई आदि है? कोई अंत है? और देख, यह हावड़ा पुल। इस किनारे से उस किनारे। इधर कलकत्ता, उधर हावड़ा। देखती है न? देखती-देखती तो बूढ़ी हो गई। बच्ची से बूढ़ी। पर क्या देखा? क्या समझा? क्या पाया? पूछती है कि ऐसा क्यों हुआ? 'क्यों' का परदा मत उठा बावली। उठेगा तो यों भी नहीं, पर कोशिश भी मत कर। नहीं तो राह भटक जाएगी"–सुच्चा बाबा चुप हो गया था जैसे सारी बात खत्म हो गई हो और पीछे मुड़कर गंगा-घाट पर उड़ते उन कबूतरों को देखने लगा था, जो एकदम हल्की-सी आवाज से भी ऐसे डरकर इकट्ठे उड़ जाते थे जैसे उनके बिलकुल बीच कोई विस्फोट हो गया हो।

शशांक ने दादी के बुढ़ाते चेहरे को देखा। साथ ही उसके पीछे छिपे बचपन के उस चेहरे को भी, जिसे सुच्चा बाबा ने घर के आँगन में चचेरी बहन के साथ इक्कड़-दुक्कड़ खेलते देखा होगा। सुच्चा बाबा उर्फ सत्यप्रकाश उर्फ सत्तू भैया, जो बढ़ते शरीर के साथ बुद्धि में नहीं बढ़ता था। दाढ़ी-मूँछ आने लगी, तो भी लड़कियों के साथ इक्कड़-दुक्कड़ खेलने के लिए रोने लगता। मुँह से लार गिरती रहती और पाजामे का नाड़ा हमेशा ऐसा ढीला रहता कि जब-तब पाजामे को ऊपर खींचकर पेट पर टिकाता रहता।

तो क्या दादी की मार्फत बचपन से जाने हुए, पर पहली बार मिले इस सुच्चा बाबा की बुद्धि बाद के दिनों में 'जेट स्पीड' से बढ़ गई थी?–शशांक ने अपनी निरी अन-आस्तिकता के लिए दादी से आँखें चुराते हुए सोचा–'कम-से-कम आज तो बातें ठीक ही कर रहा है। या हो सकता है

कि कोई सुनी-सुनाई बात दोहरा रहा हो।

शशांक ने देखा कि दादी के चेहरे पर, हर साल गंगासागर मेले के लिए इसी लोहाघाट या बगल के आरमेनियन घाट पर गंगा किनारे आनेवाले अपने अधपगले भाई के लिए श्रद्धा की दमक आ गई थी। पर उसके नीचे असंतोष की झाँई शशांक से नहीं छुपी। तभी दादी मुड़कर उड़ते कबूतरों को देखने लगी और शशांक ने जान लिया कि सुच्चा बाबा की बातों से बुझते हुए अपने मन को वह कोई सांत्वना की घुट्टी पिलाने की कोशिश कर रही है। हर घटना या दुर्घटना के पीछे छिपे 'क्यों' का जवाब जानने के लिए दुनिया इधर-से-उधर हो जाती है और यह बाबा है कि कहता है—क्यों का परदा मत उठा। लेकिन सच तो यह है कि शशांक भी नहीं जानना चाहता इसे, जबकि इसका संबंध खुद उसी के जीने-मरने से है।

जल में उतपति, जल में बासा
जल में नलिनी, तोर निबासा...

सुच्चा बाबा फिर कबीर गाने लगा था। बिना खंभों के हावड़ा पुल के नीचे बहती गंगा, बार-बार उड़ते कबूतरों और बाबा के गहरे कुएँ से निकलते-से स्वर ने शशांक और दादी, दोनों को एक तरह के हल्केपन से घेरना शुरू ही किया था कि सुच्चा बाबा कबीर भुलाकर फिर बोल पड़ा—''अब पहलेवाली कथा कह। वही, जो पिछले और उसके पिछले साल कह रही थी। वह कथा क्या झूठ हो गई? देख, साँझ घिर रही है, तो क्या दिन झूठ हो गया? वो तो लौटता है ना फिर। फिर-फिर।''

शशांक ने सुच्चा बाबा की बातें सुन कनखियों से गंगाघाट की सीढ़ी पर बगल में सटकर बैठी आरती मौसी की ओर देखा, जिसकी बड़ी-बड़ी आँखों में चली आई पानी की परत को तोड़कर किसी कथा को सुनने की ललक हमेशा की तरह कौंधने लगी थी। शशांक को इससे कोई शिकायत नहीं हुई। वह जानता है कि मौसी को अपनी कथा बुनने के लिए दूसरों से उनके जीवन की कथा सुननी होती है। उसने मौसी की लिखी कहानियाँ-किस्से पढ़े हैं, हालाँकि वह ठीक-ठीक कभी समझ नहीं पाता कि मौसी उन कहानियों में कहना क्या चाहती है। मौसी की कहानियाँ चलते-चलते अचानक जब मन में आए खत्म हो जाती हैं और शशांक हर बार यही सोचता हुआ पढ़ना बंद कर देता है कि ऐसा ठीक यहीं क्यों हुआ। शायद यही कारण है कि मौसी की कहानियाँ कहीं छपती नहीं, प्रायः वापस लौट आती हैं। उसे मालूम

है कि मौसी उससे स्कूल, मिंटो पार्क, विक्टोरिया मैदान, घर, जतीन दा, आर्थर–सबके बारे में क्यों पूछती रही है और यह भी उससे छिपा नहीं है कि मौसी ने उसकी बातों को कहीं-न-कहीं लिखकर रखा है। पर अब जब सब कुछ छिन्न-भिन्न हो चुका है, वह उस कथा का आगे क्या करेगी, सोचकर शशांक को चिन्ता हुई–उस मौसी के लिए जो आज भी सदा की तरह गंगा-घाट की सीढ़ियों पर उसे सहारा देकर उतारने के लिए उसका हाथ पकड़े यहाँ चली आई है क्योंकि माँ किसी हालत में सुच्चा बाबा से उसे मिलाने दादी के साथ यहाँ नहीं आती।

1

पूर्वकथा : अथातो 'मन' जिज्ञासा

(यह मन को जानने की जिज्ञासा है)

विक्टोरिया मेमोरियल के गार्ड की सीटी हर पल गहरी होती साँझ को चीरती हुई सुनाई दी। "जतीन दा, अब चलें यहाँ से?"—शशांक ने पूछा। कहते ही उसे लगा कि कभी किसी ने किसी को ठीक इसी तरह अँधेरा होते समय ठीक यही कहा था—कहीं चल देने के लिए। लेकिन किसने कहा था किसको? और कहाँ चलने के लिए? शशांक ने घिरते अँधेरे के कारण तालाब के काले-से दिखने लगे पानी में देखते हुए सोचने के लिए दिमाग पर जोर लगाया। किसने किसको कहा था—'अब चलें यहाँ से?' क्या इधर किसी कहानी में पढ़ा था ऐसा कुछ?

तालाब के अँधेरे से बाहर कुछ उछला। शायद मछली थी। तभी शशांक को याद आ गया। दादी ने ही तो कहा था दादाजी को—अट्ठाईस साल पुराने रिश्तोंवाले घर को छोड़ते हुए। यह उंसके पैदा होने के पहले की बात है। उस साँझ दादी ने अचानक दादाजी से कहा था—'अब चलें यहाँ से'—और बस वे चले आए थे। यह कहानी सुनाते हुए दादी ने ठीक ये ही शब्द कहे थे और हमेशा की तरह अपनी बात को किसी रंग से जोड़ते हुए गहरी होती संझा का जिक्र किया था। शायद तभी से ये शब्द शशांक के अन्दर धँस गए थे—दादी के जीवन के अट्ठाईस सालों के ढोए हुए तमाम बोझ के साथ।

शशांक ने देखा कि जतीन दा गार्ड की सीटी और उसके शब्दों से बेखबर तालाब के पानी को देखते हुए सोच में डूबे बैठे थे। उसने कुछ घबड़ाहट के साथ तालाब के उस पार सौ-डेढ़ सौ साल पुराने बड़े-बड़े वृक्षों की आकृतियों को देखा। पेड़ों के नए-पुराने पत्तों के हल्के-गहरे रंग अभी-अभी सूरज की ढलती धूप में चमचमाकर अब एक-जैसे कलासे हो गए थे, पर

आकाश अभी तक पूरा काला नहीं हुआ था। ऐसे में सचमुच जान पड़ता है कि अभी भी, जब इक्कीसवीं शताब्दी शुरू होने में सिर्फ दो साल बाकी हैं—दुनिया में कभी भी कुछ भी घट सकता है। दादी के पास ऐसी 'सईं' संझा की जाने कितनी ही कहानियाँ हैं—खासकर तालाबों के इधर-उधर और पेड़ों में रहनेवाले भूत-पिशाच-जिन्नों की। जतीन दा ने कभी सुनी होगी ऐसी कोई कहानी?

गार्ड की सीटी के साथ विक्टोरिया मेमोरियल के विशाल मैदान में जगह-जगह कोनों के झुरमुटों में घुसे हुए या पेड़ों की आड़ लेकर बैठे प्रेमी-युगल और बेंचों पर बैठे बूढ़े लोग उठकर सामने के द्वार की ओर धीरे-धीरे खिसकते हुए बढ़ रहे थे। शशांक ने सोचा कि यदि वह अभी इसी घड़ी उठकर चलना शुरू करे, तो भी उसकी धीमी चाल के कारण मुख्य द्वार के पास आते-आते दूसरी सीटी बज ही जाएगी। पिछली बार एक गार्ड ने इस तरह देर करने पर उसे और जतीन दा को आकर पकड़ लिया था और उनसे इस तरह सुलूक किया था जैसे वे दोनों वहाँ बैठकर कोई 'गलत' काम कर रहे हों। वह तो इस कदर घबड़ा गया था कि उसके मुँह से आवाज तक नहीं निकली थी पर जतीन दा ने अंग्रेजी मिली बांग्ला में गार्ड को डाँट-डपटकर बहुत मुश्किल से उससे पीछा छुड़ाया था। शशांक को कई दिनों तक यह सोच-सोचकर आश्चर्य होता रहा था कि उस गार्ड ने उनके बारे में क्या समझा था और वह उन दोनों के बीच किसी 'वैसे' संबंध के बारे में सोच भी कैसे पाया था। क्या इसलिए कि वह जतीन दा का मित्र तो कतई नहीं लग सकता; उनके बीच उम्र का फासला इतना भी मालूम नहीं होता कि उसे उनका बेटा समझा जा सके? शशांक की उम्र उसकी हलकी-सी मूँछों की रेखा के कारण ठीक सोलह-सत्रह बरस की ही लगती है और जतीन दा की? उनकी उम्र पैंतीस से पचास के बीच कहीं भी मानी जा सकती है। उनमें एक जवान आदमी जैसी चमक है, भले ही उनके बाल बीच से कुछ उड़े हुए हैं। पर जितने हैं, उतने एकदम काले हैं। वाकई उनकी उम्र ठीक-ठीक बता पाना कठिन है।

शशांक ने जतीन दा की तरफ चेहरा घुमाकर गौर से देखा। धुँधली उजास में उनके चेहरे की बगल से बनती एकचश्म रूपरेखा उनकी नुकीली नाक और दाढ़ी के कारण किसी वैज्ञानिक या चर्च के पादरी की याद दिलाती थी। शशांक को उनके बारे में ऐसा सोचकर अच्छा लगा। यों आम तौर पर दिन के उजाले में जतीन दा की दाढ़ी जंगली घास की तरह उग आई

लगती थी और उनकी नुकीली नाक की तरफ ध्यान कम ही जाता था। इसके अलावा जतीन दा की गरदन पर बाईं तरफ एक बड़ा-सा चोट का निशान था जिसमें सिलाई के दाग साफ दिखते थे। न जाने कैसे अजीब तरीके से यह निशान उन्हें एक मामूली आदमी बना देता था।

गार्ड की दूसरी सीटी बजनेवाली होगी—यह सोचते ही अँधेरे को चीरती हुई दूसरी सीटी सुनाई पड़ी। शशांक हड़बड़ाकर बेंच से उठ खड़ा हुआ। यही तरीका है अब जतीन दा को उठाने का। आज फिर किसी को फूँककर आए हैं और न जाने क्या सोच रहे हैं। पिछले नौ-दस महीनों में, जब से वह जतीन दा को जानने लगा है, तब से वे तीसरे आदमी की अंतिम यात्रा में शामिल होकर आए हैं। इस बार कोई रिश्तेदार तो दूर, मोहल्लेवाला तक नहीं था—जिस अस्पताल में उनकी माँ बीमार होकर भरती थी, उसी के वार्ड में बगल के बिस्तरवाला मरीज जो कलकत्ते के पास ही किसी गाँव का बाशिन्दा था। कुछ ही दिनों का परिचय था पर उसकी शवयात्रा में शामिल होने चले गए। "मरे हुए आदमी को चार ऐसे कंधे तो मिलने चाहिए, जिनसे उसका जीवन में किसी तरह का जुड़ाव रहा हो"—जतीन दा ने कहा था, जब वे पिछली बार श्मशान जाकर आए थे। जतीन दा के पिता को इकलौते बेटे का कंधा नहीं मिला था—इसका कारण शशांक को कुछ-कुछ मालूम था। शायद जतीन दा पुलिस के डर से अपने घर नहीं आ सकते थे या शायद उनकी गरदन की बाईं तरफ की चोट से इसका कुछ संबंध था। पुलिस के नाम से शशांक बुरी तरह चौंक गया था और इसलिए जतीन दा उस दिन उसे पूरी बात बताते-बताते रह गए थे।

शशांक को उठते देख जतीन दा भी उठ खड़े हुए। "क्या हुआ जतीन दा, आज मन ठीक नहीं है? आदमी को जलते हुए देखकर कैसा-कैसा लगता होगा न?"—शशांक ने विक्टोरिया के सामने के द्वार की ओर कुछ हड़बड़ी में बढ़ते हुए पूछा। उसकी आँखों के सामने हिंदी फिल्मों में देखे जलती चिताओं के आम दृश्य घूम गए थे। हड़बड़ाने से उसकी चाल अक्सर और गड़बड़ा जाती थी। ऐसे मौकों पर कई बार उसे खयाल आता था कि यदि वह पड़ोस के श्रीरूप दास की तरह व्हील-चेयर पर होता या चलने में सहारे के लिए उसके पास दो डंडे या एक छड़ी ही होती, तो दूर से लोग समझ लेते कि उसे चलने में दिक्कत है। ऐसे तो इस धुँधलके में कोई उसे पागल या पियक्कड़ भी समझ सकता था। पर, शशांक ने कल्पना करने की कोशिश की, यह बात वह माँ से कह दे तो वह क्या कहेगी। उसे मालूम था कि

उसके बचपन में एक समय ऐसा रहा था, जब डॉक्टर ने उसे चलने के लिए 'क्रचेज़' दिए थे। उसे यह भी मालूम था कि जब तक चमड़े के हत्थेवाले वे अल्मूनियम के डंडे उसने फेंक नहीं दिए थे, तब तक माँ ने चैन की साँस नहीं ली थी।

गार्ड की दूसरी सीटी से मजबूरन उठनेवाले प्रेमी-युगल अगल-बगल से आँखें चुराते दरवाजे की ओर बढ़ रहे थे। विक्टोरिया मेमोरियल की बत्तियाँ जल उठी थीं और आकाश में यदि बहुत हल्का-सा उजाला रह गया था, तो उसका कोई अहसास इन बत्तियों ने रहने नहीं दिया था। दादी ऐसे समय में बत्ती जलाकर उसके उजाले को जरूर प्रणाम करती थी। जब तक आकाश में पूरी तरह अँधेरा न होता, वह घर में झाड़ू-बुहारी नहीं करने देती थी। इसका संबंध धन की देवी लक्ष्मी यानी जिन्दगी के दो नम्बर सुख से था। दादी अक्सर कहती—"पहला सुख निरोगी काया। दूजा सुख घर में माया।" वह यह सुनकर सोचता कि दादी शायद यह कहना चाह रही है कि उसे दूसरा सुख तो नसीब है।

किसी गार्ड ने अपने साथी को कुछ कहकर किसी प्रेमी-प्रेमिका के लिए टिटकारी मारी। जतीन दा ने कहा—'रास्कल!' शशांक को लगा कि जतीन दा ने अंदर-ही-अंदर कहा—"आइ कुड किल हिम।" उस अंधकार में जतीन दा के बगल में चलते हुए शशांक को उनमें एक गहरी दबी हुई हिंसा का अनुभव हुआ। यह शायद बिलकुल उसकी कोरी कल्पना थी, पर वह अंदर तक सहम गया। आखिर वह इस आदमी को इन कुछ महीनों में कितना जान पाया है? उसने अपने मन को टटोलकर देखा कि क्या वह किसी आदमी से इतनी नफरत कर सकता है कि उसे जान से मार डालने की कल्पना भी कर सके? इस दुनिया में उसे सबसे ज्यादा तकलीफ अपने स्कूल के उस क्रिश्चियन लड़के आर्थर से है, जो दुर्भाग्य से उसका एकमात्र दोस्त भी है। आर्थर भरसक उसका जीना हराम करके रखता है। लेकिन फिर भी वह आर्थर को खत्म करने की तो सोच भी नहीं सकता। तो क्या संसार में दो तरह के आदमी होते हैं—किसी के जीवन को खत्म कर सकनेवाले और ऐसा करने की कल्पना तक न कर सकनेवाले? जतीन दा क्या पहली तरह के आदमी रहे हैं और अब उसका प्रायश्चित कर रहे हैं—इस तरह शवयात्राओं में शामिल होकर? शशांक ने बगल में चलते हुए जतीन दा को फिर से गौर से देखा जैसे कि उनके भूत-भविष्य-वर्तमान को एक-साथ देख लेना चाहता हो।

"मुझे कोई श्मशान-वैराग्य या वैसा कुछ नहीं होता। आदमी की जिंदगी और चींटी की जिंदगी में कोई खास फर्क है क्या? बल्कि खुद डार्विन ने यह माना है कि चींटी का भेजा संसार के तमाम पदार्थों में सबसे अद्भुत परमाणुओं से बना है, शायद आदमी के मस्तिष्क से भी ज्यादा। मैं तो कुछ और ही सोच रहा था। जिस आदमी को जलाने ले गए थे न, उसका बेटा निमाई, निमाई का चाचा, उसका एक दोस्त और मैं—बस हम चार जन श्मशान में मौजूद थे। चिता में आग लगते ही निमाई के चाचा ने निमाई से कहा—"मैं कुछ जल्दी में हूँ। बुरा न मानो, तो मैं चला जाऊँ। बड़ा जरूरी काम है।" निमाई अचकचाया, क्योंकि वहाँ उसका रिश्तेदार तो ही एक था, बाकी हम दोनों तो ऐसे ही अपरिचित थे। उसे लगा होगा कि अन्त में वही अकेला रह जाएगा। जब रिश्तेदार ही चलता बना, तो बाकी हम दोनों भी खिसक ही लेंगे। पर क्या करता? जब निमाई का चाचा वहाँ से निकला, मैं भी कुछ सोचकर उसके पीछे हो लिया। देखा, तो कुछ दूर जाकर उस आदमी ने हाथ धोकर एक दुकान से रसगुल्ले और समोसे खाए और फिर जेब से सिनेमा का एक टिकट निकालकर देखा और फिर जेब में रख लिया। मैं समझ गया कि उसका जरूरी काम क्या था। मैं तभी से सोच रहा हूँ कि चींटियाँ कभी ऐसा नहीं करतीं। तुमने देखा है कि वे कैसे एक-दूसरे की सहायता से जीवन चलाती हैं? कभी-कभी एक चींटी अपने से बड़ी मरी हुई चींटी को ठेलकर कहाँ से कहाँ ले जाती है। देखा है तुमने?"—जतीन दा ने पूरा किस्सा सुनाकर शशांक से पूछा।

शशांक ने जवाब में कुछ नहीं कहा। उसने कभी चींटियों पर विशेष ध्यान नहीं दिया था। उसे कुछ अजीब-सा लगता था कि जतीन दा आदमी के जीवन की तुलना हमेशा चींटियों से किया करते थे। क्या वाकई चींटियों के पास जीवन का कोई बड़ा रहस्य छुपा है? क्या इसी कारण दादी हर मंगलवार को बिना भूले चींटियों को आटा-चीनी डलवाया करती है? कभी काली चींटियों का बड़ा-सा झुंड कहीं से निकल आता, तो दादी उसे झाड़ू से हटाने को मना करती। कहती कि खुद ही चली जाएँगी और सचमुच वे चींटियाँ जैसे आतीं, वैसे ही चली जातीं। शशांक ने एक बार अपने परिवार की बूढ़ी पुरोहितानी यानी जोशन परदादी को दादी से कहते सुना था कि उनके पड़ोस की नई बहू ने डीडीटी का घोल पीकर आत्महत्या करने के तीन दिन पहले अपने आँगन में चींटियों को मारने के लिए डीडीटी पाउडर छिड़का था।

शशांक ने एक बार दादी से जानना चाहा था कि उन्हें चींटियों का इतना खयाल क्यों है, तो दादी ने कहा था कि हमें सृष्टि के सब लोगों का खयाल रखना चाहिए, इसलिए हमारे धर्म में ऐसा विधान बनाया गया है।—लेकिन मंगलवार को ही क्यों?—पूछने पर दादी ने मंगल देवता या राहु-केतु के प्रसन्न होने की बात कही थी। शशांक को लगा था कि दादी आखिर किस-किसके प्रसन्न होने का खयाल रखेगी? आदमी तो आदमी, दादी को तो न जाने कितने जीवों-आत्माओं-देवताओं की प्रसन्नता की चिंता है। माँ को तो ऐसी कोई चिंता नहीं। दादाजी को भी नहीं। फिर दादी अकेली ही किस-किसकी चिंता रखेगी? शशांक यह भी जानता है कि माँ इस चिंता को कैसे देखती है—''वह एक प्रेम करनेवाले मन से अधिक एक डरा हुआ मन है शशांक। उस चिंता के पीछे अपना सब कुछ बचाए रखने की—यानी खुद की चिंता अधिक है। तुम्हारी दादी इस बात को नहीं देख सकती क्योंकि उन्होंने सारा जीवन ऐसे ही डर में जीया है। पता नहीं कैसे, तुम्हारे पापा भी इस डर को सारे प्राणियों के प्रति प्रेम जैसी कोई महान चीज समझते हैं। पर तुम्हें तो सच को सच की तरह देखना होगा शशांक।'' माँ की बातों का तर्क सही हो सकता है, पर फिर भी शशांक को यह मन—सबकी चिंता रखनेवाला मन—अद्भुत से कम नहीं लगता।

क्या सचमुच आदमी का मन इतना बड़ा हो सकता है कि उसमें सब समा जाएँ—शशांक के मन में यह प्रश्न चींटियों से जुड़कर शुरू हुआ और दादी की कहानी की आकाश गंगा तक फैल गया। आखिर यही वह प्रश्न है, जिसमें उसके और जतीन दा के रिश्तों की बुनियाद है।

उस शनिवार की शाम को शशांक हमेशा की तरह सबसे बचने के लिए विक्टोरिया मेमोरियल की इसी बेंच पर इसी बकुल के तले तालाब के सामने बैठा था। बहुत देर तक बैठे-बैठे पानी को देखते हुए अचानक उसने देखा कि तालाब के पानी की सतह पर छोटी-छोटी कागज की सफेद चिंदियाँ तैरने लगी हैं। उसने आँख उठाकर देखा कि बगल की बेंच पर एक आदमी बैठा-बैठा कपड़े के झोले से कागज निकालकर कुछ लिखता और फिर उस कागज की चिंदी-चिंदी कर तालाब की ओर फेंक देता। उन चिंदियों में से कुछ तालाब की सतह पर तैरने लगतीं और कुछ हवा से उड़कर हरी घास पर इधर-उधर टिक जातीं। उस आदमी ने शशांक को अपनी तरफ देखते

देखा, तो मुस्कराया। शशांक को लगा कि वह आदमी उसे बहुत दिनों से या आज ही बहुत देर से देख रहा होगा। उसकी आँखों में शशांक को एक अजब-सी चमक दिखी। 'इसका तरीका बुरा नहीं है'—शशांक ने सोचा—'जो मन में आए लिखो। फिर हवा में उड़ा दो, पानी में बहा दो।'

शशांक को लगा कि वह भी शायद ऐसा करके देख सकता है कि इससे क्या फायदा होता है। आज आर्थर ने क्लास में फिर उसके चलने और बोलने की नकल उतारकर उसका मजाक बनाया है। वह लिखेगा आर्थर को—''काश तुम इनसान होते।'' नहीं, यह ठीक नहीं। यह तो सीधे-सीधे आरोप लगाना है। एक तरह से यह कहना है कि वह जानवर है। वह यह लिखेगा—''काश, तुम्हें कोई अंदाज होता कि तुम बिना मतलब मुझे कितना सता रहे हो।'' ये बातें चूँकि लिखकर फाड़ देनी हैं, इसलिए वह कुछ भी लिख सकता है। यदि सचमुच में लिखना होता, तो वह कभी अपने को सताए जाने जैसी घटिया बात लिख नहीं सकता, जिसमें अपने पर दया जैसी कोई चीज हो या दूसरे से दया की भीख जैसी बात। वह तो किसी हालत में आर्थर पर यह जाहिर नहीं होने देता कि उसे बुरा लग रहा है। हमेशा अपने चेहरे पर अनजाने चली आई किसी छाया को हँसकर उड़ा देता है। उसे बदले में 'पोटैटो इन जैकेट' (छिलकेदार साबुत उबला आलू) कहकर पुकारता है क्योंकि उसे पता है कि आर्थर के मोटापे और गहरे गेहुँए रंग के लिए यह उपमा एकदम सही है और आर्थर को काफी कष्ट देती है।

आर्थर को ही क्यों, सबसे पहले वह एक कागज माँ को लिखेगा, शशांक ने सोचा—'देखो, तुमसे बचने के लिए ही मैं विक्टोरिया मेमोरियल की इस बेंच पर आकर बैठा हूँ। तुम आर्थर को मेरे एकमात्र दोस्त की तरह जानती हो। उसके खिलाफ तुम्हें कुछ कहूँगा, तो तुम्हें दुख होगा कि दरअसल मेरा कोई दोस्त नहीं है। तुम मुझे गुमसुम देखोगी, तो समझ ही जाओगी कि स्कूल में जरूर कोई बात हुई है। पिछली बार मैंने गलती से तुम्हें उन तीन लड़कों के नाम बता दिए थे, जो मुझे बहुत तंग कर रहे थे। यदि आर्थर की जगह कोई और नाम तुम्हें बता दूँ, तो तुम कहोगी कि, 'मैं कल स्कूल आकर उस लड़के से मिलूँगी' या फिर 'तुम क्या हिम्मत करके उस लड़के को ठीक नहीं कर सकते?' जबकि सच तो यह है माँ कि तुम किसी को किसी तरह नहीं बदल सकती और किसी को भी ठीक करने के लिए हिम्मत की नहीं, बल्कि जैसा कि दादी कहती है, प्रार्थना की अधिक जरूरत है।'

शशांक ने पाया कि सचमुच वह इन बातों को मन में ही लिखकर और

फाड़कर हल्का हो गया है। तभी हवा का एक झोंका न जाने क्या सोचकर एक बड़े-से कागज के टुकड़े को शशांक के पास ले आया। शायद उस आदमी ने जान-बूझकर एक पूरे वाक्य को उस तक पहुँचाने के लिए उस कागज की छोटी चिंदियाँ नहीं की थीं। शशांक ने घास से उसे उठाकर पढ़ा—''आदमी का मन एक गाँव है, जिसमें वही एक अकेला नहीं रहता।''

यह भी भला कोई बात है—शशांक ने सोचा। आदमी एक अपने मन में ही तो अकेला रह सकता है। मन कोई गाँव कैसे हो सकता है? मन तो एक ऐसी जगह है, जहाँ आदमी अपने को और अपनी सारी बातों को सबसे छिपाकर रख सकता है।

जिंदगी में पहली बार शशांक किसी अजनबी से अपनी कोई बात कहने उसकी तरफ उठकर खुद गया था। आज तक वह अपने परिचितों से भी इतनी ही बातें करता आया था, जितनी वे उससे पूछते थे और उसके सभी वाक्य दो-तीन शब्दों से बड़े नहीं होते थे। पर उसे लगा कि आज इस कागज के टुकड़े पर लिखी इस बात को वह ऐसे ही जाने नहीं दे सकता। इस बात को साफ-साफ समझना या कि इसकी 'तह तक जाना'—जैसा कि माँ हर बात के लिए कहती है—बहुत जरूरी है। जतीन दा ने उसको अपनी तरफ आते देखा, उसकी कुछ डगमगाती-सी चाल देखी, जैसे उसकी हड्डियाँ इस तरह कड़कदार हों कि वह उन्हें ठीक से मोड़ न सकता हो। शशांक ने उनकी आँखों में एक तरह का ऐसा अपनापन देखा, जो उसने आज तक सिर्फ अपने घर के लोगों में ही देखा था। वे दोनों उस दिन बहुत देर तक बातें करते रहे और तब शशांक ने अपने मन में डुबकी लगाई, तो पाया कि उसके मन में दादी के विश्वास और माँ की अपनी मान्यताएँ तो थीं ही—और तो और, उसके मन में आर्थर भी बहुत सारी जगह लेकर मौजूद था। उसे लगा कि इस गाँव से सबको निकाल दें, तो यह गाँव ही कहाँ बचेगा।

जतीन दा ने तभी बहुत गंभीर होकर कहा—''मन में रहनेवाले दूसरे लोगों से सिर्फ प्रेम और सहानुभूति के रिश्ते काफी नहीं, चींटियों की तरह एक-दूसरे पर विश्वास और सहयोग के रिश्ते बनाना बहुत जरूरी है।'' शशांक ने इन लगभग लेक्चरनुमा शब्दों से, जिनसे आम तौर पर उसे उकताहट होती थी, अपने अंदर एक ऐसा हल्कापन महसूस किया जैसे वह पृथ्वी के गुरुत्वाकर्षण के विरुद्ध जमीन से ऊपर उठ गया हो। उसने उस क्षण में जैसे बहुत ऊपर से सबको अलग-अलग देखा, जहाँ-जहाँ वे थे—माँ,

पापा, दादा-दादी, चाचा-चाची, उसकी छोटी बहन और दोनों चचेरे भाई-बहन—सब अपनी-अपनी तरह से उसकी तरफ हाथ बढ़ाने के लिए आतुर। आश्चर्य कि उसने उन लोगों में ही आर्थर जैसों को देखा, जो उसे तंग करके ही कुछ समय तक उसके साथ हो लेते थे और उन लोगों को भी, जो उससे कभी बात नहीं करते थे—जैसे बात नहीं करने से वे इस बात को झुठला सकते हों कि वह उनमें से ही एक था।

सरहदें, बाड़ें और चौहद्दियाँ यानी बाउंड्रीज

''पंछी, नदियाँ, पवन के झोंके/कोई सरहद ना इन्हें रोके''—शशांक को क्लासरूम में घुसते हुए स्कूल आते वक्त रास्ते में सुने किसी फिल्मी गीत की कड़ियाँ याद आईं और साथ ही यह विचित्र खयाल भी कि वह अपने क्लासरूम की क्रिश्चियन सरहद से गुजर रहा है। रॉबिन, साइमन, केल्विन, विलियम, फिलिप, एंथनी और वही अपना मोटा आर्थर! एक नजर में उसने इतने लड़कों को देख लिया। आगे बंगाली और फिर मारवाड़ी 'इलाका' है, इस खयाल से उसे हँसी आई। कितनी अजीब बात है कि आज तक सोचा ही नहीं था कि क्लास में सबके अपने-अपने मोहल्ले हैं। ठीक उसी तरह, जैसे कलकत्ते में भवानीपुर गुजराती इलाका है, बड़ाबाजार मारवाड़ी इलाका, पार्क सर्कस—इन्टाली मुसलमानों का और टैंगरा चीनियों का।

लेकिन उसका अपना इलाका कहाँ है ? उसने अपने से पूछा।

क्या 'नो मैन्स लैण्ड' में—यानी दो सरहदों के बीच के इलाके में, जो किसी की धरती नहीं होती?

या इसे 'ग्रे जोन' कहा जाय—जैसा कि उसने पिछले साल आरती मौसी की किसी कहानी में पढ़ा था। उत्तर में काले शहर और दक्षिण में गोरे शहर के बीच बसा काला-सफेद सलेटी शहर, जिसमें ईरानी, पारसी, यहूदी, आरमेनियन, ग्रीक, चीनी आदि जातियाँ रहती थीं, अपने-अपने चर्च, सिनागॉग, अगियारी और मंदिर बनवाकर।

उसकी क्लास में यह 'ग्रे जोन' या बिचौला इलाका क्रिश्चियन और बंगाली इलाके के बीच में भी है और बंगाली-मारवाड़ी इलाके के बीच भी। पर वह बैठता है पहलेवाले इलाके में—यानी अपने जातिभाइयों से बिलकुल अलग। आर्थर के बगल में। वही आर्थर, जो उसके डगमगाकर चलने और हकलाकर बोलने की जब-तब नकल उतारकर उसे चिढ़ाता है, पर वही, जो उसका एकमात्र दोस्त है। जो अगर न होता, तो उसके जीवन में एक बहुत

बड़ा छेद होता, जिसमें से स्कूल का सारा दिन इस तरह गिरकर निकल जाता, जैसे कभी था ही नहीं। आर्थर है तो स्कूल है। वह न होता, तो न जाने क्या होता। कम-से-कम कोई ऐसा तो न होता, जिसे वह 'पॉटैटो इन जैकेट' कहकर चिढ़ा सकता। यानी कि किसी तरह चिढ़ा सकता।

सेंट जोसेफ स्कूल कलकत्ता शहर के सबसे पुराने और सबसे नामी क्रिश्चियन स्कूलों में से एक है, जिसमें दाखिला पाना किसी के लिए भी ईश्वर के राज्य यानी स्वर्ग में दाखिला पाने से कम आनंददायक नहीं है। बल्कि बहुतों को अगर दोनों में चुनने के लिए कहा जाय, तो वे यकीनन अपनी संतानों के लिए सेंट जोसेफ स्कूल को ही चुनेंगे। स्कूल की डायरी की शुरुआत 'इंडिया इज माइ कंट्री' और जन-गण-मन से होकर 'आवर फादर इन हैवेन' तक पहुँचती है। इतना ही नहीं, ईसाई संतों की वाणी के बीच रवीन्द्रनाथ टैगोर को भी बाकायदा जगह दी गई है। पर इस बारे में यहाँ कोई मुगालता नहीं है कि इस स्कूल की स्थापना कैथोलिक ईसाई बच्चों की शिक्षा के लिए ही की गई है। स्कूल डायरी में इस बारे में साफगोई के बाद यह जोड़ा गया है कि इस स्कूल में दूसरे धर्मों के बच्चों को भी दाखिल किया जाता है। नतीजा यह है कि जहाँ दूसरे धर्मों के बच्चे अपने बचपन को खोकर दिन-रात की पढ़ाई-धुनाई के बाद इस स्कूल में भरती हो पाते हैं, वहीं कैथोलिक बच्चों के लिए इसमें दाखिला पाना उनका जन्मसिद्ध अधिकार है।

शहर के कम-से-कम दो और नामी क्रिश्चियन स्कूल ऐसे हैं जहाँ सुना जाता है कि इस जन्मसिद्ध अधिकार को अब पैसे और ओहदे की ताकतों ने हड़प लिया है। इसलिए वहाँ क्रिश्चियन बच्चों की संख्या घटती-घटती लगभग नहीं के बराबर हो गई है। पर सेंट जोसेफ स्कूल एक ऐसा स्कूल है जहाँ अफसरों और व्यापारियों-इंडस्ट्रियलिस्टों की ताकत आज के इस युग में भी काम नहीं आती और गरीब-से-गरीब कैथोलिक बच्चा बिना किसी तैयारी के यहाँ आसानी से भरती हो सकता है।

आर्थर की भरती इस स्कूल में कैसे हुई है, इसका अंदाज उस पर सिर्फ एक नजर डालकर कोई भी कर सकता है जिसे इस शहर के नामी स्कूलों में भरती होने के रास्तों का पता हो। उसके गेहुँए रंग और भूरी आँखों के पीछे का इतिहास जानने के लिए किसी ऐसे सुदूर समय की यात्रा करने की जरूरत नहीं पड़ेगी, जो शोधपरक किताबों या कब्रगाहों में दफ़न हो। उसका गेहुँआ रंग वह साँवलापन नहीं है, जो थोड़े-बहुत साफ रंगवाले

हिन्दुस्तानियों के बीच अक्सर अपने को कमतर मंहसूस करता टी.वी. के विज्ञापनों की सीख पर दुकानों से 'फेयर एंड लवली' क्रीम खरीदता है। इस गेहुँए रंग में सात समन्दर पार से आए किसी गोरे पुरखे का वह गोरापन शामिल है, जो उसे किसी तरह साँवला नहीं कहलाने दे सकता। उसके शरीर के रोएँ भी कुछ भूरापन लिए हैं और रंगों का वही खास मिश्रण उसकी आँखों में प्रकट हो सारी कहानी को बरबस खोलकर रख देता है।

लेकिन शायद उन आँखों से भी ज्यादा इस कहानी को खोलते हैं आर्थर के मैले-से स्कूल के सफेद कपड़े, जो शायद इस तरह मैल खा चुके हैं कि उनकी सफेदी एक अलग किस्म की सफेदी बन गई है, जिसे टी.वी. पर साबुनों के विज्ञापन देखनेवाले 'मटमैली सफेदी' की तरह पहचान सकते हैं।

कोई बेशक पूछ सकता है कि स्कूल के सफेद कपड़ों को उज्ज्वल-धवल न रख सकनेवाली हैसियत का ताल्लुक आर्थर के इस स्कूल में भरती होने या न होने से भला किस तरह हो सकता है? पर सच तो यह है कि इस प्रश्न को पूछनेवाले के भोलेपन या अज्ञान पर तरस खाया जा सकता है। यह भी कहा जा सकता है कि उसे उस घटना या संघटन की कोई समझ नहीं है जिसे आधुनिक भारत के नाम से जाना जाता है। बात सिर्फ इतनी ही है कि सेंट जोसेफ स्कूल के प्रायः सारे बच्चों का दाखिला ऐसे-ऐसे महँगे ट्यूशनों की बदौलत हुआ है, जहाँ पाँच साल के बच्चों को कैलकुलेटर से अधिक तेजी से जोड़-घटाव करना और किसी भी चित्र को देखते ही फटाफट अंग्रेजी में वर्णन करना सिखाया जाता है। ऐसे ट्यूशनों में टीचर की मार खाकर उलटी यानी 'वॉमिट' करनेवाले बच्चों के लिए बिस्कुट-फल का तथा मार खाने से नील पड़ने पर 'थ्रोम्बोफॉब' नामक मलहम का प्रबन्ध रहता है, जो आम तौर पर सूई लगाने या ग्लूकोज चढ़ाए जाने पर खून जमने से पड़ी नील को मिटाने के लिए 'यूज़' की जाती है। इन नामी ट्यूशनों में पढ़नेवाले बच्चों की माताओं के लिए यह जरूरी है कि उनके पास बच्चों के साथ मेहनत करने के लिए दिन में कम-से-कम दस घंटे का समय हो। जाहिर है कि इतना समय पाने के लिए हिंदुस्तान में कम-से-कम मध्य-मध्यवर्ग का होना जरूरी है और यह भी जग-जाहिर है कि यह वर्ग अपने बच्चों के लिए स्कूल के कपड़े हर साल नए सिलवा सकता है ताकि वे 'मटमैले सफेद' न बनें।

कुल निष्कर्ष यह कि आर्थर के पास इस स्कूल में भरती होने का एकमात्र और साफ-साफ रास्ता उसके एक धर्म-विशेष के होने में ही हो सकता था।

एक बात और कि यह निष्कर्ष गणित के दो और दो चार की तरह या विज्ञान के परम सत्यों की तरह सदा वही निकलता।

उधर सेंट जोसेफ स्कूल में शशांक का भरती होना एक ऐसा स्वप्न था, जिसे उसके माँ-बाप खुद अपनी नजरों में अक्ल का दिवालिया या पागल साबित होने के डर से नहीं देख सके थे। किन्तु यह बिना देखा हुआ सपना इस तरह अपने-आप सच हो गया था, जैसे कि किसी मुहावरे में किसी अंधे के हाथ बटेर नामक पक्षी लग जाता है। यानी कि जिसे आँखवाले भी मुश्किल से पकड़ सकते हों, उसे कोई बिना आँखवाला पकड़ ले। यों शशांक के परिवार के लिए उसका इस स्कूल में दाखिल होना खुशी से अधिक एक राहत लेकर आया था, क्योंकि अब उन्हें दूसरे लोगों को यह समझाने की जरूरत नहीं थी कि शशांक दिमाग से सही था, यानी कि वह नहीं था जिसे हिंदी में भोला, मंदबुद्धि, अविकसित और अंग्रेजी में 'रिटार्डेड' और अब 'मेंटली चैलेंज्ड' कहा जाता है। आम तौर पर हिंदुस्तान के लोगों में इतना धीरज नहीं होता कि वे चलने और बोलने में कुछ गड़बड़ प्राणी को देखकर यह पता लगा सकें या पता लगने पर भी समझ सकें कि वह उनके जितना ही या उनसे भी अधिक बुद्धिमान हो सकता है। इसलिए बचपन में शशांक के यह कहने पर कि वह 'न्यू होराइज़न' प्राइमरी स्कूल में पढ़ता है, लोग यही समझते थे कि यह 'ऐसे' ही बच्चों का स्कूल होगा। हकीकत अलबत्ता यह थी कि यह प्राइमरी स्कूल शहरी की एक 'खब्ती' महिला द्वारा खोला गया स्कूल था, जो पिटे-पिटाए पढ़ाई-लिखाई के तरीकों को छोड़कर एक नए मनुष्य के गढ़े जाने की संभावना में यकीन रखता हुआ नए रास्ते तलाश रहा था और इसी संभावना के कारण वहाँ शशांक के लिए जगह निकल आई थी।

न्यू होराइज़न प्राइमरी स्कूल से सेंट जोसेफ सीनियर स्कूल में पहुँचने का पुल शशांक के लिए जैसे खुद-ब-खुद बन गया था। शायद इसकी तुलना राम के रामेश्वरम् से लंका पहुँचने के लिए बने पुल से करना ठीक होगा क्योंकि आम तौर पर हिंदुस्तान में पुल बनाते-बनाते भी नहीं बनते या उनमें बरसों लग जाते हैं। बचपन से फिज़ियोथैरेपी के लिए शशांक जिस संस्था से जुड़ा था, पाँचवीं कक्षा पूरी होने के पहले उस संस्था की सेक्रेटरी ने अपने-आप उसे बुलाकर सेंट जोसेफ स्कूल के हेडमास्टर के लिए एक पत्र लिखकर उनसे मिलने के लिए कहा था। सेंट जोसेफ स्कूल में छठी कक्षा में भरती होने के इंटरव्यू में विदेशी मिशनरी फादर फिलिप ने उससे इतना

ही पूछा था—'क्या तुम ए बी सी डी जानते हो?' शशांक जवाब में हँसकर रह गया था और बाद में दोनों माँ-बेटे यानी शशांक और उसकी माँ यह सोचकर बहुत हँसे थे कि दिन-रात की गधाखटनी कर इंटरव्यू के लिए तैयार कोई दूसरा बच्चा होता, तो यह तय था कि इस प्रश्न के जवाब में वह फादर को ए बी सी डी सुनाने लगता।

डेढ़ सौ साल पहले बने सेंट जोसेफ स्कूल के बड़े-से प्रांगण, जिसमें शिक्षकों की गाड़ियाँ-स्कूटर और विद्यार्थियों की साइकिलें खड़ी होती हैं, को पार कर मुख्य इमारत में घुसने के तीन ऊँचे द्वार हैं। दाहिना द्वार सीधा कॉलेज की सीढ़ियों तक ले जाता है और बायाँ एक लंबे गलियारे से होता हुआ इमारत के पीछे के विशाल हरे मैदान और स्कूल की सीढ़ियों तक। बीच का द्वार, जो सबसे चौड़ा और मुख्य द्वार है, एक ऊँची सीलिंगवाले गोलाकार आँगन में खुलता है। यह आँगन दोनों तरफ के गलियारों से जुड़कर स्कूल और कॉलेज को एक साथ जोड़ता है। इसके गोलाकार फर्श पर तरह-तरह के रंगों से बने मोज़ेक से बनी नक्काशी के परे, पॉलिश की हुई लकड़ी के एक चौकोर ऊँचे चबूतरे पर ईसामसीह की एक भव्य मूर्ति है, जो प्रेम और करुणा भरी निगाहों से हर आने-जानेवाले को देखती रहती है।

शशांक को स्कूल जाते वक्त दूसरे बच्चों की तरह बाएँ द्वार से स्कूल में न जाकर बीच के द्वार से इस मूर्ति के बगल से गुजरना एक तरह की शुक्रअदायगी जैसा लगता है, हालाँकि अपने घर के पूजाघर की गोपाल और राधा-कृष्ण की मूर्तियों की तरह उसने इस मूर्ति से भी कभी कोई बात नहीं की है। शशांक को लगता है कि आखिर इस शख्स ने, जिसकी अनेक जीवन-कथाओं की तस्वीरें स्कूल तक जानेवाले गलियारे की दोनों तरफ की दीवारों पर लगी हुई हैं, दुनिया को बीमारों, कमजोरों और गरीबों की परवाह करना तो सिखाया ही है। और तो और, उसकी ही स्कूल-डायरी में छपी यह प्रतिज्ञा—'आगे बढ़ते हुए हम ले चलेंगे उन्हें, जो हैं कमजोर, अपाहिज और धीमे'—को कम-से-कम वह दूसरों की तरह यह कहकर कैसे उड़ा सकता है कि मदर टेरेसा हो या कोई और, सारे क्रिश्चियन लोगों की दया अपने धर्म को फैलाने का एक साधन भर होती है। उसका चचेरा छोटा भाई अनंत, जो शहर के दूसरे नामी कैथोलिक स्कूल में दिन-रात की जी-तोड़ मेहनत करके और ट्यूशन में मार खाकर दाखिल हुआ है, अपनी 'बाइबिल हिस्ट्री'

की किताब में साल के अंत में नियम से जीसस क्राइस्ट की सारी तस्वीरों में पंजे, पूँछ और सींग बनाता है। उसके स्कूल में आठवीं कक्षा तक बाइबिल के किस्सों को पढ़ना अनिवार्य है। वह टी.वी. पर जब-तब रामायण, महाभारत जैसे सीरियल देख लेता है और उसे इस बात पर गर्व है कि उसका नाम 'हरि अनंत, हरि-कथा अनंता' से निकालकर दादी ने रखा है।

शशांक को मालूम है कि यदि वह अनंत को ईसामसीह की मूर्ति के बगल से गुजरनेवाली बात कहे, तो अनंत को एक 'धक्का' जैसा कुछ लगेगा। शशांक जीसस क्राइस्ट की तस्वीरों पर चित्रकारी करने के लिए उसे कभी टोकता तक नहीं है। पर उसने अनंत को वह किस्सा जरूर सुनाया है जब घर के बगल की एक मोंटेसरी स्कूल की प्रिंसिपल मिसेज शाह ने उसे भरती करने से यह कहकर माँ को इनकार कर दिया था कि दूसरे बच्चों के माँ-बाप आपत्ति कर सकते हैं—जैसे कि शशांक को कोई छूत की यानी फैलनेवाली बीमारी हो। इस किस्से को सुनकर अनंत का सकपकाया चेहरा शशांक को याद है और उसका गुस्से से भरकर यह कहना भी कि—'उस स्कूल में आग लगा देनी चाहिए।'

अनंत उससे पाँच साल छोटा है और शशांक जानता है कि एक ऐसा वक्त आएगा जब अनंत ईसामसीह की मूर्ति से उसका रिश्ता समझने लायक हो जाएगा।

एक-दो बार नहीं, बहुत बार शशांक ने जानना चाहा है कि आर्थर के मन में उसके प्रति क्या वही कुछ है, जो रोगियों-पीड़ितों की सेवा में जुटे धर्म से जुड़े होने के नाते उसमें चला आया है यानी कि क्या आर्थर उससे इसलिए जुड़ा है कि उसे अपने किसी ईश्वर को जवाब देना पड़ता है? उसने देखा है कि दूसरे लड़कों के बजाय क्रिश्चियन लड़के उससे ज्यादा बात करते हैं। जो लड़के उसकी तरफ कभी ध्यान नहीं देते, वे उसके अपने धर्म, जाति और भाषावाले ही हैं—उसी की तरह बंगाल में बसे प्रवासी मारवाड़ी, जिनके पुरखे तीन-चार पीढ़ियों पहले मरुभूमि से ब्रिटिश कलकत्ते में आकर बस गए थे। शायद वे एक तरह की शर्मिंदगी महसूस करते हैं कि वह उनमें से एक है। वैसे देखा जाय, तो दूसरे क्रिश्चियन लड़के भी उससे आर्थर की तरह दोस्ताना नहीं रखते बल्कि शायद उससे बातें करते समय भीतर-ही-भीतर उसका मजाक बनाते होते हैं। तो क्या इसका अर्थ यह है कि क्रिश्चियन लड़कों में व्यवहार की तमीज ही ज्यादा है, अंदर से भी वैसे ही हैं जैसे बाकी सारे लोग। कुछ ठीक-ठीक नहीं कहा जा सकता। हो सकता है कि

जतीन दा के पास उसके इस प्रश्न का कोई जवाब हो—शशांक ने सोचा।

शशांक की तरह ही क्लास के 'ग्रे जोन' या बिचौले इलाकों में बैठनेवालों में तीन मुसलमान लड़के—रशीद, शमीम और शौकत हैं और एक पारसी लड़का रुस्तम है। जब भी भारत-पाकिस्तान का मैच होता है, तीनों मुस्लिम लड़कों के आस-पास फटकते ही क्लास की हवा बदल जाती है। वे तीनों खुद चलाकर कभी क्रिकेट पर बात नहीं करते, पर तब भी बाकी लड़के उन्हें बार-बार खींचकर क्रिकेट पर ले आते हैं। फिलहाल इंडिया का कप्तान अजहरुद्दीन भी एक मुसलमान है, इस बात को सब किसी तरह भुला देना चाहते हैं। शमीम बड़ा हँसमुख है, पर क्रिकेट की बात होने पर उसकी हँसी फीकी पड़ जाती है। 'क्या यार, मैं इंडियन टीम को ही जिताना चाहता हूँ'—एक बार शमीम फूट पड़ा था। लेकिन शमीम की आवाज से यह जाहिर था कि उसे मालूम है कि उसकी इस बात पर कोई यकीन नहीं करेगा। 'सारे कटुवे हमेशा पाकिस्तान की तरफ होते हैं'—शशांक ने मारवाड़ी इलाके से आई धीमी आवाज से घबड़ाकर प्रार्थना की कि यह बात शमीम के कानों में न पड़ी हो। शशांक जानता है कि सबके घरों में इसी तरह की बातें होती हैं, पर स्कूल में तो हम कम-से-कम अपने साथियों के लिए इस तरह की घटिया बातें उनके मुँह पर न बोलें। क्या इंडिया की हार का बदला सब शमीम से इस तरह लेंगे? उधर घर में उसका चाचा है, जो अजहरुद्दीन के हर शॉट को भीषण शक से देखता है और उसका एक भी शॉट सही न होने पर उसे गाली बकने लगता है।

यों शशांक की क्लास में क्रिकेट की लड़ाई सिर्फ भारत-पाकिस्तान मैच तक ही नहीं है। कम-से-कम दो लड़के ऐसे हैं जो, एक इंग्लैंड और दूसरा आस्ट्रेलिया का 'सपोर्टर' होने के कारण, एक-दूसरे के दुश्मन हैं। प्रदीप ऑस्ट्रा और विलियम सरकार। दोनों आर्थर की तरह 'एंग्लो-इंडियन' या 'इंडियन क्रिश्चियन' हैं, जैसा कि वे कहलाना पसंद करते हैं। पिछली किसी पीढ़ी के खून के रिश्ते से दोनों उस नस्ल से जुड़े हैं, जो अपनी चमड़ी के गोरेपन के कारण दुनिया के दिमाग पर एक तरह की हुकूमत आज तक करती आई है। जहाँ विलियम का सपना है कि वह अपने रक्त में बसे पुरखों की तरह इंग्लैड में बस जाए, वहीं प्रदीप ऑस्ट्रा अपने ज्यादातर रिश्तेदारों की तरह ऑस्ट्रेलिया में जीवन बिताने का ख्वाब देख रहा है। जतीन दा ने एक बार प्रदीप ऑस्ट्रा की बात चलने पर कहा था कि जब भारत आजाद हुआ और अंग्रेज भारत छोड़कर जाने लगे तो सबसे ज्यादा तकलीफ ऐसे लोगों को

हुई थी जो अंग्रेजों का रक्त अपने शरीर में होने के कारण अपने को अंग्रेज मानते थे और अपने खून की हिंदुस्तानियत को हिकारत से देखते थे। इन लोगों को यह अंदाज नहीं था कि अंग्रेज उन्हें अधबीच ऐसा धोखा देकर चल देंगे। उनमें से जितने इंग्लैंड जा सके, वहाँ चल दिए; जितने ऑस्ट्रेलिया जा सके, वे वहाँ और जो मजबूरी से यहीं पिछड़ गए, वे पीढ़ी-दर-पीढ़ी यह सपना देखते रहे कि वे कभी-न-कभी अपने न भुलाए जानेवाले रक्त की पुकार सुन सकेंगे और धरती के इन स्वर्गों पर कहीं बसेरा बना सकेंगे।

जतीन दा की आवाज में यह सब कुछ बताते हुए न जाने किस तरह की उदासी थी, कि शशांक को अजीब-सा लगा था। उसे यह भी लगा था कि शायद जतीन दा नहीं जानते कि यदि विदेश जाने और बसने की इच्छा ही 'एंग्लो-इंडियन' की पहचान मान ली जाए, तो उसकी क्लास के आधे से अधिक क्या, नब्बे परसेंट लड़के 'एंग्लो-इंडियन' हैं। प्रायः सबका सपना यही है कि वे विदेश में आगे पढ़ लें, कहीं का 'ग्रीन कार्ड' या कहीं की नागरिकता मिल जाए, मजे की नौकरी हो और जीवन जीते-जी स्वर्ग का जैसा बन जाए। शशांक के घर के बगल में हाल में 'कैनवेस्ट' नाम की एक कम्पनी खुल गई है, जो लोगों को आसानी से कैनेडा में बसने के लिए लुभा रही है। उसका दोस्त विकास गुप्त, जो न्यू होराइज़न स्कूल से ही उसके साथ पढ़ा है, नाक-भौं सिकोड़कर कहता है, जैसे उसे कहीं से गोबर-गू की गंध आ रही हो—'मैं तो यहाँ से जाऊँगा, तो एक बार भी लौटकर इस देश में नहीं आऊँगा।' जो लड़के विदेशों में जाकर नहीं बसना चाहते, उनके सामने परिवार में पीढ़ियों से चले आए किसी-न-किसी व्यापार या इंडस्ट्री या उससे कमाए धन की सुरक्षा है। उन्हें पता है कि स्कूल के इन अंतिम डेढ़ सालों को पूरा करते-करते वे परिवार के कारोबार में हाथ बँटाने लग जाएँगे और कॉलेज पूरा करते-करते कारोबार सीख डालेंगे। लेकिन जिनके पास ऐसा कोई बना-बनाया रास्ता नहीं है, उन्हें पता है कि आगे के रास्तों के धुँधलेपन में कोई मुकाम खोजना आसान नहीं होगा। दिन में अठारह-बीस घंटे पढ़कर और अच्छे-से-अच्छे ट्यूटोरियल में जाकर भी इस बात की कोई गारंटी नहीं है कि उनका दाखिला आई. आई. टी. या आई. आई. एम. जैसी किसी ऐसी जगह में हो जाएगा, जहाँ किसी मल्टीनेशनल की बढ़िया नौकरी पलकें बिछाए उनका इंतजार कर रही होगी। दस हजार परीक्षा देनेवालों में से दो सौ को चुनना हो, तो बाकी हजारों के दिल टूटने ही हैं। इसलिए ये लड़के अमेरिका-इंग्लैंड में बस जाने का ख्वाब देखकर दिलों को जोड़े रखते हैं, जहाँ

वेटर का काम करने में उतना पैसा मिलता है, जितना यहाँ बड़ी-से-बड़ी कम्पनी में किसी ऊँचे पद पर काम करके।

और शशांक? शशांक का क्या भाविष्य है? सेंट जोसेफ जैसे नामी स्कूल और कॉलेज में पढ़ भी लेगा, पर कोई गारंटी नहीं कि रोज़गार के बाजार में उसकी वैसी ही पूछ होगी, जैसी अच्छे-खासे चलने और बोलनेवाले लड़कों की। जब उन लोगों को ही भविष्य डाँवाडोल नजर आता है तो वह कैसे सोचे कि उसके सामने एक सुनहरा भविष्य है? उसके पापा कह चुके हैं कि उनके व्यापार की भाग-दौड़ और झमेला उसके वश का नहीं है। माँ कई बार इन दिनों उससे कहती है—'शशांक, तुम्हारी हँसी बदल गई है। यह पहली जैसी नहीं रही।' उसे माँ के ऊपर खीझ होती है यह सुनकर। उसकी हँसी पहले की तरह कैसे रह सकती है? क्या माँ इस बात को नहीं समझती या दूसरी बातें करने से बचने के लिए उसकी बदली हुई हँसी के बारे में बात करती है? शशांक को मालूम है कि उसका बात-बात में मुस्कराना और वह भी उसी तरह जैसे वह बचपन में पालने में मुस्कराता था—माँ को बहुत तसल्ली देता है। शायद यही सोचकर वह अभी भी मुस्कराता रहता है, लेकिन माँ से क्या वह कुछ छिपा सकता है? अभी उस दिन रात के खाने के बाद माँ ने एक गजल की कड़ी गाकर उसकी ओर कैसे देखा था—'...तेरी आँखों ने तो कुछ और कहा है मुझसे'—शायद उसकी हँसी अब आँखों तक नहीं पहुँचती क्योंकि उसकी हँसी का बचपन उसके चेहरे के निचले हिस्से में ही खत्म हो जाता है। उसकी आँखें उम्र से शायद ज्यादा बड़ी हो गई हैं। मुस्कराता तो वह तब भी है जब टिमी बुआ उससे चहकते हुए पूछती है—'क्यों जनाब, कितनी गर्ल-फ्रेंड्स बनीं अब तक?' लेकिन उसका दिल अंदर ही अंदर डूबने लगता है। ठीक वैसे ही जब क्लास में कुछ लड़के अपनी गर्ल-फ्रेंड्स की बातें करने लगते हैं। काश कि फिर बचपन में लौटा जा सकता।

आर्थर का साथ उसे कम-से-कम इस तरह की अनजानी शक्लवाली बेमतलब घबड़ाहट से बचा लेता है, जिसे भविष्य के नाम से सब एक शक्ल देते रहते हैं। लगता है इस दुनिया में आर्थर को कोई फिक्र छू तक न गई हो। पढ़ने में बिल्कुल फिसड्डी है, जब-तब किसी न किसी विषय में फेल होता है पर उसे कोई फर्क नहीं पड़ता। उसके आलू जैसे गोल चेहरे पर सदा एक सलोनी हँसी थिरकती रहती है। जैसे-तैसे करके साल के अंत तक पहुँच जाएँ और अगली कक्षा में ऊपर चढ़ जाएँ, तो और क्या चाहिए?—यही

उसका सोचने का तरीका है। शशांक के नम्बर हर बार उससे ज्यादा आते हैं—बावजूद इसके कि वह बहुत धीरे लिखता है और थक जाने के कारण ज्यादा नहीं लिख पाता—पर आर्थर उससे कम नंबर पाने पर भी बहुत खुश होता है। इन दिनों कई बार आर्थर के कारण ही शशांक के नम्बर भी खराब आए हैं क्योंकि वह पढ़ने के दौरान, जितना हो सके, उसका ध्यान इधर-उधर खींचता रहता है। आर्थर हर घड़ी जैसे हँसने या हँसाने का बहाना खोजता रहता है। सारे टीचरों के उसने खास नाम रखे हैं और उन्हें भी थोड़े-थोड़े दिनों में बदलता रहता है—"आज मैंने रास्ते में रोडरोलर देखा, तो मुझे लगा कि हिस्ट्री टीचर मिस घोष का नाम बुलडोजर सही नहीं रखा गया। उनका घेरा रोडरोलर जितना ही होगा? क्यों शशांक? मुश्किल तो यह है कि दोनों ही घेरों को माप नहीं सकते—इंचटेप छोटा पड़ जाएगा—और मिस घोष तो मापने भी शायद ही दे। नहीं?"

इधर आर्थर के मजाक कुछ इसी तरह के होने लगे हैं। उनमें कहीं एक दूसरी जिज्ञासा बार-बार झाँक जाती है। यह जैसे उन दोनों के बीच एक तरह का 'पैक्ट' है—एक साथ बड़े होने का करार। एक साथ बचपन को पीछे छोड़ देने की साझी कोशिश। आर्थर ने ही एक तरह से शशांक को यह हिम्मत दी है कि वह खुद भी आर्थर के पसंद आने लायक चुटकुले बना सके। क्लास में एक लड़का है अनीश, जिसका कुछ भारी-सा शरीर ऐसा है कि कोई सिर्फ चेहरे से नीचे का हिस्सा देखे, तो उसे लड़की भी समझ सकता है। शशांक ने आर्थर को बताया—"कल मेरी मम्मी अनीश की मम्मी से मार्केट में अंडरगारमेंट्स खरीदती हुई मिली थी। वह मेरी मम्मी से पूछने लगी कि अनीश के लिए कौन-सी साइज की खरीदनी ठीक रहेगी?" इस बात पर आर्थर इतना हँसा कि शशांक को लगा कि यदि वह किसी को सचमुच इतना हँसा सकता है, तो वह दुनिया में कुछ भी कर सकता है।

आर्थर उसका भी मजाक शायद इसीलिए बनाता है कि कुछ हँसने का मसाला मिले। उसे मालूम तक नहीं—क्योंकि शशांक की मुस्कराहट के पीछे कुछ झाँकता दिखाई नहीं पड़ता—कि शशांक को अंदर-ही-अंदर कैसी तिलमिलाहट होती है। पर शशांक यह भी जानता है कि खुद आर्थर को कोई कम झेलना नहीं पड़ता। उसे सतानेवाले टीचरों और लड़कों—दोनों की ही कोई कमी नहीं है। सच तो यह है कि आर्थर के पास ऐसा कुछ भी नहीं है जिससे वह दूसरों के सामने जमकर खड़ा हो पाए। कौन जाने कि

उसे अपने झकाझक गोरे न होने से या अपने मैले कपड़ों, गंध मारते जूतों और खराब इलास्टिक से नीचे उतर आए मोजों से या पढ़ाई में गोबरगणेश होने से कितनी तकलीफ है? विलियम सरकार, जो एकदम साफ रंग का हट्टा-कट्टा और खेल-कूद से लेकर गाने-बजाने में माहिर ऐंग्लो-इंडियन है, किस तरह गुस्से से भरा रहता है। हर समय जैसे एक साँड की तरह किसी को भी सींग मारने को तैयार। अभिजीत विश्वास ने एक बार मजाक-मजाक में 'सन ऑफ अ बिच' कह दिया था—जो कि क्लास में एक आम गाली है—तो यह नौबत आ गई थी कि अभिजीत उसकी मार खाकर एक सप्ताह तक स्कूल नहीं आ सका। पता नहीं, उसने अपने माँ-बाप को अपनी चोटों के लिए क्या सफाई दी, लेकिन गनीमत थी कि बात फादर हेडमास्टर तक नहीं पहुँची। पिछले साल के हिंदी टीचर दुबेजी ने राष्ट्रवाद पर कोई अध्याय पढ़ाते-पढ़ाते 'ईस्ट इंडिया कम्पनी' को हरामी कंपनी कह दिया, तो विलियम तमतमाकर मुट्ठियाँ बाँधकर खड़ा हो गया और गुर्राकर बोला—'माइंड योर लैंग्वेज सर'। दुबेजी कुछ देर सकते में आकर उसका लाल-भभूका चेहरा और मुक्का मारने को उतावली मुट्ठी देखते रहे, फिर पूरी बात समझ में आने पर माफी-सी माँगते हुए रिरियाए और क्लास वहीं छोड़कर चले गए।

आर्थर के पास और कुछ नहीं, तो हट्टा-कट्टा मजबूत शरीर तक नहीं है कि वह किसी से पंगा ले सके। विलियम सरकार ने एक बार उससे सबके सामने कहा था कि वह एक 'बॉक्सिंग' खाएगा, तो आलू की तरह लुढ़ककर कहीं दूर जा गिरेगा। आर्थर तब भी मुस्कराता रहा था और बाद में भी 'आ-लू, ओह-नो, आ-र्थ-र' कहकर लड़कों के छेड़ने पर भी उसी तरह मुस्करा देता था। तो क्या आर्थर के मुस्कराने के पीछे भी कुछ और है, जो दिखता नहीं?

शशांक स्कूल से घर लौटा, तो दादी ने उसे देखते ही कहा—"अरे बेटा, तुम्हारे कपड़े कितने गंदे लग रहे हैं। यह स्कूल की सफेद शर्ट है या पीली? दो जोड़ी नए कपड़े क्यों नहीं सिलवा लेते?" माँ उसी समय अपने कमरे से निकलकर वहाँ प्रकट हुई और शशांक अच्छी तरह जानता था कि अब वह क्या कहेगी—"कपड़े तो एक महीने से सिले हुए रखे हैं, पर यह पहने, तब न! इसे नए कपड़े पहनने में शर्म जो आती है..." पर इसके आगे माँ ने जो कहा वह शशांक की कल्पना के बाहर था—"थोड़ा मोटा हो जाय,

तो एकदम अपने दोस्त आर्थर जैसा हो जाएगा। उसी की तरह मैले कपड़े और उसी की तरह हर सब्जेक्ट में गंदे नम्बर!'' शशांक के कान गर्म हो उठे। उसे माँ से ऐसी उम्मीद नहीं थी। पर शायद सारे बड़े लोग कैथरीन मैंसफील्ड की कहानी 'द डॉल्स हाउस' जैसे ही होते हैं, जो नीची हैसियत वाले बच्चों से अपने बच्चों को बहुत दूर रखना चाहते हैं।

''ये तुमने क्या दोस्त बनाया है बेटा''—दादी ने दोनों तरफ बात सँभालने की कोशिश की—''एक तो दूसरी जात का, और ऊपर से पढ़ने में निखट्टू। और चलो तुम्हें अच्छा लगता है और उसे दोस्त बनाया ही है, तो उसे अच्छी बातें सिखाओ। उससे बुरी बातें क्यों सीखते हो?''

''मुझे तो माँ, समझ ही नहीं आता कि इसकी और उस आर्थर की दोस्ती का आखिर तुक क्या है''—माँ और खीझ गई थी।

''तुम्हारी समझ में कभी आएगा भी नहीं। तुम्हें क्या मालूम है? हाँ? ही-ट्रीट्स-मी-एज़-इक्वल''—शशांक ने एक-एक शब्द को जैसे हथौड़े की तरह घनघनाते हुए चिल्लाकर कहा। उसका चेहरा ऐसा हो रहा था, जैसे उसे किसी ने सौ जूते मारे हों। चिल्लाने से उसके गले की नसें तन आई थीं और नाक फूलने से उसका चेहरा अजीब हो आया था।

अगले ही क्षण कुछ उबाल उतरने पर उसने दादी की ओर देखा। दादी हक्की-बक्की-सी उसे देख रही थी। ओह, शशांक ने डूबते हुए दिल से सोचा, शायद दादी को उसकी बात अंग्रेजी में कही जाने के कारण समझ में नहीं आई। वह मरे-मरे स्वर में बोला—''आर्थर मुझे अपने बराबर एक आदमी तो समझता है। मैं उससे लड़ाई कर सकता हूँ। उसे मार सकता हूँ, क्योंकि वह मुझे वापस जरूर मारेगा। यों ही छोड़ नहीं देगा''—इतनी बातें कहकर शशांक ने माँ से आँखें चुराते हुए फिर दादी की ओर देखा, तो उसे जो दिखाई दिया, उसे समझना उसके लिए मुमकिन नहीं था।

इस पार उस पार

शशांक स्कूल के पिछले दरवाजे पर उतर गया था। उसके सामने स्कूल का विशाल हरा मैदान है जिसे पार करना उसे हमेशा ऐसा लगता है जैसे उसे कोई यात्रा तय करनी हो। एक छोर से दूसरे छोर तक की यात्रा। पीछे की तरफ एक दुनिया है—घर की। वहाँ माँ की जीवन से हार मानकर बदल न जाने की जिद है, पापा की जीवन के प्रति चुप्पी-भरी हैरानी है, दादी का नियति को मानकर किसी तरह शांत रहने का उपक्रम है। आगे की तरफ वह दुनिया है, जहाँ हर घड़ी उसकी एक नई परीक्षा है। उसे मालूम है कि जीवन आसान तो किसी के लिए नहीं है—न आर्थर के लिए, न दूसरे लड़कों के लिए। पर ऐसा जान लेने से भी उसके लिए जिंदगी कठिन की कठिन ही बनी रहती है। यदि उसके पास चलने-बोलने की समस्या न होती, तो क्या उसके जीवन में कोई परेशानी न होती? किंतु, किंतु—शशांक को फिर उसी गजल का आगे का एक टुकड़ा याद आया—हाय उस दर्द को कोसूँ कि दुआ दूँ यारो, जिसने हर दर्द मेरा छीन लिया है मुझसे...

कहीं दूर वह समय का बिंदु है, जहाँ पर वह अपने ठिकाने की जगह पर होगा—यानी वही कर रहा होगा, जो उसे करना चाहिए; जैसा कि माँ कहती है, जिसमें वह खुश रह सके। पर उस बिंदु तक की यात्रा कितने असमंजस से भरी है। कितना अच्छा होता कि वह दादी की 'योगवाशिष्ठ' वाली कहानी के उस ब्राह्मण की तरह नदी में एक क्षण के लिए डुबकी लगाता और बाहर निकलकर अपने को किसी और काल में पाता। शशांक का वश चलता तो समय के चक्र को घुमाकर वह उसे अभी उस वक्त पर ले आता, जिसमें वह उसी ठिकाने पर पहुँच गया है, जहाँ कोई झमेला नहीं, कोई उथल-पुथल नहीं, कोई डूबना-उतराना नहीं। 'मेरी नैया पार लगा देना'—दादी के पास कोई है, जो उसकी नौका इस पार से उस पार लगा देगा। दादी ने इसी भरोसे जीवन के कष्ट के अट्ठाईस साल निकाल दिए

थे और वह है कि कहीं भरोसा नहीं कर पाता—इस पार से उस पार जाने के लिए। न अपने पर। न दूसरों पर। न भाग्य पर। न किसी खिवैया पर, जिसे दादी पुकारती रहती है—कहाँ हो खिवैया, कहाँ हो खिवैया...

दादी के पास कैसी-कैसी गाथाएँ हैं अपने जीवन की! शशांक को स्कूल का मैदान पार करते समय दादी की वह गाथा खासकर जरूर याद आती है जब दादी की शादी हुई। पंद्रह साल की उमर में शादी होकर जो कमरा उसे दिया गया, वहाँ से चौके तक जाने के लिए बीच में पड़ता दादी के सास-ससुर का बड़ा कमरा। उस पार चौके तक जाना हो, तो बीच में 'बड़ा कमरा' पार करना पड़ता और इस पार अपने कमरे में आना हो, तो 'बड़ा कमरा' पार करना पड़ता। ''अरे, तो इसमें क्या दिक्कत थी? तुम तो दादी ऐसे बता रही हो, जैसे बीच के उस कमरे में तुम्हें कोई बंदूक की गोली लगने का डर था''—शशांक ने कुछ झल्लाकर कहा। ''दिक्कत थी न बहुत बड़ी। अकेले इधर से उधर थोड़े ही जा सकते थे। वहाँ ससुरजी बैठे रहते थे। उनके सामने से अकेले आ जाएँ—चले जाएँ, ऐसी थोड़े ही मजाल थी।''

दादी की कहानी बहुत धीमी गति से चलती है। शशांक अधीर होता है कि दादी अंत पहले ही क्यों नहीं बता देती? या अंत तक झटपट क्यों नहीं पहुँच जाती? पर दादी को उसके छटपटाने से कोई फर्क नहीं पड़ता।

''क्यों? अकेले जाने से तुम्हारे ससुरजी बाघ बनकर तुम्हें खा जाते क्या?''—शशांक ने बचपन में इस कहानी के इस बिंदु पर पूछा था। अब पूछ सकता, तो कहता—क्या तुम्हारे ससुरजी भरोसे के आदमी नहीं थे? ''बाघ?'' दादी हँसी थी, ''पहले के लोग बहुओं के लिए बाघ ही हुआ करते थे। एक बार बुढ़ऊ जी मतलब मेरे दादा-ससुर ने बरामदे से सड़क की तरफ झाँकते देख लिया, तो एकदम मेरी घेंटी, मतलब गरदन पकड़ ली और बोले—एक खसम से जी नहीं भरा क्या?'' दादी की बात सुन शशांक स्तब्ध रह गया था—''ओह माइ गॉड। तब? तुमने कुछ नहीं किया?''

''अरे बेटा, क्या करती। बूढ़े आदमी थे। कुछ सनक गए थे। कोई कुछ कहता, तो डंडा लेकर उसे मारने दौड़ते थे। मैं अपनी सास को बताती, तो उन्हें खूब डाँट पड़ती। मेरी सास से बहुत डरते थे। इसलिए मैंने किसी से कुछ नहीं कहा।''

शशांक को बात कुछ समझ में नहीं आई थी—''मतलब, यू मीन टू से, कि तुम्हारे दादा-ससुर अपनी बहू यानी तुम्हारी सास से डरते थे। और तुम्हारे ससुर? वे तुमसे क्यों नहीं डरते थे?''

"अरे पगले, मुझसे कोई क्या डरता? मैं ही सबसे डरती थी। छोड़ो इस बात को। हाँ, तो इस पार से उस पार जाने के लिए भले ही एक छोटा बच्चा साथ हो, पर किसी-न-किसी का संग होना जरूरी था। अकेले नहीं जा सकते थे, चाहे कुछ भी हो जाए। मुझे कोई चौके में छोड़ आता, तो मैं घंटों खड़ी रहती कि कोई आए, तो मुझे उस पार लगा दे। और अपने कमरे में रहती तो चौके में ले जाने के लिए किसी की राह देखती रहती। एक बार ऐसा हुआ कि सब रात का खाना खाकर सोने चले गए और मैं चौके की सफाई कर उठी, तो देखूँ कि कोई है ही नहीं, जो मुझे उस पार लगा दे। दरवाजे को देखते-देखते घंटों बीत गए, पर किसी को मेरा होश नहीं।"

"तुम्हारे पास आवाज तो थी। किसी को बुला नहीं सकती थी? दो-चार बरतन गिरा देती, नहीं तो?" शशांक ने गुस्से से भरकर कहा। "अरे नहीं बेटा, ससुरजी की आँख नहीं खुल जाती?" शशांक अब बिलकुल चुप हो गया था। कोई फायदा नहीं ऐसे लोगों की कहानी के बीच टपकने से। "रात को तुम्हारे दादाजी की नींद खुली, तो देखा मैं बगल में नहीं हूँ। उनका दिमाग चकरा गया। पेशाबघर में जाकर आवाज लगाई, पर मैं तो चौके में पेशाब दबाए मरी-मुसी बैठी थी। खोजते-खोजते चौके में आए, तो मेरी जान-में-जान आई।"

चलो, जान-में-जान तो आई दादी की। न आई होती, तो वह यह कहानी सुनने के लिए कहाँ से पैदा होता? "दादी, मैं बड़ा होकर तुम्हारे ऊपर एक किताब लिखूँगा। नहीं, नहीं, तुम्हारे ऊपर एक फिल्म बनाऊँगा,"—शशांक दादी से कहता है।

"जुग-जुग जीयो मेरे लाल। तुम्हारी हजारी उमर हो। लेकिन मेरे जीवन में है ही क्या लिखने लायक और फिल्म बनाने लायक? यों ही अट्ठाईस बरस गँवाए। नहीं, नहीं, गलत कह गई बेटा। गँवाए नहीं ये बरस—उसी दुख में तो मुझे मेरे प्रभु मिले। अब तो आनंद ही आनंद है। बेटा, दुख से बड़ा कोई गुरु नहीं होता।"

शशांक सोचता है इस बात पर। सोचता ही जाता है। क्या दादी उसे कुछ कहने के लिए ही अपनी इतनी रामकहानी सुनाती है? ऐसा कुछ, जो सीधे-सीधे नहीं कहा जा सकता। कम-से-कम दादी के लिए तो सीधे-सीधे कुछ भी कहना नामुमकिन है। जिसने सारे जीवन इतनी-सी बात सीधे नहीं की हो कि 'मुझे भूख लगी है' या 'मुझे नींद आ रही है', वह कोई बड़ी

बात सीधे-सीधे कैसे कहेगा? शायद इसीलिए दादी उसे अपनी कहानियों के जरिए कुछ कह डालना चाहती है।

दुख क्या सचमुच एक गुरु है? दादी यह भी कहती है कि उनकी सास यानी पापा की दादी उनकी असली गुरु है, जिनका अहसान वह कभी नहीं उतार सकती।

"तुम क्यों चौके में पड़ी रह गईं दादी? क्यों तुम बड़ी दादी को आवाज लगाकर नहीं कह सकती थीं कि तुम्हें उस पार लगा दे?"—शशांक हर बार यही कहानी सुनते-सुनते पहले से कुछ नरम पड़ता जाता है। "अरे नहीं बेटा, इस तरह बड़ों के सामने मुँह खोलना उस जमाने में कोई सोच भी नहीं सकता था। मैं अपनी दादी सास यानी अपनी सास की सास के बहुत बार पाँव दबा देती थी रात को। उनके पाँव बहुत दुखते थे। इसलिए जल्दी काम सलट जाता, तो मैं उनके पाँव जरूर दबाती। बड़ों का आशीर्वाद मिलता। होता यह कि दबवाते-दबवाते उनकी आँख लग जाती, लेकिन जब तक कह न दें कि जाकर सो जाओ, तो मैं कैसे पाँव दबाना छोड़ती? ऐसे ही रात बीतती रहती। इधर तुम्हारे दादाजी इंतजार करते-करते हारकर सो जाते। दादी सास कई बार रात को एक-दो बजे उठकर कहतीं—जा, सो जा। ऐसा ही जीवन था हम लोगों का, बेटा।"

दादी का जीवन एक ऐसा सागर है, जिसमें हर बार डूबने से कोई-न-कोई नई बात निकल आती है। पता नहीं क्यों, शशांक इस जीवन को पूरी तरह—रेशे-रेशे तक जान लेना चाहता है। माँ की सारी 'सही' बातों में शशांक के कुछ खास नहीं हाथ आता, जबकि दादी की बार-बार उन्हीं शब्दों और घिसे हुए मुहावरों में दोहराई कहानियाँ शशांक के लिए दादी के भजन की 'भवसागर की नौका' जैसी हैं। माँ जब कहती है कि—"दुख दुख है। हम इस बात को मान लें और उसके साथ जीना सीख लें, तो सारी 'प्रॉब्लम' खत्म! फिर आदमी को भगवान की भी जरूरत नहीं रह जाती। असल में जिन्दगी आदमी तभी जीना शुरू करता है"—तो शशांक को लगता है कि वह माँ की सारी बातें उसके कहने के पहले ही जानता होता है। माँ के दिमाग को एक बार जान लेने पर यह समझना आसान है कि वह किस बात पर क्या कहेगी। वह उसे चकित नहीं कर सकती। पर दादी की बातें उसे बार-बार आश्चर्य में डालती हैं। उस दिमाग की चाल ऐसी अनोखी है कि कोई नहीं जान सकता कि दादी किस बात पर क्या किस्सा सुनाने लगेगी। सचमुच कभी संभव हुआ, तो वह दादी पर एक फिल्म बनाएगा।

''बंगाल में कोई अपनी लड़की का नाम सीता नहीं रखता। जनकनंदिनी सीता ने सारे जीवन दुख ही दुख जो देखा था। लेकिन मेरी माँ ने मेरा नाम पता नहीं क्या सोचकर सीता रख लिया''—शशांक दादी की इस बात के अनबूझ रहस्य में भटकने लगता है। क्या सचमुच नाम में इतना कुछ रखा है? क्या खुद उसका नाम शशांक न होकर, समझो कि...आदित्य होता, तो क्या उसका जीवन बिल्कुल अलग होता?

''सीताराम, सीताराम, मुझे जरा निमटा दे। लगता है पतला दस्त होगा''—ग्यारह साल की सीता को उसकी दो साल से खाट से लगी हुई माँ क्षीण आवाज में कहती है। सीता झट गाना बंद कर हारमोनियम और रामायण की पुस्तक परे हटा देती है। माँ के नीचे बिछे मोमजामे पर लगी चादर को माँ के नीचे से खींचकर निकाल लेती है। कमरे के पिछवाड़े बने छोटे-से बरामदे की तरफ दौड़कर जाती है और वहाँ रखा टट्टी कराने का लोहे का गमला ले आती है। माँ की सूखी बाँहों और बच्चे की तरह सिकुड़ गए शरीर को अपने हाथों में समेटकर उसे बिस्तर पर 'बेडपैन' के ऊपर अधबैठा कर देती है। माँ के निबटने के बाद उसे धुलाकर बेडपैन उठाकर बरामदे में चली जाती है और अंदर से चिटकनी लगा लेती है। वहाँ नाली में बेडपैन साफ करती है। फिर वहाँ रखी चिकनी मिट्टी के ढेर से मिट्टी लेकर हाथ लीपकर पूरे कपड़ों सहित बरामदे में ऊँची रखी दूसरी बाल्टी के पानी से स्नान करती है। फिर कपड़े खोलकर उन्हें निचोड़कर एक तरफ रख देती है और ऊपर ताक पर रखे दूसरे कपड़े पहनती है। फिर गीली साड़ी को बरामदे से नीचे सूखने के लिए झुला देती है।

आज न जाने कितनी बार स्नान करना होगा। कल अगर दाई नहीं आई, तो कल भी। और कौन जाने परसों या उसके बाद भी। शाम को पिताजी आएँगे, उसके पहले साड़ियाँ उतारकर समेट लेनी होंगी ताकि वे उन्हें गिनती करके दुखी न हों कि उसे कितनी बार नहाना पड़ा। सिर्फ एक साड़ी छोड़ देगी, जो सबसे गीली होगी।

''तू एक बची सीताराम इतने बच्चों में। दस-दस बच्चे पूरे-पूरे जने, कोई कम तो नहीं। लेकिन तू यही सब करने को बची है, सीता, यह कौन जानता था। तुझसे ही सेवा कराती मरूँगी। अगल-बगल के कमरों में तेरी ताई, चाची, दादी सब हैं, पर कोई झाँकने तक नहीं आता। क्या वे लोग

कभी बीमार नहीं पड़ी थीं और मैंने किसी की सेवा नहीं की? पहले राधाबीबी गली में रहते थे, तब तेरी दादी के भयंकर बोदरी निकली—रोम-रोम भर गया। मर-मरकर बची। तब मैंने, तुझे पता है, कैसे दिन-रात उनकी सेवा की?...''

सीता देखती है कि माँ की आवाज कमजोरी और दुख में डूबी जा रही है। ''छोड़ न माँ, यह सब मेरा सुना हुआ है''—वह माँ को किसी तरह रोकना चाहती है बोलने से। पर माँ फिर दूसरी कहानी, जिसे भी वह कई-कई बार सुना चुकी है, सुनाने लगती है।

''हर बार वही होता। एक सुपना दिखता सोते समय। सुपने में एक गाय दिखती, मुझे सींग मारने आती हुई। और एक बच्चा सात दिन के अन्दर चला जाता। एक-एक करके सब चले गए। बस एक तू ही बची सीताराम। तुझसे छोटी उर्मिला भी तीन साल की होकर चली गई। तुझे कुछ-कुछ याद है न उसकी?''—सीता गरदन हिला देती है और गुलाबी फ्रॉक पहने हुए एक तीन साल की लड़की की कल्पना करती है जो अपनी गोल-गोल गुड़िया जैसी आँखों से उसकी तरफ देखकर हँस रही है।

''बाद में नन्दू को गोद लिया, पर वह भी सोलह साल का होकर चला गया। पता नहीं, उस बड़े-बड़े सींगोंवाली गाय का मैंने क्या बिगाड़ा था। जरूर उसके बछड़े को मैंने किसी पिछले जनम में मार डाला होगा। बनारसवाले पंडित ने यही बताया था। तुझे पता है सीता, भृगुसंहिता में हर आदमी के सारे पिछले जन्मों की कथा लिखी है। लेकिन वह गाय तुझे नहीं मार सकी। तू बड़ी पुण्यवान है, सीताराम। पर हुआ क्या? तुझे बिना ब्याहे यह शरीर जा रहा है। जब दाँत थे तो चने नहीं थे और अब चने हैं, तो दाँत नहीं हैं। तुझे कौन देखेगा, बेटी? तेरे पिताजी का क्या होगा?''—सीता माँ की बात सुनते-सुनते वापस हारमोनियम और रामायण की किताब खोल लेती है और मधुर स्वर में चौपाइयाँ गाने लगती है। माँ धीरे-धीरे शांत हो जाती है। फिर उसके हल्के खर्राटे बजने लगते हैं। तब सीता पुस्तक बंद कर उठ जाती है।

सीता की माँ ने काशी में गंगा के तट पर पति की गोद में प्राण छोड़े। यह उसकी अंतिम इच्छा थी—दो साल तक किसी अनाम लाइलाज बीमारी में घुल-घुलकर बिस्तर पर पड़े रहने के बाद। पति की गोद में लेटे उसके ठठरी-भर रह गए शव की एक काली-सफेद तस्वीर आज भी उसकी बेटी के पास मौजूद है, जिसमें उसकी खुद की तस्वीर भी है—ग्यारह साल की

उम्र में भाई-बहनों के बाद अब माँ की मृत्यु का सूनापन आँखों में लिए हुए।

''बड़ी मुश्किलों से माँ के मरने के दो साल बाद किसी तरह मेरा ब्याह हुआ। पन्द्रह साल की उमर में, जब मेरे बराबर की लड़कियों की गोद में बच्चे खेलने लगे थे। मैं सबके लिए पहाड़ का पत्थर हो रही थी। लेकिन मुझसे कौन ब्याह करता?'' दादी की बातों से शशांक को उलझन होती है—''लेकिन क्यों दादी? यू आर सो स्वीट!'' वह दादी के आधे सफेद और आधे काले बालों के नीचे उसका हँसता हुआ गोरा-झक चेहरा देखते हुए बोलता है। दादी 'स्वीट' कहे जाने पर शरमाते हुए हँसती है—''उस जमाने में बिना माँ की बेटी का ब्याह होना कोई आसान था? माँ के बिना कौन दहेज-दायजा देता? शादी के बाद कौन लाड़-चाव करता? तिस पर मेरे कोई भाई नहीं। बच्चों के ब्याह में बहन को चूनड़ी उढ़ाने के लिए भाई तो चाहिए। माँ-बाप के बाद तो पीहर भाइयों से ही होता है।'' हद है, शशांक सोचता है। लड़की की शादी के समय बीस साल बाद उसके बच्चों की शादी के वक्त चूनड़ी उढ़ाने के लिए भाई की भी चिंता उसी समय कर ली जाती है?

''आए दिन कोई लड़केवाले देखने आते। माँ तो थी नहीं, बची थी मेरी दादी। वह आकर बिस्तर पर एक साड़ी फेंक जाती—तैयार हो जा, लड़केवाले आएँगे। दादी भी तो दूसरी थी न। मतलब मेरी सगी दादी नहीं थी—मेरी दादी बच्चा जनती मर गई, तो दादाजी दूसरी ले आए। बाकी सब उनके—मेरे चाचा, बुआ सब। मुझे कौन गले लगाता? कौन मेरा दुख पूछता? मेरे दूसरा लड़का मतलब तेरा चाचा पैदा हुआ, तो दादी ने काले पल्ले की ओढ़नी भेज दी नेग में। मेरी सास ने ऐसी-ऐसी सुनाई कि जापे के पूरे एक महीने मेरे आँसू ही नहीं सूखे। मेरी माँ होती, तो मुझे सोने से सिर से पैर तक पीली कर देती। माँ कहती थी कि मेरी सीता को उसके ठाकुर की पूजा के लिए सोने के बरतन दहेज में दूँगी। और माँ क्या मरी कि पीहर में एक लाल-हरी ओढ़नी तक कोई नहीं जुटा पाया।'' दादी की आँखें फिर से जीए गए दुख से गीली हो जाती हैं। शशांक देखता है, कुछ कहता नहीं।

''बेटा, वह जमाना खराब था। बिना मिर्च-मसाले का खाना लड़कियों को मिलता, जिससे उनका मासिक देर से शुरू हो। नहीं तो ब्याहने की हड़बड़ मच जाती। यदि कभी चाची से सुपारी माँगकर खा लेती, तो दादी मुँह

भींचकर सुपारी थुकवा देती—'पराए घर जाएगी। सुपारी खाती है।' और बिन माँ की लड़की पर सबकी नजरें खराब! तुझे क्या बताऊँ, बेटा, बड़ी मुश्किल से इज्जत बचती। जिसे मौका लगता, भींच लेता। एक बार तो...''—कहते-कहते दादी रुक जाती है। एकदम चुप होकर सोचती रहती है। शशांक जानता है कि यह कथा दादी उससे नहीं कहेगी। कहीं और चली जाएगी।

''ब्याह तो मेरा हुआ किसी तरह। नाटी-पोटी भी तो थी न मैं। ऊपर से चेचक के दाग भी थे चेहरे पर। अब तो सब घिस गए। दिखते नहीं। उधर तेरे दादाजी लंबे। इतने सुन्दर। मेरे हाथों के तो दो बेर भी उन्हें क्या भाते? पर पैसे के जोर पर ब्याह हो गया। बाप के घर में पाट के काम से खूब आमदनी थी—दो-दो गाड़ियाँ, टेलीफोन, महाराज-नौकर सब थे। चाचियाँ रविवार के दिन सिनेमा देखने जातीं। रोज रात को कमरों में फूलों के गजरे और पान रखे जाते। इधर आई, तो देखा मोटा खाना, मोटा पहनना। पूरब बंगाल पाकिस्तान बना, तो कलकत्ते आ बसे थे ये लोग। उधर गाँव में किराने का काम करनेवाले लोग, रईसी-तेल-फुलेल कहाँ से जानते? शादी के बाद छह महीने तक पीहर से रोज दिन में ससुराल आती। ओढ़नी पेट तक ढके दिन-भर पीढ़े पर बैठी रहती। रात को वापस पीहर चली जाती क्योंकि मेरे लिए कोई कमरा नहीं था। खूब मजाक उड़ता मेरा पीहर में...''—शशांक का खून खौलता है। अनदेखे, अनजाने रिश्तेदारों के प्रति मन में आक्रोश उमड़ रहा है। वे सब लोग, जिन्होंने दादी को इतना कष्ट दिया, सब मर चुके हैं और उन्हें अपनी करनी का फल मिल चुका होगा—यह सोचकर उसे कुछ शांति मिलती है। बेचारी दादी!

''मेरे बाप-चाचा के कहने से एक छोटा कमरा लिया गया। फिर तो जो 'बड़े कमरे' को पार कर चौके में घुसी, तो लीपते-फूँकते-चूल्हा-सुलगाते, मनों आटे की रोटियाँ पोते-पोते रात-दिन-महीने-साल कब बीतते चले गए, पता ही नहीं चला। बड़ा परिवार। सास के हर साल एक अधूरा गर्भ जाता या पूरा बच्चा होता। पूरे अधूरे मिलाकर उनके कुल अठारह बच्चे हुए। महीने भर उनका जापा होता, तो सारे बच्चे मेरे जिम्मे होते। कोई गोदियों में, कोई घुटने चलता, कोई की टट्टी-मूत, कोई का रोना। दुनिया में निपट अकेला मेरा बाप बेटी से मिलने आता, तो घंटों सिर झुकाए मिलने के लिए बैठा रहता। बेटी को कोई खबर तक नहीं करता। वह बड़े कमरे के पार चौके की जेल में बंद रहती। ऊपर से सास कहती—पहले जमाने में तो बाप उस गली से भी नहीं गुजरता था जिसमें बेटी रहती थी। मेरे अकेले बाप के

दुख को कौन समझता? दादा और दादी, ससुर जैन धर्म पालते। इसलिए दोपहर का खाना सलटते ही उनका खाना चढ़ाना होता। वे लोग सूरज ढलने के बाद कुछ नहीं खाते थे। फिर रात की रसोई। फिर अगले दिन भोर-सुबह होती। फिर वही चूल्हा लीपना-सुलगाना-फूँकना।''

शशांक के पास इस जीवन की एक क्रमवार तस्वीर है। हर कथा बार-बार सुनी हुई। बार-बार पूछी हुई। ऐसी कथा, जिसमें हर बार शब्द वही रहते हैं, कभी नहीं बदलते। न ही वे शब्द कथा के सिलसिले में अपनी जगह बदलते हैं। हर बार शशांक यही सोचता है कि दादी के पास एक जीवन था और वह ऐसे ही बीत गया। वह उसे वैसे कहाँ जी पाई, जैसे जीना चाहती रही होगी। लेकिन फिर भी किसी तरह वह अपने उस खोए हुए जीवन का कोई अर्थ पाना चाहती है—तभी तो उन अट्ठाईस वर्षों का मतलब खोजती हुई दुख को गुरु बताती है। ऐसे ही जतीन दा शायद अपने जीवन में पुलिस, आतंक, हिंसा से गुजरने की सार्थकता एक ऐसे मन के गाँव के बनने में खोजते हैं जिसमें कोई अकेला न रहकर चींटियों की तरह चरम सहयोग से सबके साथ रहता है। और माँ? उसके जैसे बेटे के होने की सार्थकता खोज लेती है—अपने उस दिमाग में जो दुख को झेलने की ताकत के कारण सारे अंधविश्वास, भ्रमों और बेकार की उलझनों से मुक्त होकर जीवन की असलियत की तह तक पहुँचना चाहता है।

और वह? वह समझ नहीं पाता। दादी कहती है कि जो भी होता है, कुछ अच्छे के लिए ही होता है। वह इस बात को मान लेना चाहता है, यदि मानी जा सके।

वह क्या है जो इस जूते में गड़ता है...

शशांक कविता की पंक्तियाँ बोलते-बोलते एक क्षण के लिए रुका। समय के इस छोटे-से हिस्से में उसने उस सन्नाटे को बहुत साफ-साफ सुन लिया, जो उसके शब्दों से क्लास 'इलेवन सी' में पैदा हो गया था। उसने एक उड़ती निगाह आर्थर की टेबुल की तरफ डाली, जिससे उसे पता चल गया कि आर्थर ने अपना सिर झुका रखा है। शशांक के मन में उसके झुके हुए सिर के दृश्य से एक खुशी की लहर-सी उठी। इस खुशी के साथ यह संतोष भी जुड़ा था कि वह अब तक एक बार भी हकलाया नहीं था। उसने कविता की शुरू की तीन पंक्तियाँ फिर से दोहराकर सुनानी शुरू कीं—

यह क्या है जो इस जूते में गड़ता है
यह कील कहाँ से रोज निकल आती है
इस दुख को रोज समझना क्यों पड़ता है...

शशांक को सुनाते-सुनाते लगा, जैसे वह खुद कविता से अलग हो गया है। बल्कि उसे लगा कि वही नहीं, दूसरे लोग भी कविता से अलग हो गए हैं। वे सुन रहे हैं, पर कहीं बहुत दूर से सुन रहे हैं। उसने एक नजर ब्लैक-बोर्ड के सामने खड़े दुबेजी के चेहरे पर डाली। वे ठीक वैसे ही खड़े थे जैसा कि उसने सोचा था कि खड़े होंगे—कुछ हक्के-बक्के, कुछ पिटे-पिटे, कुछ घबराए-से। तभी अचानक शशांक को वापस अपनी कविता पर लौट आना पड़ा क्योंकि फिर एक शब्द ने उसे धोखा दे दिया था। वह बी. बी. बी. बी—करता हुआ 'बीमारी' कहने के लिए जूझने लगा। घबराहट और शर्म से वह पसीने-पसीने हो गया।

शशांक के मन में खुद अपने प्रति गुस्से का तूफान-सा उठा। मालूम था उसे कि ऐसा ही होगा। फिर भी वह चला था वही करने, जो दूसरे लोग करनेवाले थे—कविता-पाठ में भागीदारी। दूसरे लड़कों की तरह उसके लिए कोई नियम नहीं था या उसके लिए सारे नियम अलग थे। उसे हर

जगह छूट दी गई थी। शायद दुबेजी को आश्चर्य ही हुआ था, जब उसने कविता-पाठ के लिए अपना नाम लिखाया था। उन्होंने इस तरह उसे देखा था जैसे किसी अजूबे को देख रहे हों। पर शशांक ने सबकुछ के बावजूद यह खतरा इसलिए मोल लिया था कि उसके हाथ एक ऐसी कविता लग गई थी, जो वह सचमुच सबको सुनाना चाहता था। पड़ोस की नीना आंटी के घर, जो किसी कॉलेज में हिंदी पढ़ाती थीं, एक दिन एक खुली हुई पुस्तक में यह कविता उसने पढ़ी थी और उसने उनके कमरे के बरामदे में जाकर चुपके से इस कविता के दोनों पन्ने फाड़ लिए थे। खासकर आर्थर को वह यह कविता सुनाना चाहता था। काश वह न अटका होता और पूरी कविता सुना पाता। शशांक के अंदर कविता पूरी न कर पाने का एक बड़ा-सा दुख उठा।

शशांक ने देखा कि दुबेजी उसकी तरफ बैठने का इशारा कर रहे थे। वह हारकर अपनी कुर्सी पर बैठ गया। ''तुमने लिखी है यह कविता?''—शशांक ने दुबेजी की आवाज में आश्चर्य की ध्वनि को सुना। शशांक को कवि का नाम दिमाग पर बहुत जोर लगाने पर भी याद नहीं आया। कोई भी नाम कह दे तो क्या फर्क पड़ता है, उसने सोचा—कौन-सी दुबेजी ने हिंदी की सारी कविताएँ पढ़ रखी होंगी। ''जी नहीं सर, मेरे पड़ोस में नीना आंटी रहती हैं, उन्होंने लिखी है यह कविता''—दुबेजी को बेवकूफ बनाने की हल्की-सी खुशी ने उसका बुझा हुआ मन कुछ ठीक कर दिया।

दुबेजी के चेहरे का आश्चर्य न जाने क्यों बढ़ गया था। उन्होंने कुछ कहने के लिए मुँह खोला कि शशांक समझ गया कि अब दुबेजी क्या कहेंगे। वे दूसरे लड़कों की कविताओं को अपने भाई-बहनों की किताबों से उठाई हुई और हजार बार सुनी हुई बताकर उनकी तुलना शशांक की कविता के नएपन से करेंगे। ऐसा करते हुए वे उसकी आधी-अधूरी कविता की भी पूरी हत्या कर डालेंगे। लड़कों के दिमाग से उसकी कविता का असर गायब हो जाएगा और अटकने का खतरा मोल लेकर कविता सुनाने का उसका निश्चय बिल्कुल फालतू सिद्ध हो जाएगा।

शशांक ने दुबेजी की तरफ देखकर हाथ उठाया और बैठे-बैठे ही पूछा—''सर, आपने कभी कोई कविता लिखी है? नीना आंटी भी आपकी तरह एक स्कूल में पढ़ाती हैं।'' इस बात पर क्लास में हल्की-सी हँसने की सामूहिक ध्वनि उठी। दुबेजी कुछ अचकचा गए। शशांक ने जान लिया कि उसने अपनी कविता को कत्ल होने से बचा लिया है। पर दुबेजी को कुछ

बोलना ही था, इसलिए उन्होंने कहा—"चलो, तुमने आधी ही सही, कम-से-कम एक अच्छी कविता तो सुनाई।" दुबेजी ने अपनी आदत से बाज न आते हुए दूसरों को नीचा दिखाने के लिए उसकी प्रशंसा कर ही डाली थी। ऊपर से उनकी सांत्वना देने की कोशिश से शशांक तिलमिला गया। वह वापस उठ खड़ा हुआ और अपने जोर-जोर से धड़कते दिल की आहट दबाते हुए बोला—"सर, इस कविता की अंतिम पंक्तियाँ भी सुनिए"—

'हम तो सारा-का-सारा लेंगे जीवन
कम-से-कम वाली बात न हमसे कहिए।'

शशांक ने 'कम-से-कम' को ठीक दुबेजी की तर्ज पर कहा था, जैसे उनकी बात का उत्तर दे रहा हो। पूरी क्लास में फिर सन्नाटा छा गया। दुबेजी स्तब्ध खड़े थे। वे समझ नहीं पा रहे थे कि क्या कहें। इतने में क्लास खत्म होने की घंटी बज गई। दुबेजी ने जैसे राहत की साँस ली।

शशांक ने पाया कि क्लास के सब लड़के उससे आँखें चुरा रहे थे, जैसे वे सब उसकी कविता को, उसके शब्दों को किसी तरह भूल जाना चाहते हों। उसके अंदर कहीं यह उम्मीद थी कि कोई-न-कोई उसके पास आकर कहेगा कि उसे यह कविता बहुत अच्छी लगी। पर उसने पाया कि वह हमेशा से भी ज्यादा अकेला हो गया है। यहाँ तक कि आर्थर और उसकी तरह उससे छेड़छाड़ करनेवाले लड़के भी उसकी तरफ नहीं देख रहे थे और आपस में जोर-जोर से बातें कर रहे थे। क्लास में इतना हल्ला-गुल्ला हो रहा था, जैसे शोरगुल मचाकर सब कोई उसकी बात को दबा देना चाहते हों।

शशांक पानी पीने के लिए क्लास से बाहर निकल गया। उसे यह नहीं मालूम था कि बहुत से लड़के आज बहुत ध्यान से उसकी चाल को पीछे से देख रहे थे। वह अपनी गरदन झुकाए अपनी सख्त टाँगों पर अपना शरीर साधते हुए डगमगाता-सा कक्षा से बाहर निकल आया। बाहर आकर उसने पूरी कक्षा को एक बहुत गंदी सामूहिक गाली दी, जिससे उसका मन कुछ हल्का हुआ। उसके बाद उसने बाहर का लंबा गलियारा पार कर प्यास न होते हुए भी वहाँ लगे नल के पास मुँह लगाकर भरपेट पानी पीया। वहाँ से बाहर आकर वह सेंट जोसेफ स्कूल की कक्षाओं के बाहर के विस्तृत गलियारे में खड़ा होकर नीचे हरी घास के मैदान को देखने लगा, जिस पर हल्की-हल्की बारिश की बूँदें झर रही थीं। अगली कक्षा शुरू होने में अभी पाँच मिनट बाकी थे। शशांक दस मिनट के 'ब्रेक' का समय अक्सर इस लंबे-चौड़े गलियारे में एक कोने से दूसरे कोने तक जाने-आने में काट देता

था। आज वह एक जगह खड़ा होकर बारिश की बूँदों को मैदान पर झरते देखता रहा। वह दादी से कहा करता था कि उसके स्कूल का मैदान बारिश के दिनों में दुनिया का सबसे सुंदर मैदान हो जाता है।

दादी की याद आते ही शशांक का मन उस सुंदर हरी घास के प्रति कृतज्ञता से भर उठा। कुल मिलाकर आज सबकुछ ठीक ही रहा था। वह क्लास को जो कहना चाहता था, उतना भर तो कह ही पाया था। उसे कविता की पंक्तियाँ बोलते समय क्लास में छाया सन्नाटा और दुबेजी का चेहरा याद आया। वह हँस पड़ा। कोई बात नहीं, उसका मोल लिया खतरा बेकार नहीं गया था। जतीन दा की तरह अपने को एक कागज लिखे, तो लिख सकता है—'आज कुल मिलाकर सबकुछ अच्छा ही रहा था। यह बात मुझे रोज समझनी क्यों पड़ती है।'

अपने-आपको यह कागज लिखते हुए शशांक घास पर पड़ती बूँदों को देखता रहा। तभी आर्थर ने अचानक पीछे से उसे जोर-से धक्का देते हुए उसके कान में चिल्लाकर कहा—"ओ ग्रेट पोएट। तुम यहाँ हो और मैं तुम्हें कब से कहाँ-कहाँ खोज रहा हूँ।" शशांक को उसका धक्का देना और चिल्लाना आज तक इतना अच्छा कभी नहीं लगा था। उसने अपने सुन्न हो गए कान को सहलाते हुए उसकी तरफ देखा। ग्रेट पोएट? तो क्या यह बेवकूफ समझ रहा है कि यह कविता उसने लिखी है? पता नहीं इसके भेजे में कविता घुसी भी या नहीं? उस समय शशांक के चेहरे पर ठीक वैसी ही हँसी थी, जैसी बचपन से हमेशा रही थी। उसकी माँ होती तो देख पाती कि उस हँसी में कुछ भी बदला नहीं था। आर्थर के चेहरे पर भी एक हँसी खिली हुई थी, जैसी शशांक ने पहले कभी नहीं देखी थी—उस हँसी से आर्थर का चेहरा स्कूल के चर्च में दीवार पर लगे पंखोंवाले एक शिशु देवदूत के चेहरे से बिल्कुल मिल रहा था।

जेजे उर्फ जैकसन उर्फ जयकिशन

जतीन दा की उस बात में कुछ ऐसा था कि शशांक की आँखो में विक्टोरिया मेमोरियल के पश्चिम में ढलते सूरज से लंबी होती वृक्षों की छायाएँ उतर आईं। उसने अपने को सँभालते हुए जतीन दा की बात की निर्ममता को यह सोचकर कम कर देखना चाहा कि हो सकता है कि उनकी बात में काफी सच हो—ऐसा सच, जो वह कभी नहीं देख सकता। शशांक विक्टोरिया मेमोरियल के सफेद गुम्बद के ऊपर लगी काली परी की मूर्ति को देखता रहा। बचपन में वह सचमुच मानता था कि रात को यह मूर्ति उड़कर पूरे शहर का मुआयना करती है और सुबह होते-होते वापस यहीं आकर खड़ी हो जाती है। तो सच भी क्या स्थिर नहीं होते? बचपन के सच अब झूठ हो गए। अब के सच भी क्या पता कल सच न रहें?

जतीन दा को वह अपनी और आर्थर की दोस्ती के बारे में बता रहा था। कल की घटना के बाद आर्थर अपनी देवदूतवाली हँसी के साथ उसके मन से निकल ही नहीं रहा था। जतीन दा बिलकुल चुप होकर तालाब के किनारे की घास को देखते हुए उसके एक-एक शब्द को ध्यान से सुन रहे थे। छोटी-से-छोटी बातें—जितनी शशांक को याद आ रही थीं—वह जतीन दा को बताता चला गया था क्योंकि उसे लग रहा था कि जतीन दा आर्थर के बारे में और भी कुछ सुनना चाहते हैं। अंत में वह चुप हो गया था क्योंकि बताने के लिए और कोई बात नहीं बची थी। तब जतीन दा बोले थे—"तुम्हारी माँ ने जो पूछा था कि तुम्हारी और आर्थर की दोस्ती का क्या तुक है, इसके बारे में मेरी एक राय बनती है—एक तरह की थीसिस, जो मुझे साफ दिखती है।" जतीन दा को अपनी और आर्थर की दोस्ती के तुकवाली माँ की बेतुकी बात को दोहराते देख शशांक उनका चेहरा देखता रह गया था। उसे स्तब्ध देखकर जतीन दा एक क्षण के लिए जैसे हिचकिचाए, फिर बोल उठे—"देखो, तुम अपनी प्रॉब्लम के कारण बाकी लड़कों से अलग

हो। ठीक उसी तरह आर्थर 'भी' एक साँवला एंग्लो-इंडियन होने के कारण और उस पर 'भी' एक गरीब एंग्लो-इंडियन होने के कारण, जो पढ़ने में कमजोर 'भी' है, एक तरह से सबसे अलग अकेला है। इसी बात पर तुम दोनों की दोस्ती टिकी है।''

जतीन दा की तीन-तीन 'भी' के साथ कही हुई यह बात शशांक के दिल में एक बड़ा सूराख बनाती आर-पार हो गई थी। यह अहसास कि जतीन दा की 'थीसिस' पूरी तरह गलत नहीं है, उसे अंदर कहीं गहरे से खटखटा रहा था। पर शशांक ने उसी क्षण यह भी जान लिया कि जतीन दा जैसे लोग, जो हर बात को निचोड़कर एक थीसिस या थ्योरी के रूप में रख देते हैं, बहुत-कुछ ऐसा सच छोड़ देते हैं, जो थ्योरी बनाने में उनके काम का नहीं होता। नहीं, जतीन दा की बात पूरी सच नहीं है। हो नहीं सकती। उसका और आर्थर् का साथ सिर्फ दो कमजोरों या अकेलों का साथ-भर नहीं है। वह उससे बहुत ज्यादा कुछ है—हमारा हँसना-बोलना, मजाक, छेड़छाड़, हमारी छोटी-छोटी खुशियाँ, एक संग पानी पीने जाना। हर सुबह हमारा इंतजार कि दूसरा अभी तक स्कूल क्यों नहीं आया। हमारा हर दिन सुबह स्कूल आना, बिना यह चाहे कि काश आज छुट्टी होती। यह सब जतीन दा की थीसिस में कहाँ है? क्या और किन्हीं दो लड़कों के, जो कमजोर नही हैं, दोस्ताने में इससे ज्यादा दोस्ती होती है? इससे ज्यादा हँसी-खुशी होती है?

जतीन दा ने स्नेह से अपना हाथ उसकी पीठ पर रख दिया। शशांक को लगा जैसे वे अपनी बात की चोट पर मलहम लगाना चाह रहे हों। वह उनकी तरफ देखकर मुस्कराया कि उन्हें भरोसा दे सके कि ऐसी कोई जरूरत नहीं है। जतीन दा एक लंबी साँस लेकर बोले—''देखो शशांक। मैं समझता हूँ कि कुछ बातों को किसी दूसरे के नजरिए से जान लेने में कोई नुकसान नहीं है। देखो, तुम्हारे लिए बराबरी का व्यवहार इसीलिए मायने रखता है क्योंकि तुम ऐसी जगह हो जहाँ तुम्हें गैरबराबर होकर रहना पड़ रहा है। यदि तुम ऐसी जगह होते, जहाँ बाकी लोग भी तुम्हारे जैसे ही होते, तो वहाँ बराबरी का व्यवहार न होने का सवाल कहाँ उठता? समझ रहे हो न मेरी बात?'' शशांक जतीन दा का मतलब ठीक समझ गया था, पर इस बात को सही मान लेने का अर्थ था—एक विराट 'नार्मल' दुनिया से कटकर एक सीमित दुनिया को स्वीकार करना, जहाँ के लोग उसी के जैसी समस्या से जूझ रहे हों। यह सही है कि वहाँ बराबरी अधिक होती, पर उस बराबरी

का अर्थ क्या होता? नहीं, वह जतीन दा की इस बात को ठीक मानते हुए भी अपने लिए नहीं मान सकता। अपने लिए ही क्यों, वह अपनी माँ के लिए और अपने पापा के लिए भी इस बात को नहीं मान सकता, जिन्होंने उसे इसी 'नॉर्मल' दुनिया का हिस्सा बनाने के लिए जाने कितनी मुश्किलें झेली हैं।

"मैं नहीं कहता कि तुम्हारा इस 'नॉर्मल' दुनिया में होना गलत है या तुम्हारी बराबरी की चाह गलत है, पर इतना तो तुम मानोगे कि तुम भी तो उस दूसरी दुनिया को अपने बराबर न मानकर उससे बचना चाह रहे हो?"—जतीन दा मुस्करा रहे थे। शशांक ने सिर्फ गरदन हिलाई। जतीन दा की यह बात भी बिलकुल गलत नहीं है, पर उसने कभी इस तरह इसके बारे में सोचा नहीं था। उसे इस पर सोचने के लिए वक्त चाहिए। उसे आर्थर और उसके संबंध के बारे में भी एक बार फिर से सोचने के लिए वक्त चाहिए।

"आर्थर के घर कभी गए हो? उसके घर में कौन-कौन है? उसके पिता क्या करते हैं, जानते हो?"—जतीन दा ने एक साथ कई सवाल पूछ डाले। इनका जवाब शशांक को ठीक-ठीक मालूम नहीं था। पर उसके परिवार में कहीं कुछ गड़बड़ है, इसका आभास उसे था। आर्थर के पिता कहीं बम्बई के आसपास नौकरी करते हैं, साल में एक-दो बार ही मिलने आते हैं। उसकी माँ कहीं पढ़ाती है, किसी छोटे-मोटे स्कूल में, पर शायद वह उसकी अपनी माँ नहीं है। उसकी एक बहन भी है और एक बार शशांक ने उसे देखा है। वह आर्थर से एक-दो साल बड़ी है और लिपस्टिक-पाउडर लगाए उतनी ही टिपटॉप रहती है, जितना कि आर्थर फटेहाल। उसके घर में एक अंकल भी हैं—या तो उसके चाचा हैं या मामा—और वे हमेशा घर में ही रहते हैं। शायद उन्हें कोई नौकरी नहीं मिलती या मिलती भी है, तो बहुत जल्दी छूट जाती है। वे कुछ सनकी-से हैं, आर्थर ने उसे हँसकर बताया था। बीच-बीच में घर से महीनों तक गायब हो जाते हैं पर फिर लौट आते हैं।

आर्थर के पैर में एक दिन स्कूल में खेलते समय चोट लग गई थी, तो छुट्टी होने पर शशांक अपनी गाड़ी में आर्थर को लेकर उसके घर पार्क-सर्कस छोड़ने गया था। पर आर्थर गाड़ी एक जगह रुकवाकर वहीं से लँगड़ाता हुआ गली-गली होता गायब हो गया था—यह कहकर कि उसकी गाड़ी उस तंग गली के अंदर नहीं जा सकेगी। आर्थर उसे अपना घर दिखलाना नहीं चाहता था, यह बात इतनी स्पष्ट थी कि शशांक ने जिद

नहीं की थी कि वह उसे घर तक ही छोड़ेगा। वह गाड़ी में बैठा हुआ आर्थर को जाते हुए देखता रहा था और उस घर की कल्पना करता रहा था, जिसके लिए उसके पास किसी तरह की कोई तस्वीर नहीं थी। तभी उसने वहाँ एक मरियल-से लंबे आदमी को देखा था, जिसके शरीर पर इतना कम मांस था कि उसकी सारी नसें उभरी हुई दिखाई दे रही थीं। उसका भूरा रंग, भूरे बाल और तीखे नाक-नक्श उसे वहाँ दिखते बाकी सारे लोगों से अलग करते थे। लेकिन उससे भी ज्यादा वह अलग दिख रहा था अपने लगातार बड़बड़ाने से। कुछ-कुछ अपने से ही बोलता वह सड़क पार कर उधर की तरफ ही चला गया था, जहाँ आर्थर गया था। शशांक को लगा था कि वह जरूर आर्थर का अंकल ही होगा—उसका चाचा या उसका मामा।

शशांक को चुप देखकर जतीन दा बोलने लगे—"दुनिया में जहाँ-जहाँ 'मिक्सड ब्लड' की जातियाँ हैं—एशिया, अफ्रीका, साउथ अमेरिका—चाहे उनमें अंग्रेज का खून मिला हो या फ्रेंच या डच या स्पेनिश या पोर्तुगीज—कोई और जाति इतनी घाटे में नहीं रही है जितनी भारत की एंग्लो-इंडियन जाति। सिंड्रेला की कहानी पढ़ी है न? भारत के एंग्लो-इंडियन अंग्रेजों से सिंड्रेला जैसी बदसलूकी पाते रहे। ज्यादा-से-ज्यादा उन्हें या तो रेलवे में या टेलिग्राफ में नौकरियाँ मिलती थीं, जबकि श्रीलंका के उनके जैसे लोग जज, मजिस्ट्रेट, चीफ इंजीनियर और न जाने क्या-क्या बने हुए थे। इसीलिए आज भी एंग्लो-इंडियन आम तौर पर गरीब का गरीब रह गया है जैसा कि वह एकदम शुरू से रहा है। एक बात जानते हो? अंग्रेजी का भूत इस देश के लोगों के दिमाग पर सवार नहीं होता, तब तो एंग्लो-इंडियनों की हालत और भी बुरी होती।" शशांक ने आश्चर्य से जतीन दा की तरफ देखा। पहले भी एक बार किसी बात पर जतीन दा ने एंग्लो-इंडियन जाति के बारे में उसे बताया था, पर आज जतीन दा की आवाज में कुछ ऐसा था, जो मामूली दिलचस्पी जैसा नहीं था जैसे कि वह उनका अपना दुख हो। तो क्या जतीन दा में भी किसी दूसरे रक्त की मिलावट है? पर उनका नाम तो पूरा-का-पूरा बंगाली नाम है—जतीन दत्त। क्रिश्चियन हों, ऐसा कोई चिह्न कभी दिखाई नहीं पड़ा। लेकिन हिंदू हैं, इसका भी क्या पता? शशांक को नहीं लगता कि जतीन दा किसी ईश्वर जैसी चीज में विश्वास करते होंगे। कभी उनके मुँह से ऐसी कोई बात नहीं सुनी, जैसी अपने-आप किसी-न-किसी धर्म से जुड़े आदमी के मुँह पर आ ही जाती है—जैसे कि 'ऊपरवाले की मर्जी' या 'जो लिखा है, वही होता है' वगैरह, वगैरह। खासकर उसके आस-पास तो

लोग अक्सर ऐसी ही भाषा बोलते नहीं हैं। तब? क्या उसे, जतीन दा से इस बारे में पूछना चाहिए ? नहीं, नहीं, जतीन दा को जब जो बताना होगा, खुद ही बताएँगे।

"तुम्हें एक कहानी सुनाता हूँ, सुनोगे? वैसे यह कहानी है भी और नहीं भी। तुम चाहो, तो इसे सत्यकथा या आपबीती भी कह सकते हो। वैसे तो हर कहानी में कुछ-न-कुछ अपना जीवन चला ही आता है, पर जिसने मुझे यह कहानी सुनाई थी, वह सच और कल्पना के बीच का फर्क करना भूल चुका था। उसे कल्पना सच से ज्यादा सच लगने लगी थी और सच एकदम निरी कल्पना। मेरा एक दोस्त था। तुम्हारे आर्थर की तरह एंग्लो-इंडियन। उसका नाम था जैकसन। पर बाद के दिनों में वह अपने को जयकिशन कहने लगा था।" जतीन दा मुस्कराए, पर वे अंदर से एकदम हँस नहीं रहे थे, शशांक को लगा।

"जॉर्ज जैकसन, या कि 'जेजे,' जैसा कि हम उसे स्कूल के दिनों से पुकारते थे, अपनी दो बुआओं के साथ किड स्ट्रीट में रहता था। एक पुराने मकान के ग्राउंड फ्लोर पर पिछवाड़े की तरफ से उसके घर में घुसने का रास्ता था। उसके घर में घुसते ही एक लंबा बरामदा था जिसे खस के परदे डालकर एक कमरे या हॉल जैसा बना दिया गया था। यह कमरा उसकी दोनों बुआओं 'ओल्ड मिस जैकसन' और 'यंग मिस जैकसन' की बैठक थी और उनका बच्चों को ट्यूशन देने का कमरा भी। इस बैठक से दो दरवाजे दिखते थे, जो कि दोनों मिस जैकसनों के कमरे रहे होंगे। एक तीसरा दरवाजा 'किचन' का था। 'जेजे' ओल्ड मिस जैकसन के कमरे के अंदर बनी एक छोटी-सी कोठरी में सोता और पढ़ता था, जिसे मैंने कभी नहीं देखा क्योंकि किसी को वह वहाँ ले जा नहीं सकता था।

ओल्ड मिस जैकसन झुर्रियों से भरी दुबली औरत थी, वैसी ही, जैसी एंग्लो-इंडियन औरतें बूढ़ी होने की शुरुआत में ही हो जाती हैं। पर उसकी आवाज और चेहरे पर कड़क की कोई कमी नहीं थी। वह अपने छोटे बालों को उसी तरह सँवारकर रखती थी, जैसे कि उसकी नौकरानी लूसी घर को सँवारकर रखती थी। क्या मजाल कि मेजपोश या बेंत के सोफे का कुशन इधर से उधर हो जाए। यंग मिस जैकसन उससे उम्र में काफी छोटी थी। वह काफी गोरी और सुंदर भी थी, पर उसके चेहरे पर हमेशा उदासी की एक छाया पड़ी रहती थी। मुझे 'जेजे' ने ही एक बार बताया कि लोग पीठ पीछे कहते थे कि असल में यंग मिस जैकसन ओल्ड मिस जैकसन की छोटी

बहन न होकर उसकी लड़की है। खुद जेजे इस बारे में क्या सोचता था उसने कभी नहीं कहा, पर इस बात से वह कोई खास परेशान नहीं दिखा था।

दोनों बहनें उसे दूसरे बच्चों के साथ ट्यूशन में बैठा लेती थीं। जेजे अपना स्कूल का सारा काम एकदम दुरुस्त रखता था। वह उन लोगों के साथ किसी तरह का झमेला नहीं चाहता था क्योंकि उसके माँ-बाप की रेल-दुर्घटना में एक साथ मृत्यु होने के बाद उन दोनों ने ही उसे दो साल की उम्र से पाल-पोसकर बड़ा किया था। जेजे को उन लोगों ने काम करने की ऐसी तहजीब सिखाई थी कि वह हर काम सही तरीके से, कम समय में और गुस्से-शिकायत-बोरियत जैसी किसी भी भावना के बिना सहजता से करता। यहाँ तक कि वह हँसता भी, तो उसके दाँत एक चमक दिखाकर छुप जाते और उसकी हँसने की आवाज कभी कमरे के बाहर नहीं जाती। उसका न किसी से कभी झगड़ा होता, न उसने कभी किसी से बहुत गहरी दोस्ती दिखाई। वह न बहुत खुशमिजाज कहा जा सकता था, न ही कोई उसे मनहूस कह सकता था। लेकिन वह एक मशीन की तरह भावहीन भी नहीं था। बस वह बहुत सँभला हुआ आदर्श किस्म का लड़का था, जिसमें कोई दोष खोजना मुश्किल था। सोलह साल की उम्र में मैट्रिक पास करते-करते सभी लड़के माँ-बाप के साथ विचारों में अन्तर को लेकर या किसी लड़की के साथ प्यार की कल्पना करके या पढ़ाई को लेकर किसी-न-किसी बात से परेशान रहने लगते हैं, पर जैकसन उर्फ जेजे को कोई बात बदल सकती है, ऐसा दिखाई नहीं पड़ता।

''सबकुछ ऐसे ही ठिकाने पर रहता यदि एक दिन जेजे को ओल्ड मिस जैकसन की जमीन पर गिरी हुई एक खुली चिट्ठी को उठाकर उनकी टेबुल पर रखते-रखते यह पता न चल जाता कि उसके पिता मरे नहीं हैं, बल्कि एक पागलखाने में मौत की कगार पर खड़े हैं। ओल्ड मिस जैकसन जैसी होशियार औरत ऐसी भूल आम तौर पर नहीं कर सकती थी कि ऐसी चिट्ठी को वह इस तरह टेबुल पर खुली छोड़ दे कि वह हवा से उड़कर टेबुल से नीचे जेजे की राह में गिर जाए। पर शायद भाई से अंतिम बार मिलने की इच्छा ने उसे इतना लापरवाह बना दिया था कि वह चिट्ठी को फेंककर सीधे टैक्सी पकड़कर अपने भाई से मिलने कलकत्ते के बाहर दमदम के पागलखाने की ओर चल पड़ी थी।''

''इस घटना के बाद एक-एक करके बहुत-सी ऐसी बातें जेजे को मालूम

होती गईं, जो अतीत के गर्भ में अच्छी तरह गहरे दफना दी गई थीं और ओल्ड मिस जैकसन सोच भी नहीं सकती थीं कि वे कभी बाहर निकल सकती हैं। जेजे को मालूम चला कि दो साल की उम्र में जिस दुर्घटना ने उसके माँ-बाप को उससे अलग कर दिया था, वह कोई रेल-दुर्घटना नहीं थी, बल्कि इंडिया की आजादी थी। जैकसन की माँ रोज़ी 'किड' जैकसन जो न सिर्फ झकाझक गोरी थी, बल्कि हर तरह की हिंदुस्तानियत से नफरत करती थी–सोच भी नहीं सकती थी कि अंग्रेजों के जाने के बाद वह काले नेटिव लोगों के साथ इस देश में रहेगी। जैकसन के पिता रिचर्ड जैकसन ने उसे बहुत समझाने की चेष्टा की थी कि जिस शहर की एक सड़क–किड स्ट्रीट–का नाम तक उसके एक पुरखे के नाम पर हो, उस शहर से ज्यादा दुनिया का कोई शहर उसके लिए अपना नहीं हो सकता।''

''भारत की आजादी के एक सौ ग्यारह साल पहले रोज़ी का परनाना जेम्स किड, जो ब्रिटिश सेना के लेफ्टिनेंट-जनरल अलेक्जेंडर किड की तीन नाजायज संतानों में एक था, अविवाहित रहकर अपनी मानी हुई बेटी मैरी किड के लिए अपार संपत्ति छोड़कर मरा था। वह अपने समय का सबसे धनी एंग्लो-इंडियन या यूरेशियन माना जाता था। इंग्लैंड में पढ़ाई पूरी कर वह ईस्ट इंडिया कंपनी का 'मास्टर शिपबिल्डर' बन गया और उसने कंपनी को पच्चीस से अधिक जहाज बनाकर दिए थे। दान-धर्म के लिए अपार पैसा खर्च करने के कारण उसका कलकत्ता शहर में इतना आदर-मान था कि एक सड़क का नाम उसके नाम पर रखा गया था।''

''रिचर्ड जैकसन की किसी बात का रोज़ी पर कोई असर नहीं हुआ था। रिचर्ड जैसे मामूली हैसियतवाले थोड़े साँवले से यूरेशियन से विवाह करना उस बिगड़े दिलवाली सुन्दरी की एक सनक थी, जबकि उसे कोई अच्छा अंग्रेज पति भी मिल सकता था। अब दो साल के जेजे को रिचर्ड को सौंपकर किड स्ट्रीट के मकान के अलावा अपनी सारी संपत्ति बेच पैसे बटोरकर वह इंग्लैंड चली गई और एक अंग्रेज से विवाह कर उसने अपनी भूल सुधार ली। पर रिचर्ड के लिए यह सदमा बरदाश्त करना संभव नहीं हुआ। वह इस तरह भुरभुराकर टूट गया जैसे दीमक खाए पेड़ गिर जाते हैं।''

''अपने पिता और माता के बारे में इन सब जानकारियों ने जेजे को रातोंरात एकदम बदल डाला। और तो और, अतीत के गर्भ से बातें खोद निकालने का तो जैसे एक जुनून उस पर सवार हो गया। उसने अब अपने पिता के परिवार के इतिहास के बारे में खोज शुरू की। ओल्ड मिस जैकसन

को जब तक उसकी इस नई दिलचस्पी का पता चलता, जेजे ने उनकी सारी डायरियाँ और परिवार के इतिहास से संबंधित सारे कागजात, फोटोग्राफ और दस्तावेज गायब कर दिए। यहाँ तक कि उसने जैकसन परिवार की एक शाखा के एक नब्बे-वर्षीय बूढ़े माइक जैकसन को खोज निकाला, जिसकी याददाश्त न सिर्फ सही-सलामत थी, बल्कि उसने अपनी जवानी में अपने परिवार के इतिहास की खोज भी की थी। माइक जैकसन जेजे को इतनी पीछे के समय की बात बता सका कि जैकसन परिवार के खून में अंग्रेजों से पहले भारत में आए पोर्तुगीज लोगों का खून मिला हुआ है। करीब तीन सौ साल पूर्व सबसे पहले भारत आए उनके पहले पुरखे विलियम जैकसन ने कलकत्ते से सत्ताईस मील दूर बसे पोर्तुगीज बसेरे की एक 'पोर्तुगीज-इंडियन' लड़की मारिया रॉड्रिगुएज़ से शादी की थी। इतना ही नहीं उसने जेजे को बताया कि जैकसन परिवार की एक लड़की का संबंध एक ऐसे एंग्लो-इंडियन परिवार में हुआ था, जिसका खून इंग्लैंड के एक प्रधानमंत्री के अंदर दौड़ रहा था।''

''नब्बे साल का बूढ़ा माइक अपने परिवार के इतिहास को बढ़ा-चढ़ाकर बताना चाह रहा हो, तो इसमें कोई आश्चर्य की बात नहीं थी। उसने जैकसन परिवार का संबंध खींच-तानकर एंग्लो-इंडियन कवि हेनरी विवियन डिरोजियो तक से बता डाला। पर जेजे के लिए बूढ़े माइक के बनाए लंबे-चौड़े वंशवृक्ष में जो बात सबसे अधिक महत्व की थी वह यह कि जैकसन परिवार की हर शाखा की हर पीढ़ी में एक-न-एक व्यक्ति पागल जरूर हुआ था। जब जेजे ने माइक का ध्यान इस ओर खींचा, तो माइक ने अपने नकली दाँतों का सेट दिखाते हुए हँसकर कहा–'ओह यस! इवन आइ हैव बीन थ्रू इट।' माइक का कभी अपने विक्षिप्त होने को स्वीकार करना उसके लिए अब हँसने की बात हो सकती थी, पर जेजे के लिए शायद यह उसके जीवन का एक ऐसा क्षण था, जब उसके दिमाग में यह शक का कीड़ा घुस गया कि उसके अंदर भी पागलपन का बीज मौजूद है और वह कभी भी फूट-पनप सकता है।''

''बाद में बरसों तक अपनी जाति के इतिहास का गहरा अध्ययन कर उसने अपने को यह दिलासा देने की बहुत चेष्टा की कि एक वर्णसंकर जाति बहुत तरह की बहुत सारी यातनाएँ झेलने को मजबूर होती है और खासकर भारत की जाति-प्रथा के प्रभाव में आकर यहाँ की एंग्लो-इंडियन जाति को अंग्रेजों ने भी बहुत नीची दृष्टि से देखा। इन्हीं कारणों से समय-समय पर

जैकसन परिवार में इस तरह की दुर्घटनाएँ हुई होंगी कि कोई व्यक्ति किसी तरह के कष्ट को झेल नहीं पाया और उसका दिमाग भटक गया—जैसा कि उसके पिता के साथ हुआ। पर अंत में वह अपने वहम का शिकार होकर ही और धीरे-धीरे कल्पना और सच का अंतर भूलता चला गया। वह अपने को खाँटी हिंदू मानकर अपना नाम जयकिशन बताने लग गया और पैंट-शर्ट छोड़कर कुरता-पायजामा पहनने लगा। शायद वह ऐसा करके अपनी उस विलायती माँ से भी बदला ले रहा था, जिसने उसे दो बरस की उम्र में त्याग दिया था और उसके पिता की यह हालत की थी। जो भी हो, वह इतिहास और भूगोल की अंधी गलियों में भटकता, कभी कुछ तो कभी कुछ बनता-मिटता, दिन-रात अपने से बात करता रहता। अपने को चिट्ठी लिखता, नोट लिखता और उन्हें फाड़कर फेंकता रहता। वह अपनी उस अवस्था से कभी निकल नहीं पाया।''

जतीन दा अपनी कहानी सुनाकर चुप हो गए थे। शशांक का बुरी तरह चौंककर उनकी ओर देखना शायद उन्हें लगभग घिर आए झुटपुटे के कारण नहीं दिखा था या वे इस ओर कोई ध्यान नहीं देना चाहते थे। वे तालाब के पार न जाने किधर देख रहे थे। शशांक का दिमाग फटाफट जोड़ लगा रहा था—यदि जैकसन आजादी के दो साल पहले पैदा हुआ, तो अभी उन्नीस सौ अठानबे में उसकी उम्र होगी—पाँच और चालीस और आठ—यानी तिरपन साल। क्या जतीन दा की उम्र तिरपन साल नहीं हो सकती? एकदम हो सकती है। हालाँकि वे चालीस से ज्यादा के नहीं लगते, पर हो सकते हैं। बिलकुल हो सकते हैं। तो क्या जतीन ही जैकसन उर्फ जेजे उर्फ जयकिशन हैं? जैकसन भी अपने को चिट्ठी-नोट लिखता और फाड़ता है। कम-से-कम यह एक समानता तो शशांक उन दोनों में जानता ही है। उसके अलावा जतीन दा अपने मित्र जैकसन को कितना भी जानते हों, उतना सबकुछ नहीं जान सकते, जितना उन्होंने बताया है। इतना तो आदमी सिर्फ अपने को ही जान सकता है।

शशांक के दिमाग में अचानक एक ख्याल आया और उसे लगा कि अभी उसे अपने प्रश्न का उत्तर मिल जाएगा। उसने कहा—''अच्छा जतीन दा, एक बात तो आपने बताई नहीं। क्या जैकसन के पिता सचमुच पागलखाने में मर गए, जैसा कि उसने पत्र में पढ़ा था? उस समय वह सोलह-सत्रह साल का था न?'' जतीन दा बिलकुल सहजता से बोले—''नहीं, नहीं, वे उस समय नहीं मरे थे। वे मरे बहुत बाद में। बल्कि लगभग उसी

समय, जब मेरे पिता मरे थे। और अजीब इत्तफाक देखो कि न जैकसन अपने पिता की अंतिम यात्रा में जा सका और न मैं। हम दोनों एक ही चक्कर में जो पड़े हुए थे। वह हमारा साथी था, बहुत भरोसे का साथी—हमारा जयकिशन।''

शशांक ने विक्टोरिया मेमोरियल से बाहर निकलते हुए एक बार और चेष्टा की—''अच्छा जतीन दा, आपके पुरखों में भी कोई नामी आदमी हुआ है? जैसा कि आपके दोस्त जैकसन के परिवार में था—किड स्ट्रीट वाला किड और कोई इंग्लैंड का प्रधानमंत्री भी बताया था न आपने?''

''नहीं, प्रधानमंत्री नहीं बताया था, उससे किसी दूर-दराज का संबंध बताया था। तुम्हें मालूम है, कहा जाता है कि ब्रिटेन के तीन प्रधानमंत्रियों—दोनों पिट और तीसरे लॉर्ड लिवरपुल में इंडियन खून था।'' शशांक ने फिर सिर हिलाया, ''छोड़िए, आप अपने पुरखों की बताइए न!''

''अरे हाँ। हमारे पुरखों में एक तो यहीं आगे जाकर रेड रोड पर मैदान में ऊँचे चबूतरे पर खड़ा है।''—जतीन दा बोले। ''कौन?'' शशांक के रोएँ खड़े हो रहे थे।

''अरे वही, बंगाल का 'होमर', बंगाली कविता में बिना तुक-छंद की ब्लैंक वर्स वाली आधुनिकता लानेवाला, वह घुँघराले बालोंवाला कवि माइकेल मधुसूदन दत्त! और कौन? कल आना शाम को, तुम्हें ले चलूँगा दिखाने। जतीन दत्त के रिश्तेदार को!''

कहनी, कहानी और अंतिम सपना

शशांक उस सवाल को तरह-तरह से दिमाग में गढ़ता है, जो उसे पूछना है। ऐसे या ऐसे? सारे शब्दों के इन अलग-अलग जमघटों में से उसे वह चुन लेना है, जो उसकी बात को कम-से-कम शब्दों में दूसरे तक पहुँचा सके। 'अटकने का खतरा कम, प्लस बात में ज्यादा दम'—पहले से बात को सोचकर बोलने के दो फायदों के बारे में शशांक ने दादी की तरह एक तुक जोड़ ली। और आज तो सवाल ही ऐसा है जो दुबेजी की पढ़ाई हुई कबीर की उलटबाँसी से कम नहीं।

"अच्छा दादी, सोचो कि क्या ऐसा हो सकता है कि एक आदमी, जिसे हम जो आदमी समझ रहे हों, वह दरअसल वह आदमी ही न हो। वह कोई दूसरा आदमी हो। मतलब यह कि यह समझ में न आए कि वह दूसरा आदमी है या पहलेवाला आदमी?"—शशांक ने दादी के बगल में बिछे आसन पर बैठते हुए पूछ डाला। दादी हॉल की एक खाली दीवाल पर चिपकाए गए एक सफेद कागज पर अपने बच्चों की तरह छोटे से हाथ में घी लगाकर उसका छापा लगा रही थी। फिर 'रातीजुगे' की तैयारी?—शशांक ने सोचा। उसने दादी के सामने पड़ी काँसे की पूजा की थाली में पानी से भरी छोटी लुटिया और चावल-मूँग-रोली के सफेद-हरे-लाल रंगों और बड़े से मिट्टी के दीये में भरे तेल में डूबी बाती को देखा—यानी वह सब जिसे माँ दादी का 'भानुमती का पिटारा' कहती है।

"तुम फिर रात-भर जागोगी? किसलिए दादी? बिना मतलब अपनी तबीयत खराब करोगी"—शशांक को पता है कि दादी इसीलिए मुस्करा रही है क्योंकि वह माँ की भाषा बोल रहा है। "आज तेरे लिए रात जागूँगी। तू दसवीं की बोर्ड की परीक्षा पास कर लेगा, तो कुलदेवी का रातीजुगा करेंगे, जोशन ताई ने कहा था। ताईजी आती होंगी।"—दादी की बात पर शशांक चुप हो गया। क्या कहे? कितनी चिंता है दादी को उसकी। जो वह कर

सकती है, करके रहेगी। माँ की तरह बोर्ड से चिट्ठी-पत्री कर दादी उसके लिए आधा घंटा ज्यादा समय तो नहीं दिलवा सकती, चूँकि वह और लड़कों से धीरे लिखता है। पर उसके लिए पूजा कर सकती है, इसलिए वही करेगी। और जोशन ताई? अस्सी साल की बूढ़ी औरत। उसके लिए रात जागने इतनी दूर चोरबगान से आएगी। जोशन ताई यानी पापा की जोशन दादी और शशांक की जोशन परदादी।

"लाखों पीढ़ियों से तुम्हारे कुलपुरोहित हैं हम लोग"—जोशन दादी कहती है। शशांक के दिमाग में लाखों पीढ़ियों का हिसाब अँट नहीं सकता। यों ही उसने कभी सौ रुपए का हिसाब नहीं रखा है, जबकि उससे पाँच साल छोटा भाई अनंत और चार साल छोटी बहन अदिति सारे समय अपनी पॉकेट-मनी और इधर-उधर से मिलनेवाले रुपयों का हिसाब-किताब करते रहते हैं। फिर भी, शशांक ने कोशिश की, एक लाख पीढ़ी का मतलब पच्चीस हजार साल तो होगा, अगर एक सौ साल में चार पीढ़ियाँ मोटा-मोटी मान लें। मतलब क्या जीसस क्राइस्ट से भी तेईस हजार साल पहले? या बुद्ध, कृष्ण, राम—हमारे सारे देवी-देवताओं से भी पहले? 'प्री-हिस्टोरिक' समय से?

"हाँ, तो कोई ज्यादा समय थोड़े ही बता रही हूँ, बेटा"—जोशन ताई उसके अंग्रेजी में बोले 'प्री-हिस्टोरिक' का अर्थ बिना जाने भी समझ जाती है। "देख, कलियुग अभी चार लाख साल और रहनेवाला है और हम लोग तो सतयुग, द्वापर, त्रेता सब समय तुम्हारे कुल के पुरोहित रहे हैं"—जोशन ताई पूरे विश्वास के साथ बोलती है। "अभी जैसे पहले हमें कोई बाम्हन थोड़े ही समझता था, पहले तो हम लोगों को घर के लोगों से भी ज्यादा मान-सम्मान मिलता। तेरी दादी की दादी सास ने हरिवंश की कथा करवाई, तो मुझे अपनी बहू के मान का सच्चे मोतियों का हार दिया। उधर जयदेव की तरफ की जिठानी जी ने सत्तनारायण कथा करवाई, तो मैंने कहा—मैं तो पछेली लूँगी सोने की। वही मिली मुझे। जजमान हमें परिवार का आदमी मानते—तभी हम जिठानी जी कहते थे न उन्हें। पर—अब तो कलियुग में भी घोर कलियुग आ गया।"—शशांक समझ गया कि इन सब बातों के पीछे जोशन ताई अपनी ऑफिस चला रही है। हम लोगों की तो यह जजमानी ही 'हाफिस' है, बेटा। ठीक बोलती हूँ कि नहीं?"

जोशन ताई अपनी बात पर हुंकारा हमेशा भरवाती है। 'ठीक बोलती हूँ कि नहीं?' 'हाँ' के उत्तर में सामनेवाला बिना सोचे-विचारे अपने-आप कह

उठता है–'हाँ, हाँ, बिलकुल।' या फिर कहता है–'सो तो है ही।' या 'एकदम ठीक।' यों भी हर व्रत की कथा सुनाकर अंत में यह कहा जाता है–'जैसे इस कहानी में फलाँ आदमी के कष्ट कटे, उसी तरह इसे कहते-सुनते-हुंकारा भरते आदमी के भी कटें।' यानी कहानी में जो हुंकारा भरता है, उसी को कहानी फलती है। दूसरी तरह से कहा जाए, तो उसी के पल्ले पड़ती है, क्योंकि सही जगह पर हुंकारा भरने के लिए कहानी ध्यान से सुननी पड़ती है।

शशांक को फिर दादी से वही सवाल पूछना था जो शायद दादी ने ठीक से समझा नहीं था। ''बताओ न दादी, कभी ऐसा हो सकता है कि कोई आदमी वही आदमी है कि और कोई आदमी है, यह पता लगाना मुश्किल हो। नहीं समझी? अच्छा ऐसे सोचो, तुम्हारा वह संन्यासी भाई है न सुच्चा बाबा। मान लो कि वह तुम्हें अपने चोंगे की जगह कहीं पर पैंट-शर्ट पहने कुछ और करता हुआ मिल जाए। जैसे कि समझो गाड़ी चलाता हुआ कहीं दिखे और गायब हो जाए। तो तुम क्या करोगी। मेरा मतलब है कि क्या सोचोगी? तुम्हें हैरानी नहीं होगी? एक आदमी के दो रूप हो सकते हैं? एकदम अलग-अलग?''–शशांक को दादी का चेहरा देखकर लगा कि दादी कहेगी कि उसने सचमुच सुच्चा बाबा को ऐसे ही दो रूपों में देखा है।

दादी हँसी। उस हँसी में किसी रहस्य की खनक थी। फिर बोली–''अच्छा सुनो, मैं तुम्हें एक कहानी सुनाती हूँ। एक औरत के तीन रूपों की कहानी। असल में यह इस रातीजुगे से ही जुड़ी कहानी है। जेतल दे की–जिसके गीत हम रात-भर दीया जलाकर गाते हैं।

''एक जेतल दे थी–बड़ी रूपमती। बड़े राजा की लड़की। चाँदनी की तरह उसका रूप चमकता। आठ साल की उमर में ब्याहकर ससुराल चली, तो बाप ने अपनी लाड़कुँवर के लिए मोती, मानक, पन्ने की बोरियाँ लदवा दीं। पर जेतल दे अड़ गई। उसने माँ से कहा–माँ मुझे कुछ और नहीं चाहिए। धन तो पति का कमाया हुआ ही काम आता है। मुझे तो सिर्फ एक चीज चाहिए। मुझे मेरी दासी मनहठी दे दो। उसी दासी ने जेतल दे को पाल-पोसकर बड़ा किया था। माँ का चेहरा उतर गया। उसने बेटी के कान में फुसफुसाकर कहा–बेटी, और कुछ भी ले जा। एक के बदले चार दासियाँ ले ले। पर मनहठी को मत ले जा। नहीं तो पछताना पड़ेगा। पर जेतल दे किसकी मानती। उसकी जिद देखकर माँ ने भेद खोला–बेटी, यह तेरी

नानी की सौत बनी, फिर तेरी माँ की सौत बनी। तू इसे मत ले जा। पर देखा कि जेतल दे पर इस बात का भी कोई असर नहीं। तब माँ ने भाग्य-भरोसे मनहठी को जेतल दे के साथ विदा कर दिया।

''जेतल दे के ब्याह के कुछ दिन बाद बगल के गाँव में देवी का रातीजुगा हुआ। उन दिनों गाँव की सारी औरतें मिलकर रात जागती थीं। जेतल दे जाने लगी तो उसने मनहठी से कहा, देख मेरे महल में दीया मत 'जगाना'। यहाँ अँधेरा ही रखना। मनहठी ने हामी भरी। जेतल दे चली गई। रातीजुगे में आधी रात के बाद आई औरतों ने जेतल से कहा—अरे तू तो यहाँ है। तेरे महल में तो एक सौ आठ दीये जगमग कर रहे हैं। सुनते ही जेतल दे रेत के टीलों को फाँदती उसी समय अपने महल लौट आई। मनहठी को बाल-बाल में मोती पोए सोलह सिंगार में देख वह आगबबूला हो गई। उसने उसी घड़ी अपने बाप को खत लिखा कि या तो वह बदला ले या वह अपने प्राण छोड़ देगी। बाप ने पुछवाया—बोल, किसे खत्म करूँ? तेरे पति को या उसके राज को? जेतल दे ने फिर पाती भेजी—न मेरे पति को और न उसके राज को। खतम करना है, तो मेरी मनहठी को कर। उसे मारकर मेरी देहरी के नीचे नहीं गाड़ा तो मैं अपनी जान दे दूँगी। बेटी को बचाने के लिए बाप ने जी मसोसकर यही किया। जेतल दे देहरी से आते-जाते उस दासी पर लात मारती जाती। इस तरह जेतल दे ने तीन सौतें उतारीं—अपनी नानी की सौत उतारी, अपनी माँ की सौत उतारी और अपनी सौत उतारी। पर वे तीनों तो एक ही थीं। एक औरत के तीन रूप।''

ओह माइ गॉड—शशांक ने सोचा। अपने सवाल के जवाब में ऐसी कहानी सुनने को मिलेगी, यह तो उसने कल्पना भी नहीं की थी। कैसी औरत रही होगी यह मनहठी दासी। उसकी सुंदरता या कभी बूढ़ी न होने के बारे में तो कहानी में दादी ने कुछ भी नहीं कहा। पर वह कोई मामूली औरत तो नहीं रही होगी। ऐसी कहानी है कि दादी से कुछ पूछने में भी शर्म आए। सोचा जाए, तो कैसी-कैसी कहानियाँ हैं दादी के पास। आज की किसी कहानी से ज्यादा मॉडर्न। दादी ने कैसा बंदी जीवन काटा पर उसके पास कैसी खुली-खुली कहानियाँ हैं। ऐसी कहानी जो किसी बात को छुपाने का भी नाटक नहीं करती और न खोलने का नाटक करती है। सीधे-सीधे जो कहना है, कह डालती है।

''दादी, क्या तुम लोग भी रातीजुगा करने अगल-बगल के घरों में जाया करती थीं?'' शशांक ने कौतूहल से पूछा। उसकी आँखों के सामने वह चौक

का मकान घूम गया, जिसमें दादी के अट्ठाईस साल बीते थे। वह घर उसने देखा है–सभी चौक के मकानों की तरह बीचोबीच नीचे चौक और ऊपर आसमान। हर तल्ले पर चारों तरफ घूमते गलियारों में खुलते कमरों के दरवाजे। नीचे चौक की तरफ गलियारे से झुला दी गई सूखती हुई साड़ियाँ। किसी कमरे में एक परिवार रहता और बगल के कमरे में दूसरा परिवार। पैसेवाले होते, तो आधा तल्ला या पूरा तल्ला भी लेकर रहते।

"मैं और बाहर? कहाँ बेटा? घर के हर कमरे की चार दीवारें थीं। उनमें दरवाजे भी थे। लेकिन जब कभी मुझे दरवाजे से बाहर जाना होता, तो देहरी ऊँची होने लगती और दरवाजों को बंद कर देती। महीने-महीने भर वे देहरियाँ ऊँची रहतीं और मैं घर के अंदर बंद रहती। फिर क्या करती? यह झाड़ो। वह पोंछो। यह चुगो। वह बिनो। यह धो। वह सुखाओ। दर्जनों की दर्जनों रोटियाँ पोओ।"–दादी की हँसी भी एक कहानी कहती है।

"तो क्या बाहर क्या होता है, कुछ भी पता नहीं चलता था?"

"पता चलता था। पश्चिमवाली खिड़की से एक नीम का पेड़ अपनी पत्तियाँ बिखेरता हुआ दिखता। दक्षिणवाली खिड़की से नीचे सड़क पर ट्राम आती दिखती, जाती दिखती। ट्राम के ऊपर लगे बिजली के तारों पर बारिश की बूँदें दिखतीं। उन पर बैठी गौरैया और कौवे-कबूतर दिखते। सड़क पार सामने के मकान में चौधरी अपनी बीवी की मार-कुटाई करता दिखता। यह सब दिखता था।"

"और दुनिया में क्या होता है, इसका कुछ पता चलता था?"

"बुल्गानिन आया था एक बार रूस देश से। उसके साथ और एक रूसी था। उसका नाम मैं भूल गई। वह खुली गाड़ी में सेंट्रल एवेन्यू से गुजरा। उसको देखने के लिए हमारा तीन चौक का मकान का मकान खाली हो गया। सेंट्रल एवेन्यू पर तब बड़े-बड़े फुट-बरामदे के मकान थे–मतलब फुटपाथ पर ऊपर बरामदे छाए रहते थे। अब तो जमीन के नीचे रेल बनाने के लिए सारे बरामदे तोड़ दिए गए। कहते हैं कि उस दिन एक इंच कहीं जगह नहीं थी–न सड़क पर न फुट-बरामदों में। लोग बुल्गानिन को देखने के लिए टिड्डियों की तरह उमड़ पड़े। बस एक मैं पूरे मकान में अकेली रह गई।"

शशांक की समझ में नहीं आता कि दुनिया ऐसी कठोर कैसे हो सकती है–"एक तुम ही रह गई? बाकी सारी औरतें चली गईं? लेकिन क्यों? तुम्हें क्यों छोड़ गए सब कोई?"

"तुम्हारा पापा बीमार था। इसलिए बाबा। उसे छोड़कर कैसे जाती?"—दादी शायद झूठ बोल रही है। उसे लग रहा है कि सच बोलने से बेमतलब शशांक का दिल दुखेगा।

"पापा नहीं बीमार होते, तो तुम्हें जाने मिलता?"—शशांक इस बात को यहीं नहीं छोड़ सकता। दादी चुप रहती है। शशांक देखता रहता है। "बोलो ना दादी—"

"शायद। पता नहीं। अच्छा, बहुत हो गया। छोड़ ना अब इस पुराण को। हाँ, एक बात तो मुझे बहुत याद आती है। चीन से लड़ाई हुई न, तब नेहरू जी के लिए मैंने भी दो सोने की चूड़ियाँ भेजीं। देश के लिए उस समय लोग क्या नहीं दे रहे थे। सुनते हैं कि बहुत अमीरों ने तो अपने नौलखे हार तक नेहरू जी की झोली में डाल दिए देश को बचाने के लिए। मैंने तो बस दो चूड़ियाँ..." दादी जैसे शरमाकर चुप हो जाती है।

"अच्छा, अब मैं समझा। नेहरू जी तुम्हें पसंद रहे होंगे। थे तो हैंडसम। गुलाब और अचकन पर कौन-कौन फिदा नहीं हुआ होगा"—शशांक दादी को छेड़ता है।

"पागल हो गया क्या तू। नेहरू जी तो मुझसे पूरे पचास साल बड़े थे। मेरे बाप से भी बड़े। दो साल बाद तो बेचारे मर ही गए।"—दादी उदासी से कहती है।

"तो दादी तुम क्या खुद लड़ाई के लिए जेवर माँगनेवालों की झोली में चूड़ियाँ डालने गई थीं?"—शशांक को उस कैदी जीवन की सबसे जरूरी बात पूछनी याद आती है—"या तुमने दादाजी से भिजवाईं?"

"अरे नहीं बेटा, न मैं खुद जा सकती थी और न तेरे दादाजी को दे आने के लिए कह सकती थी। व्यापारी आदमी को देश के लिए सोने का दान समझ में क्या जाने आता कि नहीं। मैंने तो अपनी एक पड़ोसन सहेली के हाथों गुपचुप भिजवा दीं। उसने बड़ी शान से डालीं झोली में—जैसे खुद दे रही हो। मैंने छुपकर ऊपर बरामदे से देखा। वह बड़ी देशभगत थी। लालबहादुर शास्त्री के कहने पर जो सप्ताह में एक सोमवार को अनाज खाना छोड़ा, तो आज तक चला रही है। तीस बरस से ज्यादा हो गए।" दादी के स्वर में अपनी सहेली के लिए अभिमान ज्यादा है या चूड़ियाँ खुद न दे पाने का अफसोस?

"अच्छा, अब तू मुझे बता"—दादी अपने जीवन के इतिहास को छोड़ शशांक के जीवन में घुस जाती है—"तूने मुझसे वह बात पूछी क्यों—वही

कि एक आदमी दूसरा आदमी है कि नहीं, यह पता न चले तो? कौन तुझे मिल गया ऐसा, जिसको लेकर तुझे यह शक हुआ?''

शशांक चुप है। उसने जतीन दा के बारे में घर में किसी को नहीं बताया है। जतीन दा उसकी एक कल्पना भी हो सकते हैं या फिर एक सपना, जो वह अकेले ही देखना चाहता है। और सच तो यह भी है कि यदि दूसरे किसी को बताए भी तो क्या बताए, जबकि वह खुद पूरी तरह उन्हें नहीं जानता। बस उसे इतना पता है कि जतीन दा में ऐसा कुछ है, जो सही है, जो दुनिया को ऐसी जगह बनाता है, जहाँ आदमी भरोसे के साथ जी सकता है।

''ऐसे ही दादी, एक नाटक पढ़ रहे हैं हम लोग। अंग्रेजी में। उसी में ऐसा एक आदमी है, जो कौन है—क्या है, यह समझ में नहीं आता। वह एक कहानी सुनाता है और बार-बार यह लगता है कि कहानीवाला आदमी वह खुद है, पर अंत तक कुछ पता नहीं चलता। इसीलिए पूछा तुमसे। मैंने सोचा कि तुम्हारे इतने बड़े जीवन में हो सकता है कि तुम्हें कोई ऐसा मिला हो।''

''अरे हाँ! हमारे ही मकान में एक बार बड़ी विचित्र घटना घटी थी। अपनी जिस सहेली गीता की बात तुम्हें बताई न, वही जो सोमवार को अनाज नहीं खाती, उसके बगल के कमरे में एक औरत रहती थी। उस औरत का आदमी कुछ खास कमाता-धमाता नहीं था। ऊपर से उसे मारता-पीटता। कई बार उसकी और उसके बच्चों के रोने की आवाज रात को मेरे कमरे तक सुनाई पड़ती। एक बार मेरी सहेली गीता एक सिनेमा देखकर आई। उस औरत के कहने पर उसने उसको उस सिनेमा की कहानी सुनाई। उस कहानी में एक विधवा औरत होती है जो बड़ी दुखियारी है। उस पर एक बार उसकी बहन चोरी का इलजाम लगा देती है, तो वह कुएँ में कूदकर अपनी जान दे देती है। तब बहन उसके बच्चों को अपने बच्चों की तरह पाल-पोसकर बड़ा करती है। कुछ ऐसी ही कहानी थी।

''अगले दिन सुबह गीता ने अपनी चार अच्छी साड़ियाँ एक साथ धोकर सूखने के लिए गलियारे में डोरी पर डाल दीं। दोपहर के बाद सोकर उठी, तो साड़ी उतारने गई। देखा तो साड़ियाँ गायब। मकान में हल्ला मचा कि कोई साड़ी चुराकर ले गया। संजोग देखो कि किसी ने गीता को कहा कि उसने उसी औरत को साड़ियाँ उतारते देखा था। गीता ने उससे पूछा, तो वह बिलकुल मुकर गई। कसमें खाने लगी। तब गीता ने कहा कि ठीक

है, पंडित से मन्त्र किया हुआ चावल मँगवाकर सबको खिलाएगी। जो चोर होगा, उसको खून की उल्टी होने लगेगी। तब सब शांत हो गए। थोड़ी देर बाद एक धमाका हुआ। सब दौड़े। देखा, तो वह औरत दोतल्ले से चौक में मरने के लिए कूद गई थी। फिर तो पूछो मत कि सब पर क्या बीती। मेरा तो रोते-रोते हाल बेहाल। चार सूती साड़ियों के लिए क्या कोई अपनी जान दे सकता है? गीता ने बाद में मुझे वह सिनेमावाली बात बताई। खैर, वह मरी नहीं थी, बोलकर मामला सलट गया। बाद में उसका पति अपने परिवार को लेकर दूसरी जगह रहने चला गया।''

दादी चुप होकर कुछ सोचने लगी थी। शशांक को दादी की कहानी सुन अचरज हुआ। आखिर उसकी बात से यानी कि उसके सवाल से दादी की कहानी का क्या ताल्लुक? वह सोचता रहा कि दादी को यह बात बोले या जाने दे। तभी दादी बोली—''आज तक मैं सोच रही हूँ कि वह औरत फिलम की कहानी सुनकर दोतल्ले से कूद गई थी या फिर...'', शशांक दादी का मुँह देखता रहा, ''या फिर मेरी सहेली गीता ने वह सिनेमावाली बात मन से बनाई थी। ऐसा कोई सिनेमा उन दिनों लगा हो, यह तो मैं नहीं जानती।''

अच्छा तो यह संबंध है उसके मनगढ़ंत नाटक की कहानी और दादी की असली सिनेमा की कहानी में। कहानी सुनानेवाली शायद खुद ही उस कहानी की पात्र रही होगी। पर, शशांक ने सोचा, दादी की सहेली गीता ने अगर झूठमूठ यह कहानी गढ़ी होगी, तो आखिर क्यों? और किस तरह उसके दिमाग में ऐसी कहानी गढ़ने की योजना बनी होगी? लेकिन क्या पता, सचमुच यह सिनेमा की कहानी हो और वह औरत अपने दुखी जीवन से छुटकारा पाने के लिए, इस भरोसे कि गीता उसके बच्चों को पाल लेगी, सिनेमावाली औरत की तरह ऊपर से मरने के लिए कूद गई हो?

''पहले की औरतें, बेटा, झूठ बहुत बोलती थीं। अब देखो, तुम्हारी माँ जल्दी से झूठ नहीं बोलेगी। उसे जरूरत ही नहीं पड़ती ऐसा करने की। पहले औरतें डरती बहुत थीं, इसलिए झूठ बोलती थीं। पहले आदमी भी डरते थे। अपने बच्चों तक को सबके सामने गोद में नहीं लेते थे। इस डर से कि लोग कहेंगे कि देखो कितना बेशरम है। अपने बच्चे को खिला रहा है—'' दादी की बात सुन शशांक को हैरत होती है।

''लेकिन दादी, इसमें बेशर्मी की क्या बात है? अपने बच्चे को प्यार करने में क्या गलत है?'' ''तू नहीं समझेगा, बेटा। अब जीवन बदल गया।

तूने देखा नहीं न वह सब। बच्चे बारिश में भींग जाते, तो मैं सबसे बाद में तेरे पापा के कपड़े बदलती। पहले अपने देवर-ननदों के कपड़े बदलती, फिर तेरे पापा का नंबर आता। उसे बहुत जल्दी सर्दी पकड़ती थी। खड़ा-खड़ा थरथराने लगता। पर मैं उसके कपड़े पहले नहीं बदल सकती थी, नहीं तो सब कह देते...''—दादी रुक जाती है क्योंकि सब क्या कहते, यह वह पहले कह चुकी है। वही बेशरमीवाली बात। शशांक को समझ में नहीं आतीं ये बातें। इतना नकली जीवन जीने में अच्छाई क्या है? यह तो जबरदस्ती हुई। तो क्या दादी को जबरदस्ती अच्छा बनना पड़ा है?

''तो दादी तुम्हें भी बुरा लगता होगा, जब पापा मुझे बचपन में गोद में खिलाते होंगे? तुमने तो यह सब देखा नहीं था। माँ जब मन चाहे, घर से बाहर चली जाती होगी, तब तुम्हें गुस्सा नहीं आता होगा?''—शशांक को यह जानना है कि यह सब इतनी जल्दी बदल कैसे गया?

''नहीं बेटा, मुझे कभी बुरा नहीं लगा। जमाना बहुत बदल गया था, शायद इसीलिए। पहले के लोग बहुत धीरे बदलते थे। क्या करते बेचारे—उन लोगों ने 'देसों' का जीवन देखा था। इसलिए वैसा ही सोच पाते थे। बुढ़ऊजी को—मतलब मेरे दादा ससुर को औरतों पर शक करने की ऐसी आदत थी कि किसी पड़ोस के बच्चे को भी मेरे पास बैठा देख लेते, तो गालियाँ बकने लगते। 'कोठे पर बैठो जाकर' तक कह देते। उन लोगों के जमाने में और उसके पहले उनके बाप-दादों के जमाने में मिनख लोग कमाने के लिए परदेस चले जाते—मतलब यही कलकत्ता, बम्बई, मदरास, रंगून—और दस-बीस साल वापस नहीं आते थे। एक बार बुढ़ऊजी के दादाजी वापस गाँव लौटे तो देखा कि उनकी धरमपत्नी के संग खटिया पर एक मूँछ-दाढ़ीवाला आदमी सोया हुआ है। उन्होंने तुरंत दोनों को मारने के लिए म्यान से तलवार निकाल ली। तलवार की आवाज से उन दादीजी की आँखें खुल गईं—तुम्हारे तो परदादा के परदादा की पत्नी हुईं—उन्होंने पलक झपकते ही बात समझ ली और कहा—''अपने खून को जो बिसरा दे, वह कैसा परदेस।'' तब परदादाजी की तलवार नीची हुई और वे होश खोकर गिर पड़े। बेटे को छोड़कर कमाने गए थे, तो वह घुटनिया चलता था और अब मूँछ-दाढ़ीवाला पूरा जवाँ मर्द बन गया था। अब माँ के लिए तो बच्चा सदा बच्चा रहता है। बेटे के गलबहियाँ डाल सो रही थी। एक पल की देर होती, तो दादाजी कुलघाती हो जाते। पहले के लोगों के मन में शक का बीज रहता ही था। वे लोग भी क्या करते? ऐसा ही जीवन था।''

कहाँ से कहाँ आए होंगे हमारे दादा-परदादा और पर-पर-दादा?—शशांक को बहुत आश्चर्य होता है। जहाँ से आए होंगे, वे जगहें उसने बहुत बचपन में सिर्फ एक बार देखी हैं, जब दो साल की उम्र में उसके जन्म के बाल उतारने वे लोग राजस्थान गए थे। तब की कोई स्मृति नहीं। जो कल्पना है, वह फिल्मों में देखे गए या ज्योग्राफी की किताबों में पढ़े गए मरुस्थल या 'डैजर्ट' पर बनी है। उसके लिए वह डैजर्ट भी वैसी ही सच्चाई है, जैसे अफ्रीका का सहारा डैजर्ट। यानी मैप पर नंबर पाने के लिए खींची गई रेखाओं में भरा पीला रंग। लेकिन इतने सालों में, इतनी पीढ़ियों बाद भी वे लोग बंगाल में रहकर बंगाली तो नहीं बने। न भाषा बांगला हुई, न मांस-मछली खाना सीखा। क्या वैसे ही, जैसे माँ कहती है कि कितना भी अच्छा हो, पर ससुराल लड़की के लिए ससुराल ही रहता है?

उसकी बहन अदिति के स्कूल में आधी लड़कियाँ बंगाली हैं, आधी मारवाड़ी-पंजाबी-गुजराती। यानी आधी बंगाली, आधी हिन्दी। वह पाँच साल की थी, तब कहती—"हिन्दी लड़कियाँ टिफिन में पूड़ी लाई थीं। बंगाली लड़कियाँ झगड़ा करती थीं।" बड़ी हुई तो "बंगाली टीचर्स बंगाली लड़कियों का साइड लेती हैं। उन्हें झूठमूठ फर्स्ट कर देती हैं—पढ़ने में भी, रेस में भी।" शशांक को उसकी बातें बहुत अजीब लगतीं। उसके स्कूल में तो ऐसा कुछ कभी नहीं होता। शायद ये लड़कियाँ ही ऐसी होती हैं—झूठमूठ का झगड़ा करती रहती हैं। झूठमूठ के शक करती रहती हैं।

दादी समय की गुफा में गहरे उतर चुकी है—"कहते हैं औरत की जोनि में मोक्ष नहीं मिलता। कैसे मिलेगा? हम लोगों का जीवन तो आदमियों को झूरते ही बीत जाता है।"

"झूरते"—शशांक को दादी की बात समझ में नहीं आती। "अपने को याद में गलाते, बेटा। झूरने का मतलब है याद करना। हम लोग होली पर 'कुंजा' गाते—सारे ऐसे ही गीत, जिसमें परदेस गए पति का झूरना होता। अरे कुंजा पच्छी, तूने मेरे प्रियतम को अपने बिल में क्यों नहीं रख लिया। उसे क्यों जाने दिया परदेस?"—दादी गीत की कड़ी गुनगुना रही है—क्या दादी अपने पिछले जन्मों की भूलभुलैया में खो गई है?

"तुम्हारे जीवन में थोड़े ही था यह झूरना दादी। यह सब तो तुम्हारी दादी-परदादी लोगों के जीवन में होगा ना? दादाजी तो हमेशा तुम्हारे साथ ही रहे कलकत्ते में?"—वह पूछता है। "कहाँ बेटा। बीस दिन से आते दीवाली पर बम्बई से, चार दिन रहते, फिर बीस दिन के लिए चले जाते बम्बई।

मैं दिन गिन-गिनके काटती। दिन भी क्या, घंटे-घंटे गिनकर। रात को दो-दो बजे तक कमरा पोंछती। एक-एक चीज चमकाती, जब तुम्हारे दादाजी आनेवाले होते। एक-एक घड़ी एक-एक जनम जैसी लगती''—दादी शरमाकर कहती जा रही है।

''हाउ रोमैंटिक।''—शशांक धीरे से बोलता है। लेकिन पापा बाहर जाते हैं, तो माँ तो कोई उन्हें झूरती-वूरती नहीं। बल्कि निश्चिंत होकर अपने काम में लग जाती है। कई काम उन दिनों के लिए जमा करके रखती है, जब पापा बाहर गए हुए होंगे। शायद 'इनजॉय' ही करती है अकेले रहना। वह कुछ कहता नहीं, पर दादी उसके मन की बात समझ जाती है—''अब तो क्या, बेटा। पति चार-पाँच दिन के लिए जाता है। दिन पलक-झपकते बीत जाते हैं। उसके आने का वक्त पहले ही आ जाता है। लेकिन बेटा, हम लोगों के जीवन में जैसा कष्ट था वैसा ही आनंद था। अब न कष्ट है, न आनंद है।'' शशांक चुप रहता है। सोचता है कि पता नहीं माँ इस बात को किस तरह देखेगी।

''तो दादाजी जब यहाँ रहते, तुम्हें कहीं घुमाने नहीं ले जाते थे? पिक्चर-विक्चर? खाने-पीने?''—शशांक के सवाल पर दादी हँसती है। फिर वही हँसी, जिसमें जीए हुए कष्ट का आनंद है—

''हाँ, महीने में एक बार ले जाते पिक्चर दिखाने। नतीजा यह होता कि मेरी सास मुझसे कम-से-कम दस दिन बोलचाल बंद रखतीं।'' ''अरे, यह क्या। तो दादाजी को तुम इस बारे में कुछ नहीं कहती थीं?''—शशांक पूछता है। ''कहने से फायदा नहीं था, बेटा। एकाध बार कहकर देखा, तो जितनी बातें तेरे दादाजी ने अपनी माँ को सुनाईं, उससे दस गुनी बातें उनकी माँ ने मुझे अगले दिन सुनाईं। तब मैंने छोड़ दिया कहना।''

कितना बदल गया जीवन—दादी से माँ की एक पीढ़ी में। शशांक को सोचकर हँसी आती है कि माँ को ऐसा जीवन जीना पड़ा होता तो वह क्या करती। लेकिन शायद माँ की पीढ़ी के बाकी लोगों के लिए जीवन उतना नहीं बदला, जितना माँ के लिए। बाकी औरतों के लिए अब भी कैरियर की बात सोचना उतना आसान नहीं। माँ ने अदिति के पैदा होने के बाद वकालत की पढ़ाई शुरू की और उसमें टॉप नंबर लाकर शहर की सबसे बड़ी लॉ फर्म में प्रमुख वकील है। संयोग से माँ को हर जगह सफलता मिलती गई है।

पर सबसे बड़ा संयोग क्या यह नहीं कि उसे ऐसी सास मिली—''मेरा

सपना था कि मेरी बहू ऐसी हो, जो वह सबकुछ कर सके, जिसका मैं सपना भी नहीं देख सकती थी। तुम्हारी माँ में मेरा सपना फल गया।"—दादी की बात सुन शशांक फिर उस मन के बारे में सोचता है, जिसमें चींटियों से लेकर सृष्टि के सब प्राणियों के मन की चिंता है।

"अब तो मेरा एक ही सपना है बेटा। एक ही झूरना है—इतना तो करना स्वामी जब प्राण तन से निकले/श्रीगंगा जी का तट हो या यमुना जी का वट हो/मेरा साँवरा निकट हो, जब प्राण तन से निकले..."

शशांक फिर सोचता रह जाता है कि माँ इस अंतिम सपने की बात सुने तो क्या कहेगी?

जीवन चांडाल यानी 'ढूँढ़ूँ तुझे गली-गली'

शशांक बुझे हुए मन से तालाब के पानी में विक्टोरिया मेमोरियल की उल्टी परछाईं को देखता रहा, जो बार-बार किसी मछली के पानी की सतह तोड़कर ऊपर आने पर हिल-हिल जाती थी। जतीन दा अभी तक नहीं आए। पिछले शनिवार की तरह लगता है, आज भी उनसे मिलना नहीं होगा। उस दिन गार्ड की अंतिम सीटी तक वह उनकी राह देखता रहा था। न जाने क्या बात है? कहीं उनकी माँ फिर ज्यादा बीमार न हो गई हों। अचानक शशांक के मन में ख्याल आया—यदि जतीन दा अब किसी शनिवार को यहाँ न मिले तो? उसका कलेजा धक् से रह गया। उसके पास जतीन दा का न पता-ठिकाना है, न फोन नंबर। यहाँ तक कि यह भी उसे नहीं मालूम कि उनका सही नाम जतीन दत्त ही है या कुछ और। आखिर कितने शनिवार तक वह यहाँ आकर इस तरह उनका इंतजार कर सकता है? पिछले शनिवार को विक्टोरिया मेमोरियल के सामने के दरवाजे से मेमोरियल तक बिछी पत्थर की छोटी-बड़ी गिट्टियों पर चलते-चलते उसके तलवे बुरी तरह दुखने लगे थे। हर बार अपनी बेंच को देखता, तो जतीन दा और खुद के बदले किन्हीं और लोगों को वहाँ बैठे पाता।

इन गिट्टियों पर चलने से उसकी चाल सुधर सकती है—बचपन से मिली सैकड़ों सलाहों में से किसी की यह सलाह अब शशांक के लिए हर शनिवार को घर से निकलकर अकेले यहाँ बेंच पर जतीन दा से गप्पें लगाने का एक बहाना बन गई थी। माँ कहती है कि इस देश में कैसी भी—कितनी भी कमियाँ हों, पर सलाह देनेवालों की कोई कमी नहीं है। ऐसा कभी नहीं हुआ कि माँ बचपन में उसे साथ लेकर आधा किलोमीटर चली हो और कम-से-कम दो सलाह देनेवाले न मिले हों कि झाड़-फूँक-देवता-थान-मन्नत से लेकर होमियोपैथी-आयुर्वेद-मालिश- नैचुरोपैथी तक किस तरीके से उसका सही इलाज हो सकता है।

''दो सलाहकार, प्रति आधा किलोमीटर? ऊँहूँ, ज्यादा नहीं है। मेरी रेट है, कम-से-कम चार घूरनेवाले, प्रति आधा किलोमीटर। इतने लोग तो मुझे ध्यान से देखने के लिए बोलते-बोलते, चलते-चलते रुक ही जाते हैं।'' शशांक की हँसकर कही गई बात से माँ के चेहरे पर एक छाया आकर चली जाती है। शशांक जब से जतीन दा से मिला है, वह उनका इंतजार करने के लिए सचमुच इन गिट्टियों पर आकर चल लेता है। इसके दो फायदे हैं, उसने अपने को बताया है, एक तो उसका विक्टोरिया आने का बहाना सिर्फ बहाना नहीं रहता और दूसरे क्या बुरा है कि 'एक उम्मीद से दिल बहलता रहा।'

शशांक हारकर बेंच से उठने ही वाला था कि जतीन दा हाँफते हुए-से उसके बगल में आकर बैठ गए। शशांक ने कुछ नहीं कहा। किसी से आज तक वह यह शिकायत नहीं कर पाया कि वह उससे मिलने क्यों नहीं आया। शिकायत कभी की है, तो यही कि कोई जबरदस्ती अपना मन मारकर उसके पास इसलिए क्यों रुक गया कि वह अकेला है। सेंट जोसेफ स्कूल में जब वह छठी क्लास में भरती हुआ था, तो माँ ने आरती मौसी की सहेली के लड़के को, जो उसी की क्लास में था, न जाने क्या कहा कि वह रोज लंच-ब्रेक में शशांक के पास जमा रहता। न नीचे मैदान में खेलने जाता, न और लड़कों की तरह कैंटीन जाता। पूरी क्लास खाली हो जाती, बस वह शशांक के इर्द-गिर्द मँडराता रहता। एक दिन, दो दिन, तीन दिन बीते। शशांक को समझ में आया, जब माँ ने उससे पूछा कि वह लंच-ब्रेक में क्या करता है। ''बोर होता हूँ, उस लल्लू के साथ''—शशांक की बात सुन माँ स्तब्ध रह गई। ''कौन लल्लू?''—कुछ देर चुप रहकर माँ ने पूछा। ''वही, जिसे तुमने 'फ़ोर्स' किया है, अपना खेल-वेल बंद कर मेरे साथ चिपके रहने को!''—शशांक ने गुस्से से कहा था।

''पिछले शनिवार बहुत इंतजार किया न मेरा?''—शशांक को अच्छा लगा कि जतीन दा के स्वर में ऐसा करने के लिए कोई माफी माँगने जैसी बात नहीं थी। ''मैं तो दूर चला गया था, जीवन चांडाल को खोजते-खोजते। वहाँ से लौटना संभव नहीं था उस दिन।''—जतीन दा की आवाज और सारे लोगों से कितनी अलग है, शशांक ने सोचा। लेकिन क्यों? कुछ नाक से निकला स्वर है यह, या कुछ गूँज जैसी है इसमें, या कोई जलतरंग जैसी मिठास? बंगाली लोग कितनी आसानी से संस्कृत के कठिन-कठिन शब्द रोज, हर जगह, हर समय बोलते रहते हैं—''संभव नहीं था'', ''अब मैं विदाई लूँगा।'' हिंदीवालों के इस तरह बोलने से उनकी भाषा नकली लगे, पर

बंगालियों के बोलने से एकदम ठीक लगती है। बल्कि सुंदर भी। कितने मजे से जतीन दा जीवन को चांडाल बता रहे हैं और उसे खोजते-खोजते बहुत दूर निकल जाने की बात भी। सोचा जाए तो आदमी कहीं भी जा रहा है, खोज तो जीवन को ही रहा है। वाह, बंगालियों की भाषा में ही 'गल्प' है—जीवन को चांडाल कहकर गाली देने में कैसी गहरी बात है।

"जीवन चांडाल से मैं पच्चीस साल पहले सिर्फ एक बार जेल में मिला था। तब से उसे कहाँ नहीं खोजा, पर आज तक नहीं मिला"—शशांक हैरान था। क्या बोल रहे हैं जतीन दा? क्या जेल में उन्हें बुद्ध की तरह जीवन के बारे में कोई ज्ञान मिल गया था, जिसे वे बाद में भूल गए? या यह किसी आदमी का नाम है, जो उन्हें जेल में मिला था?

"पच्चीस सालों से उसे ढूँढ़ रहा हूँ। उसे जाननेवालों की कोई कमी नहीं है। यहाँ तक कि रेल में बिकनेवाले 'बटतला' साहित्य की दो रुपए में बिकनेवाली एक पतली पुस्तिका में गगन दादू ने देवता-वीर की तरह उसका भी जीवन-चरित लिख डाला है"—जतीन दा मुस्करा रहे थे। शशांक ने न रेल में ऐसी कोई किताब बिकती देखी थी, न कोई ऐसी किताब पढ़ी थी। पर वह समझ गया। लोकल ट्रेनों में ये सब किस्से-कहानियों की सस्ती किताबें मिलती होंगी और लोग आते-जाते उन्हें खरीदते होंगे। उसने देखा था कि उनके घर में पहले रहनेवाला एक बंगाली नौकर रोज दिन में आराम करते समय एक पतली-सी किताब पढ़ा करता था। पर वह तो रोज एक ही किताब पढ़ता था, इसलिए शशांक ने सोचा था कि कोई धार्मिक किताब होगी। क्या पता वह ऐसी ही कोई गगन दादू नाम के लेखक की किताब रही हो—और वह भी जीवन चांडाल पर!

"तब तो जीवन चांडाल कोई महान आदमी रहा होगा। लेकिन फिर वह जेल में क्या कर रहा था?"—शशांक ने पूछते-पूछते दाँत से अपनी जीभ काट ली। क्या कह गया वह! कहीं जतीन दा को बुरा न लग जाए। जतीन दा ने उसकी बात का कोई जवाब नहीं दिया। वे चुप रहकर पानी में देखते रहे। शशांक को अचानक याद आया कि उनके स्कूल के हिस्ट्री टीचर मिस्टर फिलिप ने 'फंडामेंटल राइट्स' पढ़ाते वक्त कितने आदर से उन लोगों का जिक्र किया था, जो बोलने की आजादी की हत्या करनेवाले कानूनों के खिलाफ इमरजेंसी के दिनों में जेल गए थे। जेल जानेवाला बुरा आदमी ही हो जरूरी नहीं, गाँधीजी भी तो कितनी बार जेल गए थे। कृष्ण तो पैदा ही जेल में हुए थे। शशांक के दिल से आवाज आई—हो न हो, जतीन दा

और जीवन चांडाल इमरजेंसी के दिनों में ही जेल गए होंगे। उसे मालूम है कि उन दिनों पुलिस बिना बताए कि किसी का गुनाह क्या है, जिस-तिस को पकड़कर जेल में बंद कर सकती थी। शशांक ने राहत की साँस ली–'तो कोई ऐसा-वैसा कारण नहीं था जतीन दा के जेल जाने का!'

"महान आदमी तो जरूर था, लेकिन सवाल यह है कि किस-किसके लिए महान था। कम-से-कम मेरी जान उसके कारण ही बची थी जेल में"–जतीन दा फिर एक नया शिगूफा छोड़ चुप हो गए थे। "लेकिन जतीन दा, आप उसे इतने दिन से ढूँढ़ रहे हैं। जैसा कि आपने कहा, पच्चीस साल से। तो वह मिलता क्यों नहीं? क्या आप उसे नहीं पहचानते? या वह आपसे मिलना नहीं चाहता? और पच्चीस सालों में तो कोई आदमी मर भी सकता है?"–शशांक को लगा कि उसे अपने दिल की बात जरूर कहनी चाहिए। जतीन दा की बातों में कोई सिर-पैर नहीं दिख रहा। पच्चीस साल! यानी कि उसकी उम्र से भी आठ साल ज्यादा। ऊपर से कैसा अजीब नाम है इस आदमी का। ऐसा नाम कोई रखता है अपना? और यह कैसी अद्भुत बात कि कोई किसी को पच्चीस साल से खोज रहा हो और वह न मिले। उसने दादी से उनकी एक दूर के रिश्ते की ननद का किस्सा सुना है कि कैसे उसके पति दिमाग खराब हो जाने से एक रात घर से निकल गए थे और कभी नहीं लौटे। एक बार खबर मिली कि किसी ने उन्हें हरिद्वार के कुंभ के मेले में साधुओं की टोली में देखा, तो उनकी ननद कई महीनों हरिद्वार में उन्हें गली-गली खोजती रही, पर वे नहीं मिले। मरने तक वह सिंदूर-टिक्की लगाती रही थी, क्योंकि उसे हमेशा उम्मीद थी कि उसके पति मिल जाएँगे। पर यह जीवन चांडाल ऐसे कैसे खो गया कि जतीन दा को अब तक नहीं मिला? क्या जतीन दा भी कोई 'बटतला' साहित्य लिखने के लिए यह कथा गढ़ रहे हैं?

"वह मुझे प्रेसीडेंसी जेल में मिला था। नाटे कद का तगड़ा आदमी। उसका काला रंग घुप्प अँधेरे में भी ऐसा चमकता, जैसे उस पर कोई रोशनी डाल रहा हो। और उसकी आँखों का सफेद हिस्सा एकदम टॉर्च की तरह चमकदार"–जतीन दा ऐसे देख रहे थे जैसे घनघोर अँधेरे में देखे गए किसी आदमी के नाक-नक्श पहचानने की कोशिश कर रहे हों। "उसने जेल में रात का खाना लेते समय पीछे से आकर बेवजह मुझे धक्का देकर गिरा दिया और मेरे ऊपर चढ़ बैठा। ऊपर से यह चिल्लाता रहा कि मैंने उसे धक्का दिया है। मैं इतना हक्का-बक्का हो गया था कि उसका चेहरा तक

ठीक से देख नहीं पाया। बाद में जब हम दोनों को पास-पास एक घुप्प अँधेरे 'सेल' में लोहे की बेड़ियाँ पहनाकर एक साथ बंद किया गया, क्योंकि सारे 'सेल' भरे हुए थे, तो उसने मुझे बताया कि उसने मुझे मारे जाने से बचाने के लिए यह नाटक किया था। उस रात जेल में मुझे पुलिस का आदमी या जासूस समझकर मारने का पूरा इंतजाम कुछ कैदियों ने कर रखा था, जिसे आत्महत्या की तरह दिखा दिया जाता। उसने यह सब सुना था। पर उसे मेरी सच्चाई पर विश्वास था। न जाने कैसे और क्यों? वह मुझे कितना जानता था, यह भी मुझे नहीं मालूम।''—जतीन दा चुप हो गए और शशांक को लगा कि वह किसी फिल्म की कहानी सुन रहा है, जो सच और कल्पना के घालमेल से बनती है, पर सच नहीं होती। उसने कभी सोचा भी नहीं था कि जीवन में किसी ऐसे आदमी से मिलेगा, जो उसे इस तरह जेल के अंदर की बातें फर्स्ट-हैंड बता सके।

''लेकिन जतीन दा, उसने अपना नाम इतना अटपटा क्यों रखा था? ऐसे कोई अपने नाम के आगे 'चांडाल' जोड़ता है क्या?''—शशांक ने जतीन दा की चुप्पी तोड़ने के लिए बात ऐसी जगह से शुरू की, जिसमें जेल-पुलिस-जासूस-हत्या जैसी कोई बात नहीं थी। उसके सामने रहस्यों से भरी विचित्र दुनिया खुल गई थी और वह सबकुछ जानने के लिए बेचैन था, पर उसके अंदर कोई बोल रहा था कि यह बेचैनी जाहिर होते ही यह रहस्यमयी दुनिया गुम हो जाएगी।

''उसने मुझे सब बताया। उस रात उसने अपनी जिंदगी को मेरे सामने पूरी तरह खोलकर रख दिया। कुछ नहीं छिपाया। यह भी नहीं कि उसके हाथ एक-दो नहीं, कितने ही लोगों के खून से रँगे थे''—शशांक का कलेजा जतीन दा की बातें सुन इतने जोर से धड़कने लगा था कि उसे लगा कि जतीन दा उसके दिल की धक-धक सुन लेंगे और यह किस्सा हमेशा के लिए दफन कर देंगे। पर जतीन दा बिना उसकी तरफ देखे बोलते रहे—''उसने अपना नाम जीवन चांडाल इसलिए रखा कि वह अपनी पाँच पीढ़ियों के इतिहास को हर रोज हर घड़ी अपने साथ अपनी स्मृति में रख सके। लोग अक्सर जिन बातों को भूलना चाहते हैं, वह उनमें जिंदा रहना अपना धर्म समझता था।

''पाँच पीढ़ियों पहले उसके पुरखे ने नमोशूद्र होते हुए भी एक ब्राह्मण कन्या को गर्भवती कर समाज से दूर भाग अगम्य जंगलों में जीने की जुर्रत की थी। इसलिए जो संतान हुई, उसका नाम हुआ चांडाल। यही शास्त्रों

की आज्ञा है कि ऐसी संतान को चांडाल कहा जाए। पीढ़ी-दर-पीढ़ी वे लोग मरी हुई भैंसों और गायों का बोझ उठाते रहे। यह काम भी शास्त्रों ने उसके लिए तय कर रखा था। पर देखो कि कैसी अजीब बात कि जिस दिन उनके कुल में कोई बच्चा पैदा होता, उस दिन हाँडी में चावल का एक दाना भी नहीं रहता। यही जैसे उनके कुल की परंपरा बन गई थी। जिस दिन जीवन चांडाल पैदा हुआ, उस दिन भी घर में खाने को एक दाना तक नहीं था। उसका बाप सुबह से शाम तक पेड़ काटने की मजूरी कर साँझ बीते डेढ़ सेर चावल का जुगाड़ करके घर लौटा। उसे यह तक मालूम नहीं होता कि उसी दिन देश आजाद हो रहा था, अगर उसे उसका गाँव पूर्वी पाकिस्तान बन जाने के कारण छोड़ना नहीं पड़ता। वह चांडाल था यानी कि हिन्दू था और चारों तरफ हिन्दू लोग पाकिस्तानी बंगाल छोड़कर हिन्दुस्तानी बंगाल की तरफ भाग रहे थे। दूध-पीते बच्चे को गोद में साड़ी के आँचल में बाँधे जब उसकी माँ चलने लायक हो गई, तो वे अपना घर-द्वार छोड़ खाली हाथ इधर आ गए।''

जतीन दा चुप हो गए थे, पर हवा में उनकी आवाज गहरे दुख और गुस्से की ध्वनि लिए अब भी गूँज रही थी। 'ओह, द कास्ट सिस्टम!'—शशांक ने सोचा। मिस्टर फिलिप ने कहा था, कितने शर्म की बात है कि एक देश अपने ही एक-चौथाई लोगों को छूने लायक तक न समझे और हजारों साल के लिए उन्हें नरक जैसा जीवन जीने की ओर धकेल दे—यहाँ तक कि अगर इससे निकलने के लिए हिंदू धर्म छोड़कर वे मुसलमान या क्रिश्चियन बने तो छुआछूत-भेदभाव ने वहाँ भी उनका पीछा नहीं छोड़ा।

अगले दिन जो क्लास में हुआ था, वह क्या मिस्टर फिलिप की बात को सही साबित करने के लिए किया गया था? उफ्, कैसी शर्म की बात है, आज भी याद कर शशांक का दिल कैसा-कैसा हो जाता है। और वह भी मिस्टर फिलिप जैसे बढ़िया और भले टीचर के साथ, जो सिर्फ इतिहास पढ़ाता भर नहीं था, इतिहास की भूलों पर अपनी राय देकर क्लास को सच्चाई और न्याय का पक्ष देखने की आँख देना चाहता था। 'जस्टिस!' मिस्टर फिलिप का सबसे प्रिय शब्द था 'जस्टिस'। तकियाकलाम जैसा। साधारण बातों में 'डूइंग जस्टिस' का प्रयोग करना—परीक्षा में ज्यादा कठिन या भारी टॉपिक होने पर एकाध चैप्टर छोड़ देने की बात में, ज्यादा गर्मी होने से ज्यादा देर न पढ़ाने की बात में, क्रिकेट मैच की बात करने की छूट देने में। हर जगह 'डूइंग जस्टिस'—विद्यार्थियों का हमेशा खयाल रखते हुए, उनके

मन, उनकी इच्छाओं को ज्यादा-से-ज्यादा महत्व देते हुए। और 'जस्टिस'—इतिहास में, आज में और आनेवाले कल में। ऐसे मिस्टर फिलिप के लिए अगले दिन सुबह किसी ने ब्लैक-बोर्ड पर चॉक से अंग्रेजी में लिख रखा था—शायद घर जाने के पहले पिछले दिन यह लिखने के लिए कोई लड़का रुक गया था—''मिस्टर फिलिप के पुरखे सदा लैट्रिन साफ करते रहे। पर कितनी शर्म की बात है कि हमारे स्कूल के लैट्रिन अक्सर इतने गंदे रहते हैं।''

''और भूख? भूख के बारे में तुम जानते हो कि यह क्या होती है? कैसे यह अंतड़ियों को तोड़ती-मरोड़ती है?''—जतीन दा अचानक फिर बोल उठे। शशांक को शर्म-सी आई, नहीं, वह नहीं जानता कि भूख क्या होती है। यहाँ तो समस्या यह नहीं होती कि कुछ खाने को न हो, बल्कि यह कि भूख नहीं होती, और जबरदस्ती खाना पड़ता है। माँ चाची और दादी साल में एक दिन करवा चौथ का व्रत करती हैं, वह भी चाय पीकर, तो कैसे सब लोग चिंता करते रहते हैं कि कब चाँद निकलेगा और उन्हें खाना मिलेगा।

कितना कम जानता है शशांक दुनिया के बारे में, जीवन के बारे में। स्कूल से घर और घर से स्कूल—वह भी गाड़ी में। भीख माँगते हुए बच्चे, बूढ़े, औरतें लाल बत्ती पर गाड़ी रुकने पर गाड़ी के पास आते हैं, पर उनसे भूख के बारे में कहाँ पता चलता है? भीख दो, भीख मत दो—यह बहस हमेशा आस-पास चलती रहती है। ''अभी देखो, जाकर बीड़ी पीएगा या सट्टा खेलेगा। तुम्हारे पैसे उसके बहुत काम आएँगे''—माँ पापा से कहती है, जब वे किसी बच्चे को भीख देते हैं। पापा के चेहरे पर असमंजस रहता है। अगली बार वे ऐसे एक बच्चे को डाँटकर कहते हैं—'शर्म नहीं आती भीख माँगते हुए? चलो गाड़ी में बैठो, मैं काम भी देता हूँ और खाना भी।' बच्चा अगली गाड़ी पर जाकर भीख माँगने लगता है।

वह भूख के बारे में कैसे जान सकता है? उसकी जिंदगी में वह जिन लोगों से मिलता है, उनमें से कोई भूख के बारे में नहीं जानता होगा। वे सब एक तरह की जिंदगी जीनेवाले लोग हैं। उन सबकी एक तरह की इच्छाएँ हैं। एक तरह की समस्याएँ हैं—जैसे कि क्या कब खाना है, क्या कब पहनना है, बचपन में कहाँ पढ़ना है, फिर आगे क्या बनना है और फिर शादी-ब्याह-बच्चे। वे लोग शायद ही जीवन में कभी जेल जाएँगे, शायद ही कोई ऐसा काम करेंगे जो उन्हें बाकी लोगों से अलग खड़ा कर दे। इसलिए वे

एक जैसे कपड़े पहनेंगे, एक जैसी यात्राएँ करेंगे, एक जैसी कमाई कर एक जैसे घरों में रहना चाहेंगे। लेकिन ऐसा कैसे हो गया कि जीवन चांडाल जैसे लोग आस-पास इतनी पीढ़ियों से इस तरह भूखे रहते आए हैं—कि जब वे पैदा होते हैं, तो यह तय होता है कि उनके माँ-बाप भूखे रहते हैं और चावल का एक दाना तक घर में नहीं होता? आखिर यह कब तक चलेगा? शशांक का मन खिन्न हो आया—तब फिर गाँधीजी, नेहरूजी जैसे लोगों ने क्या असल में इन लोगों के लिए कुछ भी नहीं किया?

''तुम वह किस्सा सुनोगे, जो जीवन चांडाल ने मुझे उस रात जेल में इस तरह सुनाया था जैसे मैं उसके साथ-साथ सबकुछ होते-करते देख रहा होऊँ?''—जतीन दा शशांक की तरफ इस तरह देख रहे थे जैसे उसके चेहरे की एक-एक रेखा पढ़कर यह निर्णय लेना चाहते हों कि वह उस किस्से को सुनने लायक है या नहीं। शशांक बिना हाँ-ना कहे उनके चश्मे के पीछे उनकी आँखों को देखता रहा। उसका दिल घबड़ा रहा था। क्या सुनानेवाले हैं जतीन दा? ऐसा क्या जिसके लिए खुद उसी से अनुमति ले रहे हों? जतीन दा ने जैसे कुछ ठानकर कहा—''मैं तुम्हें यह किस्सा ठीक उन्हीं शब्दों में सुनाऊँगा, उसी तरह जैसे जीवन चांडाल ने मुझे सुनाया था। तुम्हें बस यह याद रखना है कि इसमें जो 'मैं' होगा, वह जीवन चांडाल है।'' शशांक ने गरदन हिलाकर हामी भरी।

''मैं और मेरे दो साथी रात की लोकल ट्रेन से उसके ठिकाने पर पहुँचकर उसके घर के बाहर छिपकर इंतजार कर रहे थे। मेरे कमीज के भीतर डाब काटनेवाली कटार थी। हम लोगों ने यह फैसला किया था कि उसे जीने का कोई अधिकार नहीं है। उसने न जाने कितनी औरतों का जीवन बरबाद किया था। गरीब, बेसहारा औरतों का—जो रोज लोकल ट्रेन से काम करने कलकत्ता आती-जाती हैं, उन भिखारिनों का जिनका कोई घर-बार नहीं होता, और किसी भी ऐसी औरत का, जो अकेले में उसके हत्थे पड़ गई हो। पर इस बार उसने नौ साल की एक लड़की का रेप किया था, जो अपनी माँ और छोटे भाई के साथ नई-नई स्टेशन पर आकर रहने लगी थी। शायद उसका बाप मर गया था या ऐसा ही कुछ हुआ था कि उनका कोई घर-बार नहीं रहा था। उसकी माँ ने मुझसे आकर फरियाद की थी—उस मुसीबत की मारी औरत को मेरे पास स्टेशन का वह चायवाला ले आया था, जो हमें रोज सुबह चाय मुफ्त पिलाता आया था। मैंने उसे वचन दिया कि उसे न्याय मिलेगा।

"तभी वह दुष्ट शराब के नशे में झूमता खेतों को पार करता दिखाई दिया। चारों तरफ सन्नाटा था। नीरव सन्नाटा। झींगुर तक चुप थे। हमने उसे वहीं रात के अँधेरे में खुले में सलटाने का निर्णय किया। कटार चली और उसे पता तक नहीं चला। एक बार में ही उसकी गरदन कटकर एक तरफ झूल गई। लेकिन कुछ इस तरह कि हम तीनों खून से रँग गए। खेतों के पास बहते नाले में हम तीनों रगड़-रगड़कर नहाए। उसके बाद खेत पार कर हम अनजानी दिशा में दौड़ते गए। एक तालाब दिखने पर हम फिर उसमें कूद पड़े। आदमी के खून की गंध एक बार नहाने पर जाती है क्या? और जानते हैं ना कि पुलिस के कुत्ते भी पानी के पास आकर गंध भूल जाते हैं। इस बार हमने अपने सारे कपड़े उतारकर तालाब के पास गाड़ दिए। सिर्फ चड्डी पहने हम रात-भर भागते रहे। पास के दूसरे गाँव में एक साथी के घर जाकर साँस ली। कपड़े माँगकर पहने। सुबह ट्रेन पकड़कर कलकत्ते की ओर चले, तो ट्रेन में लोगों को फुसफुसाते सुना कि कुछ लोगों ने उस जानवर को मार डाला था। मैं ट्रेन के दरवाजे पर बाहर की तरफ झूलता-सा खड़ा हो गया। सारे नहाने-धोने के बाद भी खून की गंध मेरी नाक से नहीं जा रही थी। मुझे डर लग रहा था कि कोई और यह गंध न पा ले। तभी मेरे साथी ने मेरी तरफ हाथ बढ़ाया। मुझे लगा कि अभी धक्का लगेगा और मैं बस नीचे गिरा और खत्म! पर देखा कि हाथ मेरे कान के पीछे चला गया। असल में मेरे कान के पीछे सूखा हुआ खून लगा था। उसने हाथ से रगड़कर उसे पोंछ दिया।..."

शशांक थर-थर काँप रहा था। उसका दिमाग चकरघिन्नी हो रहा था। कहाँ फँस गया वह! कौन है यह आदमी जिसे वह जतीन दत्त के नाम से जानता है? कहीं यही खुद जीवन चांडाल तो नहीं? क्या यह पागल है या कोई खूनी? यह क्यों मुझे ऐसी कहानी इस तरह 'डिटेल्स' में सुना रहा है। क्या कहेंगे माँ-पापा-दादा-दादी जब उन्हें पता चलेगा कि उसने कैसे आदमी से दोस्ती कर रखी है? तभी जतीन दा ने अपना हाथ उसके काँपते हाथ पर रख दिया—"क्या हुआ? घबड़ा गए? मैं भी तुम्हारी तरह घबड़ा गया था यह किस्सा सुनते-सुनते। पर मैंने तुम्हें यह इसलिए सुनाया कि तुम समझ सको कि जीवन चांडाल सही था या गलत, एक ऐसी दुनिया ने उसे पैदा किया था, जिसका सरकार, पुलिस, कोर्ट किसी पर भी रत्ती-भर विश्वास नहीं रह गया था। वह पीढ़ी-दर-पीढ़ी की गरीबी और भूख से पैदा हुआ था। उसे पता था कि उसके जैसे लोगों के लिए कहीं कभी कुछ बदलनेवाला

नहीं है। इसलिए जब उसने हथियार की ताकत को जाना, तो वह उसके सहारे उस नौ साल की लड़की को न्याय दिलाना चाहता था—ऐसा न्याय, जिसे पाने का उसके पास कोई और रास्ता नहीं था।''

शशांक चुपचाप बैठा रहा। उसकी जीभ जैसे बड़ी होकर उसके पूरे मुँह को भर रही थी और वह कुछ बोल पाने की स्थिति में नहीं था। उसके अंदर सिर्फ एक आवाज उठ रही थी—'ओह माई गॉड। ओह माई गॉड।' यह आदमी खुद जीवन चांडाल नहीं है, इस बात का कैसे भरोसा किया जाये? क्या कोई आदमी एक हत्या का वर्णन बिना शामिल हुए इस तरह सुना सकता है? क्या वह खुद किसी को इतने 'डिटेल्स' के साथ यह अभी सुनी हुई घटना सुना सकता है कि आँखों के सामने, वह घर, नाला-तालाब, रेल सबका चित्र बन जाए? उफ्, यह आदमी उसे यह सब क्यों सुना रहा है? क्या यह चाहता है कि वह मान ले कि यह हत्या सही थी, जो शायद खुद उसी ने की है? इसीलिए यह पीढ़ी-दर-पीढ़ी की भुखमरी और नौ साल की लड़की का किस्सा बना रहा है। शशांक ने अपना हाथ जतीन दा के हाथ से खींचकर निकाल लिया और हकलाते हुए बोला—''तो आ...आप यह मानते हैं कि जी...जीवन चांडाल ने बिलकुल ठी...ठीक किया?''

जतीन दा ने उसका हाथ हटने से बेंच पर पड़ा अपना हाथ उठाकर बेंच के पीछे रख दिया और पूरे एक मिनट चुप रहे। उन दोनों के बीच ऐसा तनाव था कि शशांक को लगा कि उसके दिमाग की सारी नसें खिंची जा रही हों। उसका मन इस प्रश्न को पूछकर धीरे-धीरे नॉर्मल होने लगा था। जतीन दा के जवाब से सब कुछ साफ हो जाएगा। आज वह जानकर ही रहेगा कि जतीन दत्त की असलियत क्या है। उसे इतना घबड़ाने की कोई जरूरत नहीं है। यदि जतीन दत्त और जीवन चांडाल एक ही व्यक्ति हों, तो हों। उससे क्या फर्क पड़ता है?

''मैं और जीवन चांडाल और हमारे सारे साथी इस मामले में सहयात्री थे कि हम सब मानते थे कि एक दिन ऐसी क्रांति होगी कि सारे भेद खत्म हो जाएँगे। ऊँच-नीच, ब्राह्मण-शूद्र, अमीर-गरीब—इन शब्दों का कोई अर्थ बचा नहीं रह जाएगा। मेरे जैसे लोग, जो उन लोगों में से थे, जिनकी किसी पीढ़ी ने अंतड़ियाँ मरोड़नेवाली भूख को नहीं जाना, अपने को उन सारे लोगों के दुखों के लिए जिम्मेदार मानकर प्रायश्चित करना चाहते थे। इसलिए हम अपनों के विरोध में खड़े होकर उन लोगों की लड़ाई को अपनी ताकत देना चाहते थे। यह हम सबका वह सपना था, जिसे हम खुली आँखों से देख

रहे थे। हम, जिन्हें स्कूल-कॉलेज-विश्वविद्यालय में जाने का मौका मिला था। हमारे और उनके लक्ष्य एक ही थे, लेकिन अचानक सबके रास्ते अलग-अलग हो गए। हममें से कुछ लोग उनके साथ हो गए, जो यह मानने लगे थे कि बिना खून बहाए, बिना मारे-काटे कुछ नहीं बदलेगा। पता नहीं कैसे, पर पूरी दुनिया के इतिहास में यह ऐसा समय था, जब अलग-अलग देशों के लोग अपनी-अपनी धरती को इसी तरह खून के लाल रंग से रँगने को तैयार थे''—जतीन दा ने चुप होकर सिर नीचे झुका लिया था और बेंच के बगल की घास को देखने लगे थे। उनकी साँसें तेज चल रही थीं, यह शशांक को साफ महसूस हुआ।

तो जतीन दा कम-से-कम जीवन चांडाल नहीं हैं, शशांक ने जैसे चैन की साँस ली। कैसे हो सकते हैं? जो आदमी यह मानता है कि यह मन एक गाँव है और विश्वास-सहयोग जैसे शब्द बार-बार बोलता है, वह खूनी कैसे हो सकता है? भले ही वह खून न्याय करने के लिए ही क्यों न हो। पर जतीन दा ने अभी तक उसकी बात का जवाब नहीं दिया है और, शशांक को याद आया, उन्होंने जीवन चांडाल को महान व्यक्ति भी तो कहा था। तब? शशांक ने धीरे से कहा—'फिर?'

यह शब्द कुछ देर हवा में अकेला टँगा रहा। घास का रंग अपनी चमक खोने लगा था और शायद गार्ड की पहली सीटी बजने ही वाली थी। शशांक अधीर हो रहा था। आज उसे यह तय करना है कि अब वह कभी जतीन दा से मिलना चाहेगा या नहीं। आज उसे उनकी पूरी बात सुननी है और समय भाग रहा है। 'बोलिए ना, फिर?'—शशांक ने दोहराया। जतीन दा एक लंबी साँस खींचकर बोलने लगे—''इस तरह हम, जिनका सपना एक ही था और मंजिल भी, तमाम गुटों में बँट गए। बल्कि एक-दूसरे के दुश्मन भी हो गए। और ऊपर से हमारी दुश्मन हो गई सरकारी पुलिस। मेरे जैसे लोग, जो मार-काट-हिंसा के रास्ते में यकीन नहीं रख पाते थे, सबके लिए दुश्मन बन गए। हमें सब मारना चाहते थे—हमारे अपने साथी भी, पुलिस भी। जो हिंसा के रास्ते पर अलग चल पड़े थे, वे हमें उनकी तरफ का आदमी समझते थे, जो हिंसा के रास्ते को गलत समझते थे। ऐसे लोग भी हमें उन्हीं खून-खराबेवालों के आदमी समझते थे, क्योंकि हम भूल नहीं पाते थे कि रास्ते अलग हों तो क्या, आखिर हमारी मंजिल तो पहले भी एक थी और आज भी एक है। इसलिए हम उनसे नफरत नहीं कर पाते थे। अजीब माहौल था—हर आदमी हर आदमी पर संदेह कर रहा था। किसी

को किसी पर रत्ती-भर विश्वास नहीं रह गया था। कौन पुलिस का आदमी है, कौन अमेरिकन-खुफिया पुलिस का एजेंट है, कौन किस तरफ की पार्टी का आदमी है—यानी ऊपर से कौन क्या है और अंदर से क्या है—यह किसी को पता नहीं था। पर जीवन चांडाल को अन्य गुट का होते हुए भी मुझ पर विश्वास था। इसलिए उसने जेल में मुझे बचा लिया।''—जतीन दा बोलते-बोलते जैसे थककर चुप हो गए।

गार्ड की सीटी के साथ शशांक उठ खड़ा हुआ। वह जतीन दा की बातों को समझ भी रहा है और नहीं भी। उसे पता है कि पूरी बातों को इस तरह एक दिन में समझा नहीं जा सकता। पर एक बड़ा सवाल सिर्फ यही रह गया था कि शशांक को यह जानना था कि जतीन दा ने ये सब जेल-पुलिस-मारकाट की बातें उससे क्यों नहीं छुपाई थीं, जबकि वे ऐसा कर सकते थे?

रामा कभी नहीं हँसता

शशांक मुँह-अँधेरे नींद खुलने पर आँखें बिना खोले सुबह होने की आवाजों को सुनता रहा—चिड़ियों की चीं-चीं, कौओं की काँव-काँव, कबूतरों की गुटरगूँ और लंबी पूँछवाली 'ट्री पाई' चिड़िया की खिश-खिश-खिश, जैसे कोई दरवाजा खुलते-बंद होते चरमरा रहा हो। और इन सबको दबाती हुई ऊपर नौतल्ले तक पहुँचती लोहे की बाल्टियों में पानी लेकर मल्टीस्टोरीड बिल्डिंग की गाड़ियों को धोनेवालों की खटर-खटर। किसी का गाड़ी पोंछते-पोंछते कोई भोजपुरी गीत गुनगुनाना। किसी का किसी को आवाज लगाना। क्या यह रामा की आवाज थी?

जतीन दा कहते हैं कि सुबह की आवाजों का भी एक इतिहास होता है। शशांक ने पापा से उनके बचपन की आवाजों के बारे में पूछा, तो उनकी स्मृति में थी सुबह साढ़े चार-पाँच बजे पहली ट्राम के चलने की आवाज और उसकी ट्रिन-ट्रिन घंटी। "और इसके साथ..."—कहकर वे चुप हो गए थे। शशांक को उनकी आँखों से पता चल जाता है, जब वे कुछ छिपाने की कोशिश करते हैं। एक बार "कुछ नहीं और कुछ नहीं" कहने के बाद पापा ने कहा—"और दादी की माँ को किसी-न-किसी बात पर डाँटने की आवाज।" शशांक ने चौंककर पापा की तरफ देखा, तो वहाँ एक बच्चे का घायल हृदय था। ओह, उसने कहा और चुप हो गया। पापा भी चुप रहे।

छोड़ो, कोई बात नहीं, दादी से पूछा जाए, शशांक ने सोचा। दादी पहले तो उसके सवाल से ही खुश। फिर और खुश होकर बोली—"हौस पाइप से सड़क की धुलाई की आवाज। गंगाजल से रोज नई सड़क धुलती। नई सड़क माने सेंट्रल एवेन्यू। माँ तभी मुझे उठाने के लिए आवाज देती—सीताराम, सीताराम।" दादी की एक सहेली का नाम भी सीता है और उनके पति का सीताराम। कितना मजा आता कि दादी और दादाजी का भी नाम होता सीता और सीताराम। वैसे दादी के पास आनेवाली एक ब्राह्मणी का

नाम भी सीता है—सीता पांडे। वह विधवा है और लड़कियों के एक स्कूल में पढ़ाती है। लेकिन असल में वह पैसा कमाती है परीक्षा में फेल बच्चों को पास हुआ दिखाने के जाली सर्टिफिकेट बनवाकर।

"तुम उसे क्यों यहाँ बुलाती हो दादी?"—शशांक को माँ की तरह उस औरत से बहुत चिढ़ है। एक बार बचपन में उसे दादी के रुपए चुराते शशांक ने देख लिया था। दादी को बताया, तो शशांक को बहुत हैरत हुई जब दादी इस बात पर चौंकी तक नहीं। बस इतना कहा—"दुनिया में सब चोर होते हैं। कोई ऐसा नहीं होगा जिसके मन में एक बार भी चोरी करने की बात न आई हो। कृष्ण तक चोरी करते थे। खुद मैंने बचपन में चोरी की थी। मैं भी चोर हूँ।" अरे, शशांक ने आश्चर्य में डूबकर जानना चाहा था—क्या चुराया था दादी ने? "काजू-किशमिश चुराए थे मैंने।" तब से शशांक जब भी काजू-किशमिश देखता है, उसे दादी की चोरीवाली बात याद आ जाती है।

दादी कहती है कि आदमी के पास जब कमी होती है और आसपास बहुत होता है, तो उसका मन होता है कि वह भी थोड़ा-सा ले ले। दादी के बचपन में एक बार सब घरवाले समोसे-रसगुल्ले उड़ा रहे थे और वह दो बार वहाँ से गुजरी, पर किसी ने बिना माँ की लड़की से नहीं कहा कि—आओ सीता, तुम भी खा लो। तब से दादी को पता है कि कमी होने पर कैसा लगता है। क्या तभी दादी थाली आते ही पहले अन्न देवता को दोनों हाथ जोड़कर प्रणाम करती है और तब खाना शुरू करती है? "पर एक बात तो कहनी पड़ेगी," दादी कहती है, "मेरी सास ने खाने-पहनने में किसी तरह का भेदभाव नहीं बरता। यह नहीं कि मेरे बच्चे एक कटोरी अमरस पीकर रहे हों और उनके बच्चे दो कटोरी अमरस पीते हों। लेकिन मेरे पीहर में खाने-पीने में बड़ा फरक किया जाता था"—कहती-कहती दादी कुछ सोचने लगती है। शायद बचपन के और भी भेदभाव किए जाने के किस्से बचे हुए हैं जो कभी और सुनाए जाएँगे।

किसी गाड़ी धोनेवाले की गाड़ी के दरवाजे को जोर से मारकर बंद करने की आवाज आई। जरूर रामा होगा। अपना दबा हुआ गुस्सा दरवाजे पर निकाल रहा होगा सुबह-सुबह। पिछले बीस सालों से यानी उसके जन्म के तीन-चार साल पहले से रामा उनके घर में खाना बना रहा है। अब अचानक चार-पाँच महीनों से बिल्डिंग में रहनेवाले दूसरे लोगों की पाँच-पाँच गाड़ियाँ धोकर पाँच सौ रुपए एकस्ट्रा कमाने लगा है। रामा कभी नहीं हँसता। सुबह

उठकर गाड़ी धोने-जैसा खटनी का काम वह कभी करेगा, यह कोई सोच नहीं सकता था। पापा कह रहे थे—"गाँव में असली महाजन होता है गाँव का डॉक्टर। रामा के ऊपर गाँव में बहुत उधारी चढ़ने का कारण यही है—हारी-बीमारी।" बीमारी तो ठीक, पर यह 'हारी' क्या होता है? पापा ने दादी से ऐसे ही बोलना सीख लिया है और कभी सोचते कि हारी का बीमारी से क्या संबंध है।

रामा क्या कभी नहीं हँसता? शशांक सोचता है। अपनी बीवी के साथ, बच्चों के साथ भी नहीं? उनसे भी वैसे ही गुस्सा रहता है, जैसे यहाँ रहता है? दादाजी से लेकर अनंत तक सब रामा को कुछ भी कहने में डरते हैं। पता नहीं कब बिदककर नीचे जाकर बैठ जाए और खाना माँ-चाची-दादी को बनाना पड़े। एक बार शशांक ने रामा की लड़की की लिखी हुई चिट्ठी पढ़ ली थी। दरअसल रामा के गाँव जाने के बाद चिट्ठी आई थी और शशांक को लगा था कि क्या पता चिट्ठी में कोई जरूरी बात हो। उस चिट्ठी को पढ़कर शशांक को बहुत डर लगा था। उसमें रामा की बीवी ने खाली बीमारी, तकलीफ और पैसे की जरूरत की बातें लिखाई थीं। आगे लड़की ने शायद अपने मन से लिखा था—"बाबू, आप क्या अबहे माँ पर गुस्सा हैं? बाबू माँ बहुत रोती है। माँ पर गुस्सा मत करो बाबू।" चिट्ठी पढ़कर शशांक का दिल कैसा-कैसा हो आया था। साथ ही उसे याद आया था कि जाते वक्त दादाजी से एडवांस रुपए माँगते समय रामा का चेहरा कैसे बदला-बदला लग रहा था। उसके चेहरे से सारा गुस्सा और हेकड़ी गायब थे। क्या इसीलिए वह जैसे पहचान में ही नहीं आ रहा था? शशांक को लगा था कि दादाजी उसके इस तरह बदलने से मन-ही-मन बहुत खुश हैं। दादाजी ने उसे बहुत अहसान ठोककर तीन हजार रुपए उधार दिए थे और कहा था—"अगर तुम ये रुपए गाँव में उधार लेते, तो जानते हो ना कितना ब्याज भरना पड़ता?" रामा जवाब में कुछ नहीं बोला था।

रामा जब उस बार गाँव से लौटकर आया था तो चार-पाँच दिन उसका 'मिजाज ठंडा' रहा। दादी को दादाजी से ऐसा कहते शशांक ने सुना था। "हो सकता है कि बेचारे के घर में बहुत परेशानी हो और इसीलिए यह ऐसा चिड़चिड़ा रहता हो"—दादी दादाजी से कह रही थी। शशांक से रहा नहीं गया था। वह होमवर्क की कॉपी से सिर उठाकर बोला—"दादाजी, हम उसकी 'सेलेरी' क्यों नहीं बढ़ा देते?" दादाजी कुछ देर चुप रहे फिर बोले—"बढ़ाते तो हैं। हर साल वह बढ़वा ही लेता है। पर उससे भी उसका

पेट कहाँ भरता है? और ज्यादा रुपए एडवांस दे देंगे, तो गायब ही हो जाएगा। एडवांस देने में यही तो चक्कर है। रुपए भी गायब और आदमी भी गायब। इन लोगों पर दया करने में बहुत धोखे का डर है। तुम नहीं समझोगे, बेटा।'' शशांक चुप रह गया था। क्या पता दादाजी ठीक ही कह रहे हों! पर वह माँ से जरूर पूछेगा कि क्या कोई उपाय नहीं कि रामा का मूड हमेशा के लिए ठीक रखा जा सके? दादी को कभी खाना नहीं भाता, तो कहती है—''ऐसे जहरीले मन से खाना बनाता है रामा। गुस्से में, झाल मरता। खाने में स्वाद आए भी तो कैसे?'' पर रामा को कोई कुछ नहीं कहता। दादी कभी-कभी माँ और चाची को सुनाकर यह भी कहती है कि ऊपर-नीचे के फ्लैटों में औरतें खाना खुद बनाती हैं। उनके घरवालों को नौकरों की डाली हुई रोटी पसंद नहीं। पर दादी की इस बात का माँ और चाची दोनों पर कोई असर नहीं होता। दोनों बात को अनसुनी कर देती हैं। शशांक को पता है कि माँ किसी हालत में खाना पकाने में 'अपनी जिन्दगी बरबाद करने' के लिए तैयार नहीं है और चाची को कुछ खास बनाना आता नहीं है।

रामा जब घर जाता होगा, तो उसे कितना आराम लगता होगा, शशांक सोचता है। वहाँ तो वह ठाठ से बैठा रहता होगा और उसकी बीवी उसे पकाकर प्रेम से खिलाती होगी। हिंदी फिल्मों में देखी गाँवों की चारपाइयाँ शशांक की कल्पना में आती हैं और वह ऐसी ही एक चारपाई पर रामा को स्वाद लेकर हँसते-हँसते खाते देखना चाहता है। पर देख नहीं पाता क्योंकि रामा कभी हँसता नहीं। उसने देखा ही नहीं है कि रामा हँसते वक्त कैसा लगता होगा। उसके नाक-नक्श शशांक याद करता है, तो उसे रामा की कुछ भूरी चमकती आँखें और ठीक-ठाक नाक याद आती हैं, पर पूरा चेहरा कैसा चेहरा कहा जा सकता है, वह सोच नहीं पाता। अजीब बात है कि पैदा होने से आज तक जिसे लगभग रोज देखता आया हो, उसके बारे में कभी सोचा ही न हो कि वह सुंदर है, ठीक-ठीक है या बदसूरत है। अब सोचने पर लगता है कि वह काफी सुंदर ही है। हल्का साँवला रंग, तीखे नाक-नक्श, काली-भूरी चमकीली आँखें और आँख-नाक-मुँह सब एक लय में। क्या यह नहीं हो सकता कि उसकी बीवी भी बहुत सुंदर हो और वह उसे खाना परोसते समय बहुत प्यार से देखता हो।

उनके घर में जब रामा चौके में ही दूसरे नौकर के साथ एक तरफ कोने में बैठकर नाश्ता या खाना खाता होता है, तो शशांक को वहाँ पानी

पीने जाने में भी झिझक होती है। क्या पता वह क्या खा रहा हो और घबड़ा जाए। एक बार दूसरे नौकर के बारे में दादी को उसने कहते सुना था कि वह चुराकर दही, अचार और पापड़ खा जाता है। उसने दादी की तरफ बहुत आश्चर्य से देखकर कहा था—"तो क्या हुआ? खाने दो।" दादी ने उसे समझाते हुए कहा था—"देखो बेटा, हमारे घर में तो हम नौकरों के खाने और हमारे खाने में कोई फर्क नहीं करते। वही आटा, तेल, मसाले, चायपत्ती, वही चाय वे लोग खाते-पीते हैं, जो हम खाते हैं। बाकी लोगों के घर में तो नौकरों का खाना पूरा एकदम अलग रहता है। बरतन तक अलग रहते हैं।" क्या कुत्ते की तरह?—शशांक ने सोचा। बहुत सारी मल्टीस्टोरीड बिल्डिंग्स में नौकरों के आने-जाने की लिफ्ट भी अलग रहती है। उनके मकान में हाथ से खुलनेवाले काले सीखचों की एक ही लिफ्ट है। उसके लिए हमेशा लिफ्टमैन को आवाज लगानी पड़ती है—पांडेजी, नौतल्ला। वरना बटन दबाते रहिए, लिफ्ट ऊपर आती ही नहीं। अक्सर पांडेजी कह देते हैं कि लिफ्ट में बत्ती नहीं जली, तो उन्हें कैसे मालूम चलता कि ऊपर कोई बटन दबा रहा है।

पांडेजी एक पाँव घसीटकर चलते हैं, लेकिन उन्हें सब्जीवाले, ब्रेडवाले, दूधवाले—किसी से कोई सहानुभूति नहीं कि वह कैसे आठ-नौतल्ले पैदल चढ़ेगा? या शायद इसीलिए सहानुभूति नहीं है क्योंकि उन्हें लगता होगा कि उन लोगों के दोनों पाँव सलामत हैं, तो वे पैदल क्यों न चढ़ें? एक बार माँ ने उन्हें बहुत डाँटा था, जब वे सिर पर झाँका लिए हुए सब्जीवाले को पैदल ऊपर जाने को कह रहे थे—"शर्म नहीं आती आपको? इतनी ऊँची बिल्डिंग में लिफ्ट क्या इसलिए है कि एक आदमी सिर पर बोझ रखे नौतल्ला चढ़े?" पांडेजी खिसियानी हँसी हँसकर बोले थे—"आप ही लोगों का आर्डर है ना कि लिफ्ट में पहले फ्लैट मालिकों को ले जाया जाए। हम क्या करें? आप ही लोग तो नाराज होंगे ना कि लिफ्टमैन सही ड्यूटी नहीं करता? हमको क्या है? आप आर्डर दिला दीजिए, हम पहले भारी सामानवाले को ले जाएँगे।"

माँ पांडेजी की बात से तिलमिलाकर चुप हो गई थी। यह आर्डर दिलाना माँ तो क्या, ब्रह्माजी के भी वश की बात नहीं है। यहाँ कोई किसी की नहीं सुनता। मकान की को-ऑपरेटिव सोसाइटी की हर मीटिंग लड़ाई-झगड़े पर खत्म होती है। जिसका मन होता है, वही किसी बात से नाराज होकर बिजली और मेंटेनेंस का बिल भरना बंद कर देता है। सोसाइटी पर बिजली

बोर्ड का लाखों रुपए का बिल बाकी है। नीचे एक काँच के अलमारीनुमा बोर्ड में ताला मारकर उन लोगों के नाम की लिस्ट टँगी है, जिनके रुपए सोसाइटी पर बाकी हैं। पर इससे उन पर कोई असर नहीं होता। नाम टँगने से कोई शर्म से नहीं डूबता, बल्कि शेर हो जाता है। छोटी-से-छोटी बात पर इतनी बहस होती है कि कोई काम करवाना असंभव से कम नहीं है। पहले मकान में घुसने के रास्ते में कूड़ादान था, जिसके फैले कचरे की गंध मकान में घुसनेवालों का सबसे पहले स्वागत करती थी। यह कोई संसार के आठवें आश्चर्य से कम नहीं था कि बरसों की बातचीत के बाद सचमुच वह कूड़ादान वहाँ से हटकर एक दिन मकान के पिछवाड़े में चला गया। माँ को तो इस बात पर विश्वास ही नहीं हुआ था, जब तक उसने खुद जाकर यह चमत्कार देख नहीं लिया था।

शशांक को बहुत बार लगता है कि कितना अच्छा होता कि कलकत्ता भी मल्टीस्टोरीड मकानों की जगह आकाश न रोककर छोटे-छोटे मकानों का शहर होता। तब न उनके कोई ऊपर रहता और न नीचे कोई रहता। ऊपर के फ्लैट के बरामदे से कोई उनके बरामदे में सूखते कपड़ों पर पान या पान-मसाले की पीक जब-तब थूक देता है। माँ-दादी ने कई बार ऐसे कपड़े रामा से ऊपर भिजवाकर उन लोगों को दिखाया है कि किस तरह कपड़े खराब हो गए हैं, पर हर बार रामा यही जवाब लाया है—"वो लोग बोलता है कि उन लोगों का घर में कोई पान-मसाला, पान खाइबेऽई नहीं करता है।" तो क्या आसमान पीक थूकता है उन कपड़ों पर?—माँ झल्लाकर कहती है। दादी माँ की बात सुन चिंता में पड़ जाती है। शशांक जानता है कि दादी सचमुच सोचने लगती है कहीं ये लाल धब्बे आकाश की किसी अला-बला का काम न हो। शायद माँ भी दादी की चिंता पढ़ सकती है और इसीलिए ऐसे मौकों पर कभी दादी की तरफ नहीं देखती। दादी कितनी भोली है, शशांक सोचता है, आजकल तो छोटे बच्चे तक परी, सांता क्लॉज, भूत, साधु बाबा सबको झूठी कहानी मानते हैं।

"अच्छे फँसे हैं हम तो इन ऊपर और नीचेवालों के बीच! ऊपरवालों की साड़ियाँ सुबह से रात तक हमारे बरामदे तक झूलती हमारे हॉल से दिखाई पड़ती रहती हैं, लेकिन हम लोग कभी ऐसा नहीं कर सकते कि नीचेवालों की तरह उन्हें बरामदे की ग्रिल से बाँध दें। हम लोग अपनी साड़ियों को डबल करके सुखाते हैं, लेकिन कभी भूल से कोई कपड़ा नीचे लटक जाए, तो नीचेवाले उन्हें बाँध लेना कभी नहीं भूलते। खींचते रहिए अपने कपड़े

और जब हार जाएँ, तो रामा को भेजिए कि जाकर कहे—माँ जी हमारा कपड़ा खोल दीजिए"—माँ आरती मौसी को बताकर अपना दिल हल्का करती है। माँ का कई बार मन होता है कि रामा की जगह ऊपर-नीचे खुद जाकर बात करे, पर दादी माँ को जाने नहीं देती। 'छोड़ो, बेकार झगड़ा-झमेला होगा।'—कहकर दादी माँ को रोक लेती है। 'तो हम सबकी सहते रहें?'—माँ चिढ़कर कहती है तो दादी की फिलॉसफी प्रकट हुए बिना नहीं रह पाती। 'अरे बेटा, सहनेवाला सदा जीत में रहता है।' माँ मन-ही-मन कहती है, 'हुँह, रह लिया'। शशांक माँ के चेहरे पर यह लिखा देख लेता है। दादी के जीवन के अट्ठाईस साल एक बड़े क्वेश्चन-मार्क की तरह ऐसे मौकों पर सबके बीच खड़े हो जाते हैं। जीत या हार?—क्या कहा जाएगा इन्हें? इसका फैसला कौन करेगा? माँ दादी को बहुत बार कह चुकी है कि अगर वह दादी की बहू न होकर दादी की बेटी बनकर पैदा हुई होती, तो कभी उन्हें जीवन के इतने साल बरबाद नहीं करने पड़ते।

एक बार, सिर्फ एक बार माँ ने दादी के बहुत मना करने के बावजूद अपने मन की कर डाली थी और शायद तभी से माँ को दादी की फिलॉसफी अब उतनी गलत नहीं लगती। पिछले साल सामने के फ्लैटवाले नटकू कपूर ने, जो हमेशा अपने बच्चों से गलत-सलत अंग्रेजी पंजाबी लहजे में बोलता रहता है, माँ और चाची की दीवाली के दिन तीन घंटे की मेहनत से माँडी हुई रंगोली अपने बच्चों के साथ पटाखे की फिरकी चलाकर बरबाद कर दी थी। रंगोली को माँडकर जब तक माँ ने नहा-धो तैयार होकर अपनी मेहनत का रंग देखकर खुश होने के लिए फ्लैट के बाहर आँगन में झाँका, तब तक फिरकियों ने रंगोली के चटख रंगों को जगह-जगह जलाकर काला कर दिया था। माँ एकदम आग-बबूला होकर कपूर पर जमकर बरस पड़ी थी और बड़ी मुश्किल से दादी त्योहार के दिन झमेला न करने की गुहार कर माँ को घर के अंदर लाई थी।

माँ के चेहरे से दीवाली की हँसी-खुशी-उत्साह झगड़े के बाद एकदम गायब हो गए थे। दादी ठीक कहती है कि झगड़े से फायदा तो कुछ नहीं होता। भले ही आप सही हों, उससे कोई फर्क नहीं पड़ता। आप किसी से यह मनवा तो सकते नहीं कि वह गलत था। सामनेवाले ने यह कहाँ माना था कि उसने रंगोली खराब कर गलती की है? बल्कि वह पूरे जोर-शोर से अपनी सफाई में यह कहता रहा था कि इतना नाराज होने का क्या मतलब? बच्चों को क्या मालूम था कि फिरकी चलाने से रंगोली खराब हो

जाएगी। उसकी आठ साल की लड़की ने अपने ऊपर झूठा दोष लगाए जाने पर कहना चाहा था–"मैंने तो कहा था..."–तो उसने उसे डाँटकर कहा था–"अंदर जाओ, बड़ों के बीच में नहीं बोलते"–और वह मुँह फुलाकर अंदर चली गई थी।

अगले दिन नीचे लगे लकड़ी के बोर्ड, जिस पर सफेद रंग से फ्लैट-मालिकों के नाम लिखे हुए थे, किसी ने माँ के नाम के आगे लगे अंग्रेजी के 'मिसेज' से 'एस' खुरचकर हटा दिया था और 'मिसेज' को 'मिस्टर' बना गया था। घर में सबको इस बात से बहुत गुस्सा आया था, और सबसे ज्यादा गुस्सा आया था चाचा को। पर दादाजी ने सबको कहा था कि इस बारे में वे लोग किसी को कुछ नहीं कहेंगे। दो दिन बाद शशांक ने लिफ्ट के लिए खड़े-खड़े देखा कि बोर्ड में 'कपूर' के आगे के दो अक्षर 'के' और 'ए' हटा दिए गए थे। इस तरह बेचारा कपूर अब 'पुअर' बन गया था। चाचा की आँखों की चमक देखने लायक थी।

"पहले चौक के मकानों में लोग अगल-बगल के लोगों के सुख-दुख में काम आते थे, लेकिन ताक-झाँक, निंदा-चुगली भी बहुत करते थे। अब न कोई किसी के काम आता है और न कोई चौबीस घंटे निगरानी करता है कि कौन क्या कर रहा है"–दादी कहती है। अच्छा, शशांक सोचता है, क्या सचमुच मकानों का ढाँचा बदलने से लोग इतने बदल गए हैं? लेकिन तब उसे तक कैसे मालूम है कि एक तल्लेवाले का किसी दूसरी औरत से चक्कर है और इसीलिए उसका लड़का, जो अनंत के स्कूल में पढ़ता है, एकदम गुमसुम रहता है। उसका बाप उसकी माँ से बात तक नहीं करता। इतना ही नहीं, उसे यह भी मालूम है कि सात तल्लेवाली बहू सास से झगड़कर ऊपर से कूदने के लिए एक बार बरामदे से आधी नीचे तक झूल गई थी। ऐसी और कितनी ही बातें उसे मालूम हैं क्योंकि उसकी स्टडी-टेबुल दादी के कमरे में है।

अब लोग एक-दूसरे से अजनबी जरूर बने रहना चाहते हैं, इस बात में शशांक को कोई शक नहीं है। वह देखता है कि दादी को कोई भी मकानवाला लिफ्ट में मिल जाए, तो दादी उसे देखकर बात न भी करे, तो मुस्कराती जरूर है। लेकिन माँ को कोई लिफ्ट में मिल जाए, तो भरसक माँ ऐसे दिखाती है जैसे वह कोई एकदम अजनबी आदमी या औरत है या फिर जैसे हवा है, जिसके आर-पार देखा जा सकता है। अगर कोई ऐसा हो, जिससे शिष्टाचार के कारण माँ को बात करनी पड़ती है, तो बाद में

माँ का मुँह ऐसा हो जाता है जैसे बिना मन के किसी और का दस किलो का सामान उठाना पड़ा हो। चाची ऐसे मौकों पर बात तो करती है लेकिन वह भी लिफ्ट के बाहर निकलकर ऐसे साँस लेती-छोड़ती है, जैसे अभी तक साँस नहीं ले पा रही थी। बहुत साल पहले एक बार मकान में शरद पूर्णिमा के दिन छत पर एक 'गेट-टूगेदर' रखा गया था; जिसमें सबको खीर खिलाई गई थी। पता नहीं खीर का स्वाद कुछ गड़बड़ था या खर्च ज्यादा कि बहुत लोग अप्रसन्न हुए थे। जो हो, वह 'बृजधाम' बिल्डिंग का पहला और अंतिम 'गेट-टूगेदर' था और उसके बाद फिर लोगों को एक-दूसरे के लिए अजनबी बन जाने या बने रहने की आजादी मिल गई थी।

वह क्या चीज है जिसके कारण आदमी में यह इच्छा पैदा होती है कि वह दूसरे को अजनबी की तरह देखता रह सके? मकान में नीचे ड्राइवरों, नौकरों और दाइयों का जमघट रहता है। खासकर दोपहर में काम सलटाने के बाद जब सब इकट्ठे रहते हैं, तो कैसे एक-दूसरे से गप्पें लगाते रहते हैं। रामा को भी उसने अक्सर इसी तरह सबके साथ बैठे देखा है, हालाँकि वह हँसता-बोलता कभी नहीं दिखता। एक बार रामा के घर जाने पर एक बदली का नौकर आया था, जो बहुत दिनों से कपड़े धोने, सफाई करने का काम कर रहे उनके दूसरे नौकर रघु के ही गाँव का आदमी निकला था। जैसे ही दोनों ने एक-दूसरे को देखा, वे आपस में लिपट गए थे। उन दोनों के चेहरे की उजली खुशी शशांक को अब तक याद है। यदि कभी किसी और शहर में सामनेवाले कपूर या ऊपर-नीचेवाले किसी परिवार का लड़का मिल जाए, तो क्या वे एक-दूसरे से 'हेलो' भी करना चाहेंगे? यह तो एकदम पक्की बात है कि कोई नहीं जताना चाहेगा कि वह शशांक को जानता है। ऊपरवाले फ्लैट का एक लड़का उसी के स्कूल में पढ़ता है। पर कभी स्कूल में टकरा जाए, तो उसकी तरफ देखता तक नहीं। शुरू में माँ ने कोशिश की थी, कि वे दोनों एक-साथ स्कूल जाएँ-आएँ, पर कुछ दिन बाद माँ को समझ में आ गया था कि वह लड़का शशांक के साथ स्कूल आना-जाना नहीं चाहता। माँ को पता नहीं क्यों, इस तरह की बातें इतनी देर से समझ में आती हैं।

क्या उसे भी जाने-पहचाने लोगों से अजनबी बनकर जीते लोगों के बीच रहते-रहते ऐसी आदत पड़ गई है कि रामा चौके के बाहर कभी मिलता है, तो वह भी अजनबी लगता है? जिस रामा को यह पता है कि वह दूध में कितनी चीनी लेता है या कितना सिका हुआ टोस्ट पसंद करता है, वही

रामा कल जब बगल के मकान में क्रिकेट खेलकर आते समय उसे 'बृजधाम' के बाहर सड़क पर मिल गया था, तो शशांक को कैसा अजीब-अजीब लगा था। वह रामा को एक उड़ती निगाह से देखकर झेंपता-सा मुस्कराया था और रामा ने भी उससे आँखें मिलते ही आँखें फेर ली थीं, जैसे उसे देखना न चाहता हो या न चाहता हो कि शशांक उसे देखे। पर क्यों? शशांक कल से सोचता जा रहा था। क्या इसलिए कि आम तौर पर रोज चौके में धोती-गंजी पहना हुआ रामा प्लास्टिक के पीले चमरौंधे स्टाइल जूते और पोलिएस्टर का न मुसनेवाला पीला-सा कुरता पहने कोई और रामा लग रहा था? या रामा भी सड़क पर उसे क्रिकेट का बैट लिए अपनी सख्त टाँगों पर टेढ़े-मेढ़े चलते देख विश्वास नहीं कर पा रहा था कि उसकी चाल इतनी गड़बड़ है?—ठीक वैसे ही, जैसे उसने खुद अपने को बम्बई के किसी डॉक्टर के लिए बनवाए गए वीडियो-कैसेट में देखकर अपनी आँखें मूँद ली थीं और माँ की गोद में सिर छुपा लिया था।

वैसे गनीमत है कि रामा आज सड़क पर उसे देखकर नहीं हँसा। यों तो रामा को वह हर कीमत पर हँसते देखना चाहता है, पर यदि आज रामा हँसता, तो सच उसे बहुत बुरा लगता। इतना, जितना कि कभी किसी और के हँसने से नहीं लगा।

'वाय डज़न्ट ही लिव मी अलोन'

'सो यू आर लेट टुडे'—शशांक ने हाँफते-हाँफते सीढ़ियाँ चढ़ते हुए देखा कि जोसेफ सबसे ऊपर की सीढ़ी पर खड़ा पीछे कॉरीडोर से आती रोशनी को रोकता हुआ उससे पूछ रहा था। रिम्बेम्बर द डेविल...—शशांक ने मन-ही-मन कहा। अभी-अभी सोच रहा था कि कहीं जोसेफ क्लास में पहुँच न गया हो और सोचते ही यह यहाँ दिख गया। जोसेफ यानी मिस्टर पीटर जोसेफ, क्लास टीचर, जो क्लास 'इलेवन सी' को सुबह-सुबह सबसे मनहूस चीज पढ़ाता है—मैथ्स। पिछले दो महीनों से स्कूल का दिन उसकी सूरत देखकर ही शुरू करना पड़ता है यानी उसकी छोटी-छोटी आँखों और उसकी अपनी समझ में बहुत दिलकश 'यूथफुल' मुस्कान से।

जोसेफ से चिढ़ने का कारण? आरती मौसी के प्रश्न ने शशांक को दोहरे पशोपेश में डाल दिया था—एक तो इस बात के जवाब में क्या कहे और दूसरा कि वह मौसी की उसके मन के कोने-कोने में झाँक लेने की कोशिश में उसका साथ दे या न दे। कल शाम आरती मौसी ने उसे और अनंत को पकड़ लिया था, चलो बताओ तुम लोगों के स्कूल में तुम लोग सबसे ज्यादा किस टीचर को चाहते हो और क्यों? और सबसे ज्यादा चिढ़ते किससे हो और क्यों?—शशांक जान रहा था कि मौसी उसे कहाँ ले जाना चाहती है।

अनंत इस सवाल से कुछ घबड़ाया-सा दिखा था—''क्यों, क्या करेंगी आप जानकर? बाबा रे बाबा, मैं तो कुछ नहीं बोलूँगा। आप किसी कहानी में लिख देंगी और मेरी टीचर पढ़ लेगी, तो मेरी छुट्टी हो जाएगी।'' आरती मौसी और शशांक दोनों हँस पड़े थे। उसी हँसी के क्षण में शशांक ने तय कर लिया कि वह मौसी का साथ देगा।

''अरे पागल, आरती मौसी लिखेगी भी, तो नाम वही थोड़े ही रखेगी। तुम्हारी टीचर को कैसे पता चलेगा?'' शशांक ने अनंत को दाँतों से नाखून

चबाते देख उसके हाथ को उसके मुँह से खींचते हुए कहा—''बेचारा बच्चा। जानती हो मौसी, इन लोगों के स्कूल में बच्चों को इतना डराकर रखते हैं कि मुझे लगता है इसके स्कूल का हर बच्चा जब मौका मिलता होगा, इसकी तरह दाँत से नाखून चबाने लगता होगा।''

''क्या सचमुच मेरी टीचर्स को कुछ पता नहीं चलेगा कि मैंने क्या-क्या बताया है?'' अनंत ने नाखूनवाली बात को जैसे सुना ही नहीं था। उसकी आँखें चमक रही थीं। मौसी के 'बिलकुल नहीं' कहते ही वह शुरू हो गया—''बाबा रे बाबा, हम लोगों की हिस्ट्री टीचर तो, बस क्लास में घुसती नहीं है कि सीधे पढ़ाना चालू कर देती है। और हर दो मिनट में बोलते-बोलते बीच में किसी लड़के को डाँटती जाएगी। कम-से-कम पच्चीस बार बीच में किसी-न-किसी को टोकने के लिए रुकेगी—हे, हू इज टॉकिंग एट द बैक? किसी लड़के को—तुम खिड़की से बाहर क्या देख रहे हो? कभी—तुम्हारी किताब कहाँ है? तो कभी—तुम बैठे-बैठे ऐसे बेवकूफ की तरह क्या मुस्करा रहे हो ? ऐसे ही बोलती जाएगी। लगता है कि यह सब हिस्ट्री के चैप्टर में ही लिखा हो। पूरी क्लास चुप है, खुद ही बोलती जा रही है और बिना मतलब अचानक बोलेगी—पीछे कौन बोल रहा है? आजकल तो वो जब ये बात पूछती है, एक लड़का पीछे से बोलता है, योर डेड डैड।

''और हम लोगों की हिंदी टीचर मिसेज़ वर्मा! बाप रे बाप, इतनी मोटी है कि कुरसी के दोनों तरफ आधी बाहर निकली रहती है। और एक दिन जानते हैं क्या हुआ? उसने एक चैप्टर को पढ़ते समय एक जगह जहाँ 'चना' लिखा हुआ था, उसे पढ़ दिया 'नाच'। सारी क्लास हँसने लगी। कोई धीरे से बोला—ताधिन-धिन ना। अब तो मोटी बिगड़ गई। पूरी क्लास को एक हजार बार लिखने को दिया—थोथा चना, नाचे घना। हम लोगों को थोथा चना बताकर डाँटती रही। अब बताइए, आधी से ज्यादा क्लास को तो यही नहीं मालूम कि थोथा चना होता क्या है? पहले समझाना तो चाहिए ना। हम लोगों की क्लास में इतने चाइनीज़ लड़के हैं, क्रिश्चियन लड़के हैं, उन लोगों को तो चना का भी मतलब शायद ही पता होगा। लेकिन उसके मोटे होने का एक फायदा है। हर टेस्ट में हम लोग डेस्क पास-पास खींच लेते हैं, वो बीच से निकलकर पीछे तो जा नहीं सकती। खूब चीटिंग होती है। सब लोग नोट्स निकालकर अपनी-अपनी मम्मी का लिखा जवाब पूरा-का-पूरा कॉपी कर देते हैं। बेचारी कुछ कर नहीं पाती।''

आरती मौसी और शशांक हँसते-हँसते लोट-पोट हो गए थे। अनंत की

बातों से भी ज्यादा उसके कहने के तरीके से। शशांक हँसते-हँसते भी सोचता जा रहा था कि जब उसकी बारी आएगी तो वह क्या बोलेगा। इस तरह के किस्से तो होते रहते हैं—क्लास में सभी कोई एक मौका खोजते रहते हैं कि किसी टीचर पर हँसा जा सके। सबसे ज्यादा हँसी के पात्र होते हैं, वे टीचर जो एकदम 'ह्यूमरलेस' हो गए हैं—जो हँसना एकदम भूल गए हैं, जिन्हें देखकर यकीन ही नहीं आता कि ये लोग खुद भी कभी बच्चे रहे होंगे। ऐसे लगता है जैसे वे अपनी माँ के पेट से इतने ही बड़े मुँह फुलाए निकले होंगे। वैसे प्रायः हर टीचर में कोई-न-कोई ऐसी बात मिल जाती है कि पढ़ाई की ऊब से मुक्ति दिला दे। और सोचा जाए तो क्या ऐसी भी कोई पढ़ाई होती है जिसमें ऊब न हो?

गनीमत है कि उसके स्कूल का माहौल कम-से-कम अनंत के स्कूल से अलग है। उसके यहाँ खुलापन ज्यादा है, इसलिए इस तरह की मुक्ति की जरूरत कम होती है। अनुशासन के नाम पर सबको कोल्हू के बैल बनाकर रखा नहीं जाता कि वे इधर-उधर कहीं न झाँक लें। अनंत बचपन में कैसा डरा-सा रहता था। बड़े होकर तो सभी शेर बन जाते हैं, पर शायद घबड़ाने की आदत अंदर-ही-अंदर ऐसी घुस चुकी होती है, कि निकलती ही नहीं। बचपन में अनंत की एक टीचर थी—मिसेज लुईस। जिस दिन उसकी क्लास होती, उस दिन अनंत या तो नाश्ते में कुछ खाता-पीता नहीं था या दूध पीकर उलटी जरूर कर देता। एक बार माँ के बहुत कहने से चाची जाकर मिसेज लुईस से मिलकर गिड़गिड़ा आई थी, तब से उसने अनंत को डराना कम किया था।

'क्यों चिढ़ते हो जोसेफ से तुम?'—आरती मौसी जानना चाहती थी। कैसे बताया जाए? जो शख्स कभी किसी को डाँटता न हो, जो लड़कों से दोस्ताना दिखाने की इतनी चेष्टा रखता हो, उसके बारे में क्या कहा जाए कि उससे क्यों चिढ़ होती है? पर शशांक को पता है कि सभी लड़के अपने-आपसे पूछते होंगे कि उन्हें जोसेफ अच्छा क्यों नहीं लगता। उसकी क्लास में लेट आने से सब घबड़ाते हैं, जबकि वह हमेशा इतना ही कहता है 'सो यू आर लेट टुडे'। यह कहने के बाद वह लड़कों से अपने अच्छे व्यवहार पर ऐसा परम संतुष्ट दिखता है कि मन करता है कि उसके चेहरे से यह संतोष ब्लैक बोर्ड साफ करने के डस्टर से पोंछ दें। हमेशा ऐसा लगता रहता है कि उसका सारा दोस्ताना अंदाज, मुस्कराहट, अच्छा व्यवहार करने की चेष्टा सब ऊपरी हों—जैसे उसने अपने को समझा रखा हो कि उसे ऐसा

ही दिखना है।

बाकी लड़कों को उससे खास परेशानी हो न हो, शशांक को उसके जितना किसी टीचर ने नहीं सताया होगा। हर समय जोसेफ पढ़ाते-पढ़ाते उसे देखता रहता है और बीच-बीच में उसका नाम पुकारकर पूछता है कि उसे समझ में आया या नहीं। पर यदि आरती मौसी को चिढ़ने का कारण यह बताया जाए, तो वह न जाने शशांक के बारे में क्या सोचेगी?—यही न कि शशांक उन्हीं से चिढ़ता है, जो उसकी मदद करना चाहते हैं? कहीं ऐसा न हो कि मौसी सोचे कि उसे किसी मनोचिकित्सक के पास जाने की दरकार है। यह ठीक है कि वह मैथ्स में फिसड्डी है, पर जोसेफ को इतना दिखाने की क्या जरूरत है कि उसकी सहायता करना ही दुनिया का सबसे नेक काम है? ''वाय डज़न्ट ही लीव मी अलोन?''—शशांक ने मौसी से कहा—''वह हर समय मुझ पर निगाह रखता है कि मैं क्या कर रहा हूँ। आय डोंट लाइक दिस। पता नहीं मौसी, तुम मेरी प्रॉब्लम को समझ सकती हो या नहीं?''—कहते ही शशांक को लगा, मौसी समझेगी और हंड्रेड परसेंट समझेगी। उसने देखा कि मौसी की आँखों में अपने हाल पर छोड़ दिए जाने की वही जबरदस्त बेचैनी झलक आई थी, जो उसे जब-तब माँ में दिखाई पड़ती थी। ओह, कितनी मिलती हैं दोनों बहनें, उसने सोचा। उसे मालूम है कि माँ की इस बेचैनी को, खयाल रखे जाने से उपजे कष्ट को, न दादी समझ पाती है और न पापा। उसे पता है कि दादी सरल है, पापा सरल हैं और माँ का ऐसा न होना कोई गुण नहीं है, जिसका कोई गीत गाया जाए, पर इस इच्छा को गलत भी कैसे कहा जाए।

''आज का आदमी जब उसकी मरजी हो, 'एनोनिमिटी' चाहता है—ऐसे जीना जैसे उसे कोई जानता न हो। तुम भी तो इसीलिए विक्टोरिया आते हो। नहीं?''—जतीन दा ने कहा था—''लेकिन टुकड़े-टुकड़े एनोनिमिटी। पूरी नहीं। पूरी तो वही चाह सकता है, जिसके अंदर हिंसा एकदम खत्म हो गई हो—जो न किसी से बड़ा दिखना चाहता हो और न किसी को अपने से छोटा देखना। लेकिन आज हर आदमी उतनी देर अज्ञात होकर जीना चाहता है, जितना वह मनमरजी से जी सके।'' आज का आदमी और पहले का आदमी? तो क्या इसे यानी इस इच्छा को, सभ्यता के विकास की लिस्ट में रखा जाएगा? दादी से वह जोसेफ की शिकायत करे, तो पक्का है कि दादी कहेगी—'नहीं बेटा। ऐसे क्यों सोचते हो? कोई खयाल रखे, तो यह तो अच्छी बात है ना? अरे बेटा, लोग तो तरसते हैं कि कोई खयाल

रखनेवाला मिले...।' क्या इसका मतलब यह है कि ऐसी इच्छा होने में आज और पहले के आदमी का फर्क नहीं, अपने-अपने गुजरे हुए जीवन की क्वालिटी का फर्क है। दादी की आवाज का अफसोस अपनी जगह से उगा है और माँ-मौसी की बेचैनी अपनी जगह से?

"माइ गॉड! नानी तो एकदम लेडी डिक्टेटर है। कैसे रहते थे तुम लोग उस घर में? ऐसे बैठो। ऐसे उठो। ऐसे हँसो। मैं तो एक दिन भी नहीं रह सकती वहाँ।"—शशांक की छोटी बहन अदिति माँ से कहती है। वही अदिति, जिसे माँ से इतनी शिकायतें हैं कि माँ ने अपने 'कैरियर' के लिए उसे पैदा होते ही चाची को पालने के लिए सौंप दिया—उस पर कभी ध्यान नहीं दिया। शायद सबकी जरूरतों का हिसाब-किताब निकालो तो कुल मिलाकर यही निकलता है कि जिसे जो मिल जाता है, उसके अलावा या उससे अलग कुछ चाहिए।

"आदमी किसी दूसरे आदमी को कितना-किस हद तक जान सकता है? किसी को एकदम ठीक-ठीक जानना क्या संभव है—यानी उसकी सारी स्मृतियों, सारी भावनाओं, सारी इच्छाओं, सारे विचारों के साथ उसे जानना मुमकिन है?"—जतीन दा ने एक बार कहा था। पता नहीं वे इस प्रश्न से क्या जानना चाहते थे। शशांक को इस बात से पापा का ख्याल आया था। पापा को जतीन दा की इस बात पर तौलकर देखो तो लगता है कि पापा को पूरी तरह जान लेना सचमुच संभव है। बल्कि सरल भी है। सरल शब्द का अर्थ क्या यही नहीं है—वह रास्ता जिसे आसानी से पहले से जाना जा सके।

पापा की जिंदगी की समझ सरल है क्योंकि वह एक रास्ता जानती है—प्रार्थना का। पापा का ईश्वर भी सरल है क्योंकि उन्होंने दादी की इस बात को मान लिया है कि वह ईश्वर किसी पूर्वजन्म में किए गए किसी पाप का दंड जीवन में देता है और आदमी को दंड भोगना ही पड़ता है। इसलिए आदमी के पास एक रास्ता बचता है कि वह प्रार्थना करे, ताकि किसी दिन उसे अपने किए हुए से मुक्ति मिल जाए। तब सबकुछ ठीक हो जाएगा, इस उम्मीद के सहारे आदमी अपने जीवन का एक लंबा समय—बहुत कष्टमय सम्य—काट सकता है। बिना छटपटाहट के। बिना घबराहट के। या कम-से-कम इतनी ही छटपटाहट और घबराहट के साथ

कि जिंदगी जिंदगी बनी रहे।

शशांक पापा को माँ की उन स्मृतियों के कारण भी पूरा जानता है, जिनका साझा माँ ने उससे बहुत बार किया है। न जाने क्यों, माँ ने उसे बार-बार यह बताना चाहा है कि उन दोनों के रिश्तों में कभी पापा ने माँ को जीने के लिए ताकत या सहारा नहीं दिया, बल्कि वे खुद माँ में ही सहारा खोजते रहे। "तुम्हारे पूरे बचपन में हम दोनों ने कभी आपस में इस तरह कोई बातें नहीं कीं, जैसे दुनिया में पति-पत्नी करते होंगे। असल में हमारे पास तुम्हारे सिवाय बात करने के लिए और कोई टॉपिक ही नहीं था। हमारे दिमाग में तुम-ही-तुम थे और तुम्हारे बारे में हम बातें करना नहीं चाहते थे। ज्यादा-से-ज्यादा तुम्हारे पापा ने बीच-बीच में पूछा—'शशांक एकदम ठीक हो जाएगा न?' और मैंने हमेशा इतना ही जवाब दिया—'और नहीं तो क्या? समय से बड़ा कोई डॉक्टर नहीं होता—देखते नहीं पहले से कितना ठीक हो गया है।' बस। यही हमारी अधिक-से-अधिक साझेदारी थी। बाकी वे अपने काम में लगे रहे, मैं अपने काम में। इसी तरह हम लोगों ने जीवन काटा।"—माँ ये बातें ठीक इसी तरह पूरी-की-पूरी एक बार में नहीं कह डालतीं। इन बातों के टुकड़े-टुकड़े शशांक ने जीवन के उन क्षणों से उठा-उठाकर जोड़े हैं, जिनमें वह माँ का बेटा नहीं दोस्त होता है। तब उन दोनों में उम्र की दूरी नहीं होती और शशांक को लगता है कि माँ पापा के प्रति अपनी शिकायत भूलने के लिए उसकी मदद चाहती होती है।

शशांक दोनों को देखता है, तो उसे लगता है कि दोनों में कितना अंतर होते हुए भी वे आपस में ऐसे जुड़े हुए हैं, जैसे दुनिया में शायद ही कोई पति-पत्नी होते होंगे। लेकिन कहीं कुछ साफ-साफ नहीं दिखता। बस अंदर ही अंदर रहता है। दिखता है तो इतना ही कि वे दोनों बहुत कम झगड़ते हैं—एक-दूसरे की बात अक्सर मान लेते हैं। इसीलिए माँ के अंदर की यह शिकायत उसे कई बार आश्चर्य में डालती है कि उसे कभी पापा से किसी तरह का सहारा नहीं मिला।

जतीन दा ने कहा—"तुम्हारी माँ क्यों ऐसा सोचती है कि पुरुष को ही अधिक मजबूत होना चाहिए और उसे स्त्री को सहारा देना चाहिए? ऐसा भी तो हो सकता है कि तुम्हारे पापा को हमेशा लगा हो कि तुम्हारी माँ बहुत मजबूत है और उसे किसी तरह के सहारे की जरूरत नहीं।" सचमुच उसने माँ को बहुत कम रोते देखा है। पापा तो दादा-दादी की जरा-सी तबीयत

खराब होने से भी रुआँसे हो जाते हैं।

"तुम समझते नहीं, शशांक। हर आदमी कभी-कभी अपने को बहुत कमजोर महसूस करता है। ऐसे समय में यह बहुत सहज है कि एक औरत अपने पति से यह उम्मीद करे कि वह उसका दुख बाँटे। एक तरह की जैविक माँग होती है यह—'आर्गेनिक नीड'—समझते हो? एक तरह की मित्रता की माँग—" माँ शशांक को अपनी बात तरह-तरह से समझाने पर तुल जाती है। शशांक नहीं समझता। शायद यही बात सही है—जैसा कि माँ झुँझलाकर अंत में कहती है—इस न समझने की भी एक पॉलिटिक्स है—"हो तो आखिर तुम भी एक पुरुष ही न! तुम्हारी सहानुभूति तो पिता की तरफ ही रहेगी।" शशांक माँ से कहना चाहता है—'तुम बिना मतलब कभी बायोलॉजी, तो कभी पॉलिटिक्स लाकर कितना उलझाती हो सब बातों को। तुम क्यों नहीं देख सकतीं कि हर जगह जीवन कुछ 'सिम्पल सोल्यूशंस' भी रखता है जिन्हें मान लेने से जीवन सरलता से कट सकता है। तुम क्यों चाहती हो कि दूसरे लोग भी तुम्हारी तरह सिम्पल सोल्यूशंस को न मानें। सब तुम्हारी तरह क्यों बनें?' लेकिन वह जानता है कि माँ उसे अपने साथ पाना चाहती है—उस रास्ते पर, जिस पर वह अकेली चल रही है। इसलिए वह उसे और अकेला नहीं करना चाहता यह सब कहकर।

शशांक माँ की लड़ाई को समझता है। कहीं जाते हुए घर के बगलवाला मंदिर रास्ते में पड़ता है—पापा हाथ जोड़ते हैं। फिर बच्चों से कहते हैं—"हाथ नहीं जोड़ा? भगवान को प्रणाम करो।" फिर शिकायत और उम्मीद से माँ की तरफ देखते हैं। वह देखता है कि माँ अपनी झुँझलाहट को दबाते हुए हाथ जोड़ लेती है। एक बार अकेले कहीं जा रहे थे तो उसने माँ को छेड़ने के लिए मंदिर आते ही हाथ जोड़ा और हँसकर कहा—"हाथ नहीं जोड़ा? भगवान को प्रणाम करो।" माँ ने झुँझलाकर कहा—"चुप रहो।" फिर उसका मजाक समझकर हँसने लगी। उसके बाद गंभीर हो बोली—"मैं कोई नास्तिक नहीं हूँ। पर तुम्हारे पापा समझते हैं कि दुनिया में एक वही सबसे बड़े आस्तिक हैं। मुझे चिढ़ होती है इन डरे हुए लोगों से, जो हमेशा यह सोचते हैं कि भगवान को प्रणाम नहीं किया, तो कुछ बुरा हो जाएगा। शादी होकर इस घर में मैं आई तो एक दिन सुनकर दंग रह गई कि तुम्हारी दादी तुम्हारे चाचा को कह रही थी—तुम झूठ बोलोगे तो तुम्हें यमराज गरम-गरम कड़ाही में तलेगा। जस्ट इमैजिन! तेरह साल के एक बच्चे को इस तरह डराना कि वह सच बोले।" "तो क्या हुआ?"—शशांक ने चिढ़कर कहा। माँ एक क्षण

के लिए हक्की-बक्की रह गई। फिर गुस्से से उसकी तरफ देखा—"क्या हुआ मतलब? कुछ नहीं हुआ? तुम्हारी समझ में इस तरह की बातें करना ठीक है?" "तुम इतना गुस्सा क्यों करती हो? दादी ने तो वही कहा न, जो शास्त्रों में लिखा है। उन्हें वही शास्त्र पढ़ाए गए हैं तो वे क्या करेंगी? और क्या चाचा ने मान लिया कि सचमुच ऐसा होगा। इस डर से वह कोई सत्यवादी हरिश्चंद्र बन गया हो, ऐसा तो मुझे नहीं दिखाई दिया। हमें जो सिखाया जाता है, वह सबकुछ तो हम नहीं सीख लेते। हमारे भी तो दिमाग है"—शशांक भी अब उत्तेजित हो गया था।

"ओह, अच्छा अच्छा, अब समझी। अपने पूज्य पिताजी की तरह अपने परिवार की जरा-सी आलोचना बरदाश्त नहीं कर सकते। हद है शशांक। तुम भी क्या मुझे अपने परिवार के बाहर समझते हो? औरत की जिंदगी भी क्या है सचमुच! बीस साल बाद भी वह पराए घर की ही रहती है। यहाँ तक कि अपने बच्चों की नजर में भी"—माँ की दुखती रग पर उसने हाथ रख दिया है, शशांक ने समझ लिया। "नो माँ। बिलकुल नहीं। ऐसी बात नहीं है। बात सिर्फ इतनी है कि मैं—और मेरे ख्याल से पापा भी—तुम्हें दुनिया से अलग मानते हैं। इसलिए तुम जब किसी भी आम औरत की तरह पुराने विचारों के लिए अपनी सास की बुराई करती हो, तो हम लोग सह नहीं पाते। तुम्हें 'पेडेस्टल' से उतारना पड़ता है हमें।" माँ के ऊपर शशांक की पटाने की इस कोशिश का कोई असर नहीं हुआ—"शशांक, उस दिन हम लोग फिल्म देखने गए थे न, उसमें शुरू में एक छोटी डाक्यूमेंटरी दिखाई गई थी। एक मुसलमान गायक है—ए. आर. रहमान। उसने 'वंदेमातरम्' को अपनी तरह से ग़ाया है—'माँ तुझे सलाम'। उसे सुनकर उस दिन मेरी आँखों में आँसू आ गए। मुझे पहली बार अहसास हुआ कि एक मुसलमान को इस देश में किस-किस तरह बताना पड़ता है कि वह इसी देश का है। फिर भी लोग क्या यकीन करते हैं?"—शशांक माँ की बात का अर्थ समझ नहीं पाता, "इस बात का तुम्हारी पहली बात से क्या संबंध है?" "देखो, तुम्हारी दादी की कोई बात करते ही तुम कैसे बिदककर उसे सास-बहू के फ्रेम में देखने लगते हो। जबकि तुम अच्छी तरह जानते हो कि मैं तुम्हारी दादी को अपनी माँ से अधिक प्रेम करती हूँ। एक औरत ही उस अविश्वास को समझ सकती है, जो बरसों-बरस बीत जाने पर भी उसे अपने घर में एक पराया व्यक्ति बनाए रखता है।" शशांक को माँ के सोचने के तरीके पर अचंभा होता है। सब बातों में इस तरह बाल की खाल

निकालकर देखना क्या सही है? या वाकई माँ की बात में कोई सच है? ऐसा सच, जिसे देख पाना उसके लिए मुश्किल है?

"मैं उस दौर के अँधेरे से गुजर चुकी हूँ शशांक, जब डर जीवन का सबसे बड़ा सच होता है। एक भयानक डरावना डर–जब ऐसा लगता है जैसे इस धरती पर सूरज उगता ही नहीं, सिर्फ अँधेरा ही अँधेरा रहता है। इसलिए मेरी लड़ाई उस डर से है, किसी व्यक्ति से नहीं। और वह डर एक बार अपने अंदर उगा कि हर घड़ी और बड़ा होता जाता है–इतना बड़ा कि आदमी एकदम भूल जाता है कि उस डर के अलावा भी दुनिया में कोई चीज है। एक साधारण जीवन है, पेड़ है, हवा है, रास्ता है–जिसका इस डर से कोई वास्ता नहीं।"

"अरे तुम तो कविता करने लग गईं"–शशांक हँसता है। पर वह साथ-साथ माँ की आँखों में स्मृतियों का एक काला समुद्र देखता है, जिसमें बड़ी-बड़ी लहरें उठ-गिर रही हैं। एक कमरे में पलंग पर एक सफेद चादर बिछा दी जाती है। तब वह औरत, जो सिर पर सफेद रंग का कपड़ा बाँधे हुए है, और जिसकी बड़ी-बड़ी आँखों में गहरा काला काजल है, उस चादर पर नमाज पढ़ने की मुद्रा में बैठ जाती है। उस औरत की उम्र का कोई अंदाज नहीं लगा सकता। वह अस्सी साल की भी हो सकती है, चालीस साल की भी। उसका दुबला-पतला शरीर काले बुरके से पूरा ढँका है और उसके चेहरे पर गहरी-गहरी रेखाएँ खुदी हैं। पर झुर्रियाँ नहीं। वह घुटने पर बैठे-बैठे बहुत ऊँचे स्वर में मुसलमानों की कोई प्रार्थना कर रही है। बोलते-बोलते वह अपने पूरे शरीर को एक चक्कर-सा देती हुई हिलाने लगती है। सारा घर हाथ बाँधे पलंग के चारों तरफ खड़ा है। सब भयभीत हैं, चकित भी, और सब जैसे किसी चमत्कार की उम्मीद में हैं। वह औरत हिलते-हिलते इशारा करती है कि दो साल के बच्चे को उसके सामने लिटा दिया जाए। शशांक की दादी उसे वहाँ लिटा देती हैं। अचानक वह औरत जोर-जोर से उसी तरह बैठी-बैठी झूमने लगती है। फिर रुककर अपने हाथ की एक अँगुली से शशांक की माँ की ओर इंगित करती हुई रुक जाती है। कड़ककर ऊँची, कान फाड़ती हुई आवाज़ में कहती है–"जिन्न का साया पड़ा था इस पर। बच्चे को पेट में लेकर तालाब के किनारे पेड़ तले घूमने गई थी? बता? गई थी कि नहीं?" माँ सन्न खड़ी रहती है। एक शब्द नहीं कहती। फिर निरीह दृष्टि से दादी की तरफ देखती है। दादी कहती है–"गई थी अम्मा। गई थी। घर के सामने नेचर पार्क के तालाब

के चारों ओर रोज शाम को अपने देवर के साथ घूमने जाती थी। डाक्टर ने कहा था घूमने के लिए!''

माँ आगे नहीं सुनती। एक झटके से दौड़कर कमरे के बाहर निकल जाती है। उसका दिल बुरी तरह धड़क रहा है और हाथ-पाँव काँप रहे हैं। पता नहीं वह औरत ऊँचे स्वर में क्या-क्या बड़बड़ाती रहती है या कोई तंत्र-मंत्र करती रहती है। उसके जाने के दो दिन बाद दो ताबीज आते हैं। एक शशांक के लिए, दूसरा माँ के लिए। माँ उसे नहीं पहनती। पापा बहुत समझाते हैं। दादी और चाची भी। पर उसका निश्चय पक्का है—''अब हद हो गई है। मेरी यह हालत बना दी है तुम लोगों ने। क्या-क्या टोने-टोटके करवाए मुझसे। कितनी पाठ-पूजा करवाई मुझसे। कौन-कौन से पितरों की मन्नतें नहीं मनवाईं। कहीं भूल हुई थी शादी के वक्त। कोई पितर नाराज हो गए होंगे। किस-किस मंदिर मुझे नहीं भटकाया। कहाँ-कहाँ की जात नहीं दिलवाई। कितने कुलदेवता, सतियों के आगे नाक नहीं रगड़वाई। मैंने सब किया। अपने बच्चे के लिए। हर ईंट-पत्थर तक को पूजा। तुम लोगों के कहने से। अब मैं कुछ नहीं करूँगी। मैं पागल हो जाऊँगी—मेरा बच्चा ठीक हो न हो। मुझे कुछ नहीं चाहिए। मैं इस अँधेरे में और नहीं रह सकती। और नहीं रहूँगी मैं इस तरह। तुम लोगों के दिल में जो आए सो करो। शशांक के साथ जो चाहे करो। पर मुझे मेरे हाल पर छोड़ दो।''

शशांक को याद है कि वह यह किस्सा सुनकर अंदर-ही-अंदर दहल गया था। किस्से की औरत से नहीं, माँ के ऐसी स्थितियों से गुजरने की विवशता से। उसने माँ की तरफ झुककर उसके कंधे पर एक मिनट के लिए अपना सिर रखा और फिर जानबूझकर हँसते हुए बोला—'माइ पूअर ओल्ड मदर।' माँ एक क्षण तक बिना हिले-डुले रही, फिर उसे धक्का देकर अपने कंधे से अलग कर दिया। उसके चेहरे की हँसी को देखा तो खुद भी हल्के से हँसकर चिढ़ती हुई बोली—'न मैं पूअर हूँ और न ओल्ड। हटो यहाँ से।' अब शशांक खुलकर हँस रहा था—'देखो, तुमसे कोई सहानुभूति दिखाए, तो कैसे चिढ़ती हो। इसीलिए तो बेचारे पापा कभी ऐसा नहीं करते।' वह माँ को छेड़ता चला गया था ताकि वह उन अंधकार की स्मृतियों से इतनी दूर चली जाए कि उनकी छाया तक न रहे। माँ भी उसके खेल को समझ उसके साथ खेलती गई थी—'सच्ची। कितने बेचारे हैं तुम्हारे पापा। तभी तो मंदिर-मंदिर, द्वारे-द्वारे तुम्हारा इलाज खोजते फिर रहे थे। न जाने कितने मंदिर गए होंगे तुम्हारे बचपन में।' शशांक की हँसी फीकी हो गई

थी—'उतने ही, जितने डॉक्टरों के पास तुम गई होगी मेरे बचपन में।' सब अपने हाल पर तो छोड़ दिया जाना चाहते हैं, पर ऐसा चाहनेवाले दूसरों को उनके हाल पर क्यों नहीं छोड़ पाते?—उसने सोचा।

जोसेफ की जो बात आज तक शशांक ने किसी को नहीं बताई थी, उसे लगा कि वह आज आरती मौसी को बता सकता है। आरती मौसी उसके कष्ट को समझ सकती है, जो जोसेफ की अच्छाई के कारण या अच्छाई दिखाते रहने की इच्छा के कारण उसे होता है। "तुम्हें पता है मौसी, जोसेफ क्या करता है? वह हर टेस्ट में मेरे लिए दो एक्स्ट्रा सवाल मेरे क्वेश्चन पेपर पर लिखकर रखता है। समझीं तुम? सारे लड़कों से मुझे दो सवाल ज्यादा मिलते हैं। बाकी लड़कों को समझो कि आठ में से पाँच सवाल करने होते हैं, तो मुझे दस में से पाँच करने होते हैं।"—शशांक के अंदर गुस्सा उफन रहा था।

"लेकिन क्यों? जोसेफ ऐसा क्यों करता है। तुम्हें लिखने के लिए ज्यादा समय दे, यह तो ठीक है, पर ज्यादा सवाल देने का क्या मतलब?"—आरती मौसी ने आश्चर्य से कहा।

"हो सकता है, वह समझता हो कि मुझे चलने-बोलने की प्रॉब्लम के अलावा कुछ दिमागी प्रॉब्लम भी है। यू नो, मेंटल रिटार्डेशन जैसी। या मुझे ज्यादा छूट देना वह एक महान काम समझता है।"—शशांक को लगा कि मौसी के सामने अपने मन का पूरा गुबार निकाल ही दे।

मौसी का चेहरा एकदम उतर गया—"ओफ, कितना मूर्ख है जोसेफ। तुम कुछ कहते क्यों नहीं उससे?"

शशांक हँस पड़ा—"क्या कहूँ? यह कि डियर सर, आप अपनी दया-माया गलत जगह खर्च कर रहे हैं? या कि सर, मेरा आई. क्यू. आपसे शायद ज्यादा ही है, कम नहीं, भले ही आपकी तरह मैथ्स से मुझे बिलकुल प्रेम नहीं है। क्या कहूँ, बताओ?"

मौसी चुप रही। फिर अचानक धीरे से बोली—"कहीं वह तुम्हें ज्यादा नंबर भी तो नहीं दे देता? मेरा मतलब है...।"

"हाँ, तुम्हारा मतलब मैं समझ गया। मतलब कि मेरे बिना जवाब लिखे वह मुझे नंबर तो नहीं दे देता? ओह नो, मौसी। जिस दिन वह ऐसा करेगा..." शशांक बोलते-बोलते रुक गया। "अभी तो मैं इतना ही करता हूँ कि कभी उन दो एक्स्ट्रा सवालों के जवाब नहीं लिखता। बाकी लड़कों

की तरह आठ में से ही पाँच सवाल करता हूँ। पर जिस दिन जोसेफ ऐसा करेगा, उस दिन मुझे न्याय पाने के लिए जीवन चांडाल को खोजना पड़ेगा।" एक रौ में बोली गयी बात से शशांक मौसी की तरह खुद भी स्तब्ध रह गया।

किसी शनिवार को

शशांक विक्टोरिया मैदान के पिछवाड़े के दरवाजे से अंदर घुसकर गिट्टी-बिछे रास्ते के दोनों तरफ के देवदार के पेड़ों को देखता हुआ अपनी बेंच की ओर बढ़ने लगा। उसने सोचा था कि गिट्टियों का रास्ता छोड़ बाएँ मुड़ जाएगा, जहाँ से तालाब के उस पार वह अपनी बकुल-तले की बेंच देख सकेगा। बेंच पर यदि जतीन दा बैठे दिखाई देंगे, तो वह अपनी चाल तेज कर देगा और यदि बेंच खाली दिखी, तो वह आराम से इधर-उधर देखता धीरे-धीरे चलेगा। उसकी बेंच मेमोरियल के सामने के द्वार के करीब है। आज वह एक धुन में लंबे रास्ते से बेंच तक जाना चाहता था। पर थकान के कारण उसे अपना निर्णय अब गलत लगने लगा था। तभी उसने शिरीष के विशाल पेड़ के नीचे उसकी बाहर निकली जड़ों पर एक आदमी को बैठे देखा, जो उसकी तरफ मुँह किए अपने-आपसे कुछ बोल रहा था। शशांक रुक गया। उसकी थकान को रुकने का बहाना मिल गया था। वहीं खड़े-खड़े उसने देखा कि वह आदमी अपनी जेब से रंगीन प्लास्टिक के मोती निकालकर उन्हें एक सुई-धागे में पिरो रहा था। उसके सफेद लंबे बाल और वैसी ही छितरी हुई दाढ़ी उसके किसी संन्यासी होने का भ्रम देते थे।

शशांक ने अपना रास्ता बदल लिया और पेड़ों के बीच से गोल घूमती एक पतली पगडंडी से आगे बढ़ने लगा, जो घूमकर शिरीष के पेड़ के ठीक बगल से जाती थी। वह अपनी थकान भूल गया था क्योंकि वह अब सुनना चाहता था कि वह आदमी अपने-आपसे क्या बोल रहा है। पास आने पर शशांक ने आश्चर्य से देखा कि वह आदमी बार-बार रुककर अपने बहते आँसुओं को पोंछता है और फिर बड़बड़ाते हुए गुलाबी मोती पिरोने लगता है। वह चुपचाप खड़ा उसे देखता रहा। सारे मोती पिरोने के बाद उस आदमी ने वापस मोतियों से धागा खींच लिया। सारे मोती इधर-उधर बिखर गए। अपने हाथ में आए कुछ मोतियों और नीचे गिर गए मोतियों को उठाकर

तब वह फिर अपनी जेब में डालने लगा।

शशांक के मन में बचपन के 'अकड़म-बकड़म बम्बे बो' की एक कड़ी आयी—"राजा की रानी रोती थी। फूल की माला पोती थी।" उसने कभी नहीं सोचा था कि राजा की रानी क्यों रोती थी और वह भी फूल की माला पोते-पोते। आज अचानक यह रोना और पोना देखकर उसे राजा की रानी के रोने पर भी उतना ही आश्चर्य हुआ, जितना इस व्यक्ति पर। क्या उससे पूछा जाय कि वह क्या कर रहा है और क्यों रो रहा है? यह कोई पागल तो नहीं लगता, सफेद बाल-दाढ़ी में कोई ऋषि-जैसा लगता है। हो सकता है कि यह अपनी पत्नी की याद में, जो शायद मर गई है, उसकी माला पिरो रहा है और वापस उधेड़ रहा है?—शशांक ने उसके रोने का एक कारण सोच डाला। पर इससे कैसे पूछे यह सब? क्या उसे अधिकार है कि वह इस आदमी को उसके हाल पर न छोड़ देकर उससे कोई सवाल पूछे? लेकिन तब क्या यह विचित्र दृश्य हमेशा के लिए उसके मन में एक पहेली बनकर रह जाएगा और उसे इसका जवाब जीवन-भर नहीं मिलेगा?

शशांक ने बहुत हिम्मत बटोरकर एक कदम आगे बढ़ाया। फिर उसने जतीन दा की खाली बेंच की तरफ देखा। हाँ, आदमी का मन एक गाँव है और यह मोती पिरोता-खोलता आदमी भी चाहे-अनचाहे सदा के लिए अपने दुख के साथ उसके मन में बसने चला आया है। यह सोचकर वह और हिम्मत करके आगे बढ़कर उस आदमी के बगल में पेड़ के तले बैठ गया। "आप क्यों रो रहे हैं"—उसने सुना कि उसके गले से आवाज़ निकल रही है और यह देखा कि वह आवाज़ उस आदमी को जैसे एक थप्पड़ लगाती हुई निकल गई है। पहला मोती वापस उसी धागे में डालते-डालते उस आदमी ने गुस्से से तिलमिलाते हुए उसे खा जानेवाली नजरों से देखा और अपना सुई-धागा अपनी जेब में डालते हुए बगल में रखे झोले को उठा बड़बड़ाता हुआ आगे चला गया।

शशांक सन्न बैठा रहा। यह क्या किया उसने? कहीं दूर एक छोटे बच्चे के जोर-जोर से रोने की आवाज आ रही थी, जो शायद कहीं ठेस खाकर गिर गया था। दो-तीन तोते उसके सिर पर से टें-टें करते निकल गए। पास में मैदान और रेसकोर्स के बीच की सड़क से एक बस बिना रुके लगातार हॉर्न बजाती हुई दूर चली गई। तभी उसने देखा कि एक दूसरा आदमी आकर पेड़ की उसी जड़ पर बैठ गया, जिससे उठकर वह संन्यासीनुमा रोता हुआ आदमी चला गया था। जाहिर था कि इस आदमी ने सारा दृश्य देखा है

और इसीलिए उससे बात करने आ बैठा है।

शशांक ने जतीन दा की बेंच की तरफ देखा, जो अभी तक खाली थी। इतने में वह आदमी बांग्ला में बोल पड़ा—''क्या हुआ? भगा दिया गगन दादू को?'' शशांक बुरी तरह उछल पड़ा। गगन दादू? ओह, माई गॉड। क्या संयोग है यह! क्या वही आदमी गगन दादू है जिसने जीवन चांडाल पर किताब लिखी है? उसका मन हुआ कि दौड़कर उसके पीछे जाकर उससे फिर बात करे। ओफ, इतने पास आकर जैसे कोई खजाना गायब हो गया हो। शशांक गहरे अफसोस से भर गया।

उसने लंबी साँस छोड़कर बगल की जड़ पर बैठे हुए आदमी को देखा। पचासेक साल का हट्टा-कट्टा आदमी। ठीक-ठाक पैंट-शर्ट पहने हुए। सिर पर तेल लगाए हुए काले चमकते बाल। गहरा काला रंग, जो आँखों पर लगे चश्मे से छुप-सा गया था। दाढ़ी-मूँछ सब एकदम साफ, जैसे अभी-अभी हजामत बनवाकर आया हो। क्या करता होगा यह आदमी? उसे लगा कि ऑफिस में दूसरे दफ्तरों से कुछ लाने-पहुँचाने की नौकरी करता होगा या हो सकता है कि घूम-घूमकर कुछ बेचनेवाला कोई सेल्समैन हो या घर-घर कूरियर की चिट्ठियाँ पहुँचाने का काम करता हो—शशांक ने उसकी बड़ी-सी घिसी हुई ब्रीफकेस देखकर सोचा।

उसके ये सारे अनुमान उसके फिजियोथरेपिस्ट रंजीत दास की कथा-गल्प पर टिके थे जो वह उसे एक्सरसाइज करवाते-करवाते सुनाता था। वह बताता था कि एक मरीज के घर से दूसरे किसी मरीज के घर जाने के बीच का समय वह मिंटो पार्क या एलेन पार्क या विक्टोरिया मैदान में बैठकर काटता है और उसे किस-किस तरह के लोग वहाँ मिलते रहते हैं। ''थोड़ी देर सुस्ताने या टिफिन खाने या गप-शप लगाकर टाइम-पास करने इन पार्कों या मैदान में चले आते हैं बेचारे। नहीं तो कहाँ मारे-मारे फिरेंगे?'' रंजीत दास रोज-रोज वही एक्सरसाइज करवाता खुद का और उसका मन इधर-उधर की बातें बताकर बहलाए रखता। पर यह आदमी तो खास है—कोई रंजीत दास के बताए टाइप का आदमी नहीं, शशांक ने सोचा, क्योंकि यह गगन दादू को जानता है। कितनी अजीब बात है कि जतीन दा ने बताया नहीं कि गगन दादू विक्टोरिया मैदान में आता है। अरे, अचानक शशांक का दिल कुछ सोचकर उछल पड़ा। हो न हो, यह गगन दादू आज यहाँ जतीन दा के बुलाने से ही आया है, ताकि उसे जीवन चांडाल की कथा सुना सके। वह उत्साह से भर गया। जरूर आज जतीन दा उसे गगन दादू से मिलवाएँगे।

"मैंने तो खाली इतना पूछा कि आप क्यों रो रहे हैं। बस वे नाराज होकर चले गए? गगन दादू—यही नाम बताया ना आपने?"—शशांक ने सोचा कि इस आदमी को यह बताना शायद ठीक न हो कि उसने गगन दादू के बारे में कुछ सुन रखा है। "आप बताइए ना, वे क्यों रो रहे थे? आप कैसे जानते हैं उनको? आपका क्या नाम है?"—शशांक ने एक-के-बाद-एक प्रश्न पूछ डाले।

"मेरा नाम? मेरा नाम तो है...मनोरंजन दत्त"—उस आदमी ने एक क्षण अटककर बांग्ला उच्चारण में हिंदी बोलते हुए कहा। उसके इस तरह अटकने से शशांक के मन में आया कि कहीं यह अपना असली नाम छुपा तो नहीं रहा, फिर उसने यह सोचकर कि शायद हिंदी बोलने में अटक रहा है, इस खयाल को परे हटा दिया। बंगाली लोग शुद्ध हिंदी मुश्किल से बोलते हैं, क्योंकि उनके यहाँ मेरा और मेरी का फर्क तो होता नहीं। इसलिए या तो कहेंगे, मनोरंजन बाहर गई है या फिर सबको पुल्लिग बना देंगे—मेरा लड़की स्कूल गया है। पर वह आदमी एकदम शुद्ध हिंदी में आगे बोला—"मैं तो एक लेखक हूँ। कहानियाँ लिखता हूँ। इसीलिए गगन दादू को जानता हूँ। वो भी तो लिखते हैं ना। ओरे बाबा, गगन दादू का रोना कोई किसी को समझा सकता है?"—कहकर वह चुप हो गया और कुछ सोचने लगा।

शशांक अंदर-ही-अंदर चमत्कृत हो रहा था। क्या बात है ! तो यह आदमी भी एक लेखक है। वह भी बांग्ला का गल्प-लेखक। आज का दिन बड़ा विचित्र है। एक साथ क्या-क्या घटित हो रहा है। यह आदमी क्या लिखता है? कैसी कहानियाँ लिखता है—क्या इससे पूछा जा सकता है? कहीं कोई बड़ा लेखक तो नहीं कि इसे कुछ पूछने से बुरा लग जाए। वह तो बांग्ला के पुराने लेखकों को ही जानता है और वह भी इसलिए कि आरती मौसी के पास उनके हिंदी और अंग्रेजी अनुवाद पढ़ने को मिल गए हैं। क्या वह इस मनोरंजन दत्त को बताए कि उसकी मौसी भी कहानियाँ लिखती हैं? "गगन दादू रोते हैं क्योंकि वो जीवन को जीते-जीते लिखते हैं। दूसरों से सुनकर जीवन के बाहर खड़े होकर जीवन को नहीं लिखते। उनका लिखना भी असली और उनके आँसू भी असली"—मनोरंजन दत्त अपने-आप कुछ सोचते-सोचते बोलने लगा था। बाप रे बाप, शशांक ने सोचा, अच्छा हुआ कि इसे मौसी के लिखने के बारे में कुछ नहीं बताया। मौसी तो दूसरे से सुनकर ऐसे ही आस-पास के जीवन की कहानियाँ लिखती है। साधारण जीवन की साधारण कहानियाँ। ऐसी तकलीफ कि आँसू न रुकें—ऐसे कष्ट

का जीवन न तो मौसी ने जीया होगा और न उसकी कहानियों के पात्रों ने।

"और आप? आप कैसी कहानियाँ लिखते हैं?"—शशांक ने कुछ बुझे हुए स्वर में पूछा। मनोरंजन दत्त हँस पड़ा। "मेरा तो जीवन ही एक ऐसी कहानी है जिसमें कहानियों के लाखों बीज वट-बीजों की तरह दबे हुए हैं। देखे हैं बरगद के लाल बेर जैसे फल? उनमें एक-एक में हजारों छोटे-छोटे पीले बीज होते हैं, जिनसे हजारों वट-वृक्ष पैदा हो सकते हैं"—मनोरंजन दत्त की बातों और उसके कहने के तरीके में शशांक को रस आने लगा था। वह उस वट-वृक्ष जैसे जीवन को शुरू से जानना चाहता है, यह बात बिना कहे वह मनोरंजन दत्त के मुँह की ओर देखता हुआ उसके आगे बोलने की प्रतीक्षा करता रहा।

"कहाँ से बताऊँ? अच्छा चलो, कहानी कहीं से भी शुरू की जा सकती है। पर पहली बात तो यही, कि मैं कभी स्कूल नहीं गया। जानते हो, लिखना-पढ़ना कहाँ सीखा? अलीपुर सेंट्रल जेल में एक साल की सजा काटते-काटते। जेल की कच्ची मिट्टी पर लकड़ी के नोकदार पट्टे से क, ख, ग, घ...लिखना सीख लिया। ठीक? समझे तो? कैसी मजेदार बात?"—शशांक का मुँह देखने वह रुक गया था। शशांक को लगा कि आज उसका किसी बात पर आश्चर्य करना बेमतलब है। वह चुपचाप मनोरंजन दत्त को देखता रहा जैसे न जेल जाना कोई खास बात हो और न जेल में अक्षर-ज्ञान करना।

"अरे भाई, स्कूल जाता कहाँ से? बचपन से होश सँभाला तो बाबा को बेंत की चटाई बुनकर बेचते देखा और सबका आधे पेट खाकर रहना देखा। थोड़ा बड़ा हुआ तो बाबा ने मुझे भी चटाई बुनने में लगा दिया। दो हाथ के साथ एक पेट भी तो जुड़ा रहता है। हाथ अपना काम न करें, तो कैसे चलेगा? पेट तो हर पाँच घंटे में चीत्कार करने लगता है। लेकिन मेरा मन सारे समय उड़ता फिरता! चटाई बुनने में कभी मन नहीं लगा। जब-तब भाग जाता—कहीं खेलने, कहीं कुछ छुपकर देखने। ठीक सत्यजित राय के अप्पू की तरह रेलगाड़ी देखने खड़ा हो जाता। लौटता, तो बाबा मार-मारकर अधमरा कर देते—भागो यहाँ से। काम करोगे तभी खाना मिलेगा यहाँ। अंत में एक दिन मैं सचमुच घर से भाग गया। स्टेशन गया। जो ट्रेन आई, उसमें चढ़ गया। वह जहाँ रुकी, वहीं उतर गया। इस तरह घर से भागकर पहुँचा जादवपुर। वहाँ झाड़-जंगल में एक फूल का बीज निकालकर उसका रस मुँह में डाल रहा था कि पेट की अग्नि को कुछ शांत किया

जाए। तभी वहाँ पेशाब करने आए चाय की दुकानवाले रामलाल साहू ने पीछे से पकड़ लिया—"चल साला, भूखा मर रहा है। चलकर बरतन घिस।"

"भूख कभी भी बिना कुछ खाए नहीं रहती।—क्या खाती है कुछ न मिले तो?—खुद ही खुद को खाती है।—तब क्या मनुष्य बचा रहता है?—बचा रहता है, जब तक मारा न जाए।"—मेरी एक कहानी का पात्र दूसरे पात्र को जवाब में बोलता है। मनोरंजन दत्त अपनी कहानी के संवाद बांग्ला में धड़-धड़ सुनाने लगा था। शशांक ने एक निगाह चुराकर जतीन दा की खाली बेंच को देखा। अभी उस दिन जतीन दा ने उससे पूछा था कि क्या वह भूख को जानता है कि वह कैसे अंतड़ियों को तोड़ती-मरोड़ती है? आज फिर यह भूख की कथा।

"पर चाय के बरतन घिसते-घिसते मन ऊब चला। आह, चंचल मन। तब एक दोस्त बलाई से सीखी—पॉकेटमारी। बड़ी मेहनत का काम है भैया—और सबसे बड़ी बात रिस्क! पकड़े जाओ, तो भीड़ मारते-मारते हड्डी-पसली एक कर दे। उधर साली पुलिस को उसका हिस्सा दो। पर तो भी मुझे पॉकेटमारी में मजा आता था। दो-तीन साथी रहते। एक आवाज लगाता—ओ भाई, किसी ने मेरी पॉकेट मार ली। सुनते ही सबके हाथ अपने-अपने माल को सँभालने खुद-ब-खुद उधर ही चले जाते। बस, फिर तो जो जितना घबड़ाया दिखता, उसी को समझो सबसे मालदार आसामी है। माल के पीछे-पीछे हम लग जाते। कभी-कभी तो पाँच किलोमीटर दूर तक पीछे-पीछे जाकर जेब काट लाते। बड़ा मजा था। पर एक बार जब बलाई को भीड़ ने पकड़ लिया और पीट-पीटकर मार डाला, तो मन इस काम से भी उचाट हो गया। तब रिक्शा चलाने की सोची। भाड़े पर रिक्शा लिया। शुरू-शुरू में बदन में ऐसा भीषण दर्द हुआ कि नस-नस टूटने लगती। पर धीरे-धीरे आदत हो गई।"

शशांक ने मनोरंजन दत्त को फिर ऊपर से नीचे तक देखा। अच्छे-खासे कपड़े पहने हुए यह आदमी कहीं से रिक्शावाला तो नहीं लगता। ब्रीफकेस ऊपर से साथ में है। खैर, यह तो मारी हुई भी हो सकती है। पर यह लेखक भी बताता है अपने को—क्या सचमुच ऐसा हो सकता है? रिक्शावाला लेखक?

"रिक्शा चला रहा था मजे से। पर तकदीर को क्या मंजूर, कौन जाने। अचानक एक झमेले में फँस गया। एकदम बेमतलब। कहीं पर दो पार्टियों की लड़ाई हो रही थी। मैं उधर से खाली रिक्शा ले जा रहा था। एक आदमी

बुरी तरह छुरे से घायल मेरे रिक्शे के पास आकर गिर गया। मुझसे तड़पते हुए बोला—मुझे मेरे घर पहुँचा दो। अरे बाप रे! मैंने पहचान लिया, यह बेचारा तो जादवपुर अस्पताल के पास रहता है। मैं उसे रिक्शे में डालकर उधर दौड़ गया। ऐसे में कुछ और सूझता है आदमी को? वह उसी अस्पताल में ही कर्मचारी था। उसकी जान तो बचाई, पर मेरी जान खतरे में पड़ गई। उसी रात को दूसरी पार्टी के लोग मुझे नींद से उठाकर मुँह, हाथ, पैर बाँधकर मेरे रिक्शे के साथ कहीं ले गए। मारते-मारते बेदम कर दिया। फिर चेतावनी देकर रिक्शा तोड़-फोड़ डाला और उसी में फेंककर गायब हो गए। पहली पार्टी के लोगों को पता चला कि उनके आदमी की जान बचाने का यह फल मिला है, तो वे आए। अपने साथ दूर ले गए जहाँ उनका अड्डा था। वहीं रखा। इलाज करवाया। ठीक हुआ तो ट्रेनिंग शुरू। बंदूक चलाना तक सिखाया। धीरे-धीरे एक वन-शॉटर मेरे पास रहने लगी। मैं ठहरा हुकुम का इक्का। जो बोलते, कर दिखाता। अपने पर इतना भरोसा मुझे कभी नहीं हुआ था। गरीब-दुखी-भूखी जनता के शत्रुओं को मारने के लिए जहाँ-जहाँ भेजा जाता, मैं चला जाता। कई बार खुद मरते-मरते बचा, पर कोई परवाह नहीं। लेकिन एक बार पकड़ा गया। पता नहीं, कितनी दफाएँ लगाईं जज ने। अलीपुर सेंट्रल जेल में पूरा एक साल काटना पड़ा। बस यहीं से फिर नया जीवन चल पड़ा। उधर पढ़ना सिखाते थे क्योंकि सरकार जेलें सुधार रही थी। पढ़ना सीखा तो पढ़ता ही चला गया। दिन-रात। जेल से छूटने के बाद रिक्शा खींचने के पहले पढ़ता, बीच में पढ़ता, फिर रात में पढ़ता। सिर पर जैसे एक नशा सवार हो गया था।''

शशांक स्तब्ध था। कैसी विचित्र जिंदगी जी है इस आदमी ने, यदि यह सब सच बोल रहा है तो। जतीन दा ने उसे जीवन चांडाल की जो कहानी सुनाई थी, यह कहानी तो उससे भी ज्यादा अजीब है। लेकिन यह आदमी भी खूनी है और कितने आराम से बता रहा है कि गरीब-भूखी जनता के शत्रुओं को मारने के लिए कहीं भी चला जाता। कौन थे वे लोग जिनकी बातें इसे इतनी सही लग रही थीं कि कुछ भी करने को तैयार था?

मनोरंजन दत्त ने जैसे उसका मन पढ़ लिया। वह बोला—''मेरे जैसे लोगों को, जो भूख को जानते थे, उनके सामने एक सपना था। यह सपना अपनी जान से भी ज्यादा हमें प्यारा लग रहा था कि बहुत जल्दी एक दिन सबकुछ बदल जाएगा। पर मैंने किसी आदमी को नहीं मारा। ज्यादा-से-ज्यादा अपने को बचाने के लिए किसी को घायल किया तो किया। सच तो यह कि मैं

जैसे-जैसे पढ़ रहा था, वैसे-वैसे मेरा दिमाग साफ हो रहा था। तभी एक दिन मेरे रिक्शे में एक अधेड़ औरत चढ़ी। उसका गंभीर चेहरा और चश्मे से ढँकी तीखी आँखें बता रही थीं कि वह एक पढ़ी-लिखी औरत है। मैंने रिक्शा खींचते-खींचते उससे पूछा कि क्या वह मुझे एक शब्द का अर्थ बता सकती है? उसके हामी भरने पर मैंने पूछा—'जिजीविषा' का क्या अर्थ है? उस औरत ने रिक्शा रुकवा दिया और वहीं उतर पड़ी। जानते हो, वह औरत कौन थी? बांग्ला की बड़ी लेखिका सुभाषिनी देवी। उनका ही उपन्यास जिससे यह जिजीविषा शब्द मिला था, वहीं मेरे रिक्शे की सीट के नीचे पड़ा था। मैं उनसे कुछ पूछता, पर वे तो खाली मुझसे सुनना चाहती थीं। उन्होंने मेरी जीवन-गाथा वहीं बैठकर सुनी। फिर कहा कि मुझे उसे लिखना होगा और वे उसे छापेंगी। इस तरह मैं बन गया लेखक। मनोरंजन दत्त। यह नाम भी उन्होंने ही रख दिया।" उसने कुछ झेंपकर बताया। शायद उसे भी अपना नाम बताते समय अटकना याद आ गया था।

"लेकिन आप जेल क्यों गए? यह तो बताया नहीं"—शशांक को लगा कि सच या झूठ, कम-से-कम मनोरंजन दत्त उसे अपनी पूरी कहानी जतीन दा के आने तक सुना दे। "जेल मैं पहले भी बहुत बार जा चुका था। इलाके की पुलिस को बीच-बीच में किसी अपराधी को पकड़ने के नाम पर जेल भरनी होती है। ऐसे समय में भिखारी या पुराने चोर ही काम आते हैं। पुलिस जानती थी कि मैं पॉकेटमार हूँ। इसलिए वे लोग जब-तब पकड़ लेते थे और फिर छोड़ देते थे। असल में उन दिनों एक घटना ऐसी घटी कि मेरी अपनी पार्टी ने जिसने मुझ पर विश्वास करके मुझे बंदूक दी थी, मुझे मार डालने का फैसला कर लिया। हुआ यह कि एक दिन मेरे रिक्शे पर जादवपुर के ही निताई बाबू स्टेशन से चढ़े। उतरते समय रुपया देने के लिए अपनी अंटी सँभाली, तो देखा कि पॉकेट कट चुकी थी। बेचारे चीत्कार करके वहीं गिर पड़े। मैं जानता था कि वे महा गरीब हैं। तीन बच्चे और दो मियाँ-बीवी का परिवार मुश्किल से पेट भरता है। कहीं क्लर्क थे और आज ही महीने-भर की पगार लेकर आए थे। मेरे रिक्शे में तभी बैठते थे जिस दिन पगार मिलती थी। मुझसे उनका दुख देखा नहीं गया। मैं स्टेशन इलाके के पॉकेटमार बल्लू के घर चला गया। उसे धमकाकर कहा कि वह निताई बाबू के रुपए लौटा दे। उसने आनाकानी की, तो मैंने उसके गले से सोने की भारी चेन खींचकर तोड़ ली और कहा कि वह निताई बाबू के रुपए लौटाकर चेन ले जाए। अगले दिन बल्लू ने मुझ पर शाम को जादवपुर

स्कूल के पास दो लोगों के साथ हमला किया। जान बचाने के लिए मैं भागकर स्कूल में घुस गया। वहाँ एक क्लास रूम में मुझे घेरकर उन लोगों ने कटार से मेरे शरीर पर आघात किया, तो मजबूर होकर मैंने वन-शॉटर से बल्लू को मार डाला। बल्लू को मारने के कारण पार्टी मुझसे नाराज हो गई, क्योंकि बल्लू को मारने का ऑर्डर ऊपर से नहीं आया था। अब मेरा बचना मुश्किल था। मैंने थाने के एस. पी. गोरा बाबू के घर जाकर सारा सच बता दिया। साथ में निताई बाबू भी थे। तब गोरा बाबू ने मुझे बचाने के लिए एक साल के लिए जेल में डाल दिया।''

शशांक ने देखा कि मनोरंजन दत्त ने अपना चश्मा उतार लिया था जैसे उसका चश्मा धुँधला गया हो। वह जेब से रूमाल निकालकर उसे पोंछने लगा। अचानक शशांक को उसकी आँखें देखकर कुछ याद आया। काले चेहरे पर चमकती आँखें, जैसे अँधेरे में भी उन पर कोई रोशनी डाल रहा हो—जतीन दा ने जीवन चांडाल का यही वर्णन किया था न? ओह माई गॉड, क्या यही आदमी जीवन चांडाल है? कोई शक नहीं। तभी यह गगन दादू को इतनी अच्छी तरह जानता है। शशांक ने देखा कि तालाब के उधर बकुल के नीचेवाली बेंच की तरफ जतीन दा बैठने के लिए बढ़ रहे हैं। उसने देखा कि मनोरंजन दत्त भी उधर ही देख रहा है। वह क्या करे? जतीन दा को कैसे यहाँ बुलाए कि जिस आदमी को आप पच्चीस साल से खोज रहे हैं, वह मुझे मिल गया है। मुझे, जो स्कूल और घर के अलावा सिर्फ एक ही जगह आता-जाता है, जबकि आप उसे कहाँ-कहाँ खोजते फिर रहे हैं।

शशांक ने मनोरंजन दत्त की तरफ गौर से देखा। उसकी शक्ल याद कर लेनी है ताकि जतीन दा को बताया जा सके कि उसने जीवन चांडाल को देख लिया है। फिर उसने मुस्कराकर कहा—''मनोरंजन बाबू, यदि आपको जल्दी न हो, तो मेरे साथ तालाब के उस पार उस बेंच पर चलिए। मैं आपको अपने एक दोस्त से मिलवाना चाहता हूँ। वह भी आपकी तरह एक दत्त है। आपको उनसे मिलकर बहुत अच्छा लगेगा।'' जवाब में मनोरंजन दत्त भी अपनी आँखों की तरह ही चमकते साफ दाँत दिखाकर मुस्कराया। ओफ, क्या यह उसके साथ चलेगा? जतीन दा तक? क्या इसने उन्हें नाम से पहचान लिया है? क्या इसे मालूम है कि जतीन दा इसे पच्चीस साल से ढूँढ़ते फिर रहे हैं क्योंकि उन्हें इसका बदला हुआ नाम और बदला हुआ धंधा पता नहीं है?

"मैं तुम्हारे साथ जरूर चलता। पर देखो, मेरा दायाँ पाँव अभी-अभी गगन दादू को खोजते-खोजते यहीं एक गड्ढे में घुसकर कैसे फूल गया है। एक काम करो, अपने दोस्त को यहीं ले आओ। मैं यहीं बैठा हूँ"—मनोरंजन दत्त ने कहा। शशांक ने देखा कि वाकई उसका दायाँ पाँव एड़ी के पास सूजा हुआ था। वह उठ खड़ा हुआ। बहुत तेज चलेगा तो भी सात-आठ मिनट तो लग जाएँगे तालाब को पार करते-करते। फिर लौटने में उतना ही समय लगेगा। पर क्या उपाय? जतीन दा को जीवन चांडाल से मिला पाने की खुशी के सामने इतने-से कष्ट का क्या मोल है।

शशांक तेजी से पतली पगडंडियों को पार करता तालाब के किनारेवाली सड़क तक पहुँच गया। बादाम के पेड़ तक आते-आते उसने देखा कि बादाम के पत्ते थोड़े-थोड़े लाल होने लगे हैं यानी अब पतझड़ की शुरुआत होनेवाली है। आधे रास्ते तक आकर एक मिनट के लिए उसका ध्यान एक झुरमुट में घुसकर बैठे एक जोड़े पर चला गया। झुरमुट जोर-जोर से हिल रहा था। क्या कर रहे हैं ये लोग? वह एक क्षण के लिए रुक गया। रुकने पर उसकी इच्छा हुई कि पीछे मुड़कर मनोरंजन दत्त को देखे कि वह वहीं बैठा तो है ना! मुड़कर देखने पर उसे वह कहीं दिखाई नहीं दिया। शिरीष के पेड़ की वह जड़, जो बैठने की टेबल जैसी बनाती थी, एकदम खाली पड़ी थी। उसका दिल धक् से रह गया। क्या करे? क्या वापस जाकर उसे खोजे कि कहाँ चला गया? हो सकता है कि पेशाब करने चला गया हो और वहीं आकर फिर बैठ जाए। अब आधे रास्ते जाकर फिर लौटने का कोई मतलब भी तो नहीं है। उसके पाँव तो इतना चलने में ही दुखने लगे हैं। नहीं, शशांक ने निश्चय किया कि वह जतीन दा को लेकर ही वापस लौटेगा। वह वापस मुड़ा और उसने खिन्न मन से जतीन दा की तरफ देखा। यह देखकर वह अवाक् रह गया कि वहाँ भी बेंच खाली पड़ी थी। अरे, जतीन दा कहाँ गायब हो गए? अभी तो यहीं थे, एक मिनट पहले। उसने कुछ देर पहले हाथ भी हिलाया था उन्हें बताने के लिए कि वह आ रहा है, पर वे कुछ लिखकर कागज की चिंदियाँ बनाकर तालाब में फेंक रहे थे। उन्होंने वापस हाथ नहीं हिलाया था। शायद उनका ध्यान पानी में चिंदियों को तैरते हुए देखने में लगा था।

शशांक बीच सड़क पर जड़ बना वहीं खड़ा रहा। झुरमुट फिर हिलने लगा था। उसके पीछे रेसकोर्स के बगल से गाड़ियाँ और बसें हॉर्न बजाती धुआँ छोड़ती इधर से उधर दौड़ी जा रही थीं। बच्चों के खेलने की आवाजें

कहीं दूर से आ रही थीं। शाम को पैदल घूमनेवाले कई लोग उसके पास से गुजर गए। वह बुत बना सिर्फ आँखें घुमाकर एक बार बेंच की तरफ देखता, एक बार शिरीष के पेड़ की तरफ देखता। पर कहीं कोई नहीं था। वह किस तरफ जाए?—यह उसकी समझ में नहीं आ रहा था। वह तो दौड़कर उन लोगों को पकड़ भी नहीं सकता। शशांक अपने अंदर उठते आँसुओं से शर्मिंदा होकर वापस विक्टोरिया मेमोरियल के पीछे के दरवाजे की ओर मुड़ चला, जहाँ से वह घर लौट सकता था। जाते-जाते यह सोचकर उसका मन कुछ स्थिर हुआ कि कोई बात नहीं। क्या पता वह आदमी जीवन चांडाल ही न हो और क्या पता कि उसने यह सब एक सपने में देखा हो?

तुझसे नाराज नहीं जिंदगी, हैरान हूँ...

"नहीं, मैं अब कोई रिस्क नहीं ले सकती—अब मैं होमियोपैथी पर भरोसा करके इसलिए नहीं रह सकती क्योंकि मैं चिंता के मारे जी नहीं पाऊँगी। मुझे हर वक्त डर लगता रहेगा कि पता नहीं इसे कब क्या हो जाए"—शशांक स्कूल के सिक-रूम के बिस्तर पर अपने को लेटा हुआ देख रहा था और माँ को फादर जॉर्ज से बातें करता सुन रहा था। जिस माँ ने उसे बचपन से आज तक कभी कोई एलोपैथिक दवा नहीं खिलाई—सिवाय तेज बुखार में, वह उसे अब दवाएँ क्यों देना चाहती है, यह शशांक समझ नहीं पा रहा था। पर वह माँ से कैसे पूछे? वह अपने शरीर से ऐसे अलग कैसे हो गया था? तभी अचानक शशांक ने पाया कि वह वापस अपने में लौट आया है और उसे याद आया कि वह सिक-रूम में कैसे पहुँच गया था।

लंच ब्रेक में क्लास के बाहर नीचे क्रिकेट खेलते लड़कों को देखकर वापस अंदर घुसते हुए शशांक को कुछ अजीब-अजीब-सा लगा था—जैसे उसके चारों तरफ की दुनिया धुँधली होते-होते काली हो रही हो। उसने कोशिश की थी कि वह अपनी पानी की बोतल से पानी पी ले ताकि सब ठीक हो जाए, पर पता नहीं क्या हुआ था। वह शायद गिर गया और पानी की बोतल भी उसे भिंगोते हुए गिर गई। उसने अंदाजा लगाया कि स्कूल से आए फोन से बदहवास माँ सिक-रूम में पहुँची होगी और सिक-रूम के इंचार्ज फादर जॉर्ज ने बताया होगा कि वह किस तरह गिरकर बेहोश हो गया था। उसने आँखें खोलकर माँ को देखा। माँ के चेहरे पर वही डर देखकर उसने फिर आँखें मींच लीं, जो डर उसके अंदर धीरे-धीरे लगातार बड़ा होता हुआ जैसे उसके दिल, फेफड़ों और मन सबको ठेलकर एक तरफ कर रहा था।

"तुम्हें हुआ क्या था, एकदम ठीक-ठीक बताओ ना"—माँ के मुँह से पाँचवीं बार वही सवाल सुनकर शशांक एकदम खीझ उठा। स्कूल के

सिक-रूम से डॉक्टर मेहता के घर तक के सफर में माँ बार-बार वही सुनना चाह रही थी, जो शशांक उसे निश्चित तौर पर नहीं कह सकता था—यानी कि माँ उससे सुनना चाहती थी कि उसे कुछ नहीं हुआ था, जो हुआ वह एक वहम जैसा था। उसने दो-तीन बार माँ को दोहराकर बता दिया था कि उसे खुद मालूम नहीं था कि उसे अचानक कैसे और क्या हो गया था। बस पानी की बोतल का उसे भिंगोते हुए गिरना उसे याद था। फिर वह होश में आ गया था और चलकर सिक-रूम तक गया था, जहाँ उसे नींद आ गई थी।

एक ही बात को बार-बार बताते-बताते एक भी शब्द बदल जाता, तो माँ झल्लाकर कहती—''अभी तो तुमने ऐसे कहा था और अब ऐसे कह रहे हो।'' अंत तक आते-आते वह भी झल्ला गया था—''जब तुम्हें सब याद ही हो गया है कि मैंने क्या कहा था, तो बार-बार एक ही बात मुझसे क्यों पूछ रही हो?'' यह कहकर वह गुस्से से होंठ सील कर बैठ गया था। माँ भी चुप हो गई थी।

डॉक्टर मेहता ने उसे देख-दाखकर कहा—''कोई बात नहीं। सबकुछ एकदम ठीक है। मेरा खयाल है कि आप लोग बेवजह चिंता कर रहे हैं।'' तो माँ डॉक्टर के ऊपर भी झल्ला उठी—''कोई बात नहीं? आप यह कहना चाहते हैं कि यह बेहोश नहीं हुआ? और यदि सचमुच हुआ, तो बेवजह हुआ?'' डॉक्टर मेहता माँ का मुँह देखते रहे। फिर अपनी सफेद बालों से ढकी खोपड़ी हिलाकर बोले—''देखिए मिसेज चौधरी! आपको ऐसा लग रहा है, तो इसके दिमाग का ई. ई. जी. करवा लीजिए।'' तभी शशांक को याद आया कि उसने अपने शरीर से बाहर निकलकर माँ को फादर जॉर्ज को कहते सुना था कि वह अब होमियोपैथिक दवाओं पर भरोसा करने की रिस्क नहीं लेनेवाली है। कमाल है। तब फिर माँ सारे रास्ते यह मनवाने के लिए उससे बहस क्यों करती आई थी कि उसे कुछ नहीं हुआ था?

ई. ई. जी. की रिपोर्ट के आधार पर न्यूरॉलॉजिस्ट डॉ. ए. चटर्जी ने जब उसे गार्डिनल दवा लिख दी थी—'कम-से-कम छः महीने खाइए' की हिदायत के साथ--तो शशांक ने देखा था कि माँ काफी निश्चिंत हो गई थी। शायद सिक-रूम में फादर जॉर्ज के सामने ही माँ ने यह ठान लिया था कि शशांक को दवा खिलानी है—वही दवा जिससे बचाने के लिए माँ उसे बचपन से होमियोपैथिक दवाएँ खिलाती आई थी। पर पड़ोस की नीना आंटी ने बहुत आग्रह किया, तो माँ ने शशांक को फिर होमियोपैथी की

दवा खिलाना स्वीकार कर लिया—इस शर्त के साथ कि वह गार्डिनल बंद नहीं करेगी।

नीना आंटी के साथ शनिवार की शाम को एक नए होमियोपैथिक डॉक्टर के यहाँ जाते हुए शशांक उस डर के बारे में सोचता जा रहा था जिससे मुक्ति पाने के लिए माँ ने गार्डिनल पर इतना भरोसा किया था। डरा तो वह भी बहुत था, पर अब माँ के चेहरे से डर की छाया हटी देख वह भी काफी निश्िंचत हो चला था। चलो, कम-से-कम दवा खाते हुए उस तरह का 'आउट ऑफ द बॉडी' अनुभव तो नहीं होगा। माँ से उसने यह बात छुपा ली थी पर जतीन दा को बताकर पूछना चाहता था कि ऐसा क्यों हुआ था? क्या वह मरनेवाला था और उसकी आत्मा शरीर छोड़ गई थी? शशांक के अंदर डर की एक झुरझुरी नीचे से ऊपर तक दौड़ गई।

जतीन दा कहाँ मिलेंगे? क्या जतीन दा आज विक्टोरिया आए होंगे? उसने उस अजीबोगरीब शनिवार के बाद तीन-चार शनिवार बेंच पर घंटों बैठकर उनकी प्रतीक्षा की थी, पर वे नहीं आए थे। आरती मौसी को उसने मजबूर होकर उस शनिवार का सारा किस्सा बताया था। उसे लग रहा था कि किसी को सारी बातें बताकर ही वह उस कष्ट से मुक्त हो सकता है, जो जतीन दा के इस तरह अचानक गायब हो जाने से उसे हुआ था—जैसे कि जतीन दा ने उसे धोखा दिया हो।

''हो सकता है कि जतीन दा को कोई काम याद आ गया हो। और यह तो हो ही सकता है कि उस आदमी को जीवन चांडाल मानना तुम्हारा भ्रम हो,''—आरती मौसी ने कहा था—''वैसे तुम्हारे जतीन दा जैसे लोग, जो कभी क्रांति का सपना देखते थे, उस सपने के टूटने से अक्सर डिप्रेशन के शिकार हो जाते हैं।'' जतीन दा और डिप्रेशन? यानी मानसिक रूप से टूट जाना? असंभव, शशांक को लगा था। जतीन दा से तो शांति की तरंगें निकलती रहती हैं। वे खुद कैसे अशांत हो सकते हैं? पर शशांक ने आरती मौसी की यह बात मान ली थी कि जतीन दा के बारे में कुछ बुरा-भला न सोचकर उसे मान लेना चाहिए कि वे उससे किसी कारण से अभी मिल नहीं सकते। ''फिर कभी कोई संयोग तुम्हें उन्हें मिलवा सकता है''—मौसी की इस तसल्ली-भरी बात पर यकीन कर लेने का उसका बहुत मन हुआ था। शायद यही कारण भी है कि हर शनिवार को शशांक को जतीन दा याद आए बिना नहीं रहते।

''तुम्हारी माँ आज डॉक्टर से मिलने साथ क्यों नहीं आना चाहती थीं?

मैं सिर्फ इसलिए बार-बार कह रही थी कि हो सकता है कि डॉक्टर पूरी केस-हिस्ट्री जानना चाहे। उन्होंने कहा कि तुम खुद अपने बचपन से अब तक की सारी बातें बता सकते हो''—नीना आंटी की बात से शशांक अपने खयालों से बाहर निकल आया।

''माँ ठीक कह रही थीं। मैं तो पाँच साल की उम्र से ही अपनी पूरी केस-हिस्ट्री बता सकता हूँ। आखिर माँ थक भी तो गई हैं, वही बातें दोहराते-दोहराते। फिर उन्हें यकीन नहीं है कि किसी नए डॉक्टर को दिखाने का कुछ खास फायदा है''—शशांक ने कहा।

''और तुम? तुम भी क्या यही मानते हो?''

''हाँ भी और नहीं भी। सच पूछिए तो माँ और मैं दोनों किसी चमत्कार में विश्वास नहीं करते। पर फिर भी कोई नया इलाज बताता है, तो मन हो न हो, उसे आजमा लेते हैं। आपका डॉ. गांगुली मेरा चौथा होमियोपैथिक डॉक्टर होगा''—शशांक ने हँसकर बताया।

उसने देखा कि नीना आंटी का चेहरा कुछ बुझ गया था। तो क्या नीना आंटी इतनी पढ़ी-लिखी होने के बावजूद दूसरों की तरह ही हैं, जो ऐसा मानकर चलते हैं कि उनकी दी हुई सलाह पर अविश्वास करना या उसे न मानना गुनाह है? शशांक ने देखा था कि माँ को कोई आदमी उसके बारे में कुछ सलाह देता, तो माँ के चेहरे पर ऊब के साथ-साथ चिढ़ के लक्षण साफ दिखने लगते थे। अब तो ऐसी स्थिति में माँ का बननेवाला चेहरा भाँपकर उसे पहले ही हँसी आ जाती। माँ भी उसकी हँसी का कारण समझकर हँसने लगती। इस तरह यह उन दोनों का एक प्राइवेट मजाक बन गया था।

''सेरेब्रल पैलसी। मेरी खास प्रॉब्लम को एथिटोयड कहते हैं जिसमें बैलेंस की—संतुलन की—समस्या रहती है। चलते-चलते झटका लग जाता है, अचानक चलना गड़बड़ा जाता है। पैदा होते समय डॉक्टर ने ऑपरेशन करने में देर की। यही इसकी वजह है। एनोक्सिया हुआ था उस समय—दिमाग में ऑक्सीजन की कमी। चलना शुरू किया छह साल की उम्र में''—शशांक ने डॉ. गांगुली के सामने कम-से-कम शब्दों में अपनी केस-हिस्ट्री बता डाली। डॉ. गांगुली बहुत प्रभावित हुए, जैसा कि शशांक ने सोचा था कि होंगे।

''तुम्हें यकीन है कि मेरी दवा से तुम्हें फायदा होगा?''—डॉ. गांगुली का प्रश्न सुनकर शशांक एक क्षण के लिए चुप हो गया। नीना आंटी कुछ घबराई हुई उसकी तरफ देख रही थीं कि कहीं वह जवाब में 'नहीं' बोलकर

इस बूढ़े खब्ती डॉक्टर को नाराज न कर दे। "मुझे लगता है कि आप मेरी हकलाने की समस्या को ठीक कर सकते हैं। यही सोचकर मैं आपके पास आया हूँ। यह समस्या बड़े स्कूल में आने के पहले मुझे नहीं थी, इसलिए मुझे लगता है कि यह ठीक हो सकती है"—शशांक ने उत्तर दिया।

डॉ. गांगुली आँखें मींचकर जैसे ध्यानस्थ हो गए थे। लोग कहते हैं कि उन्हें काली का इष्ट है, नीना आंटी ने रास्ते में बताया था। साथ में यह भी कहा था "ऐसा हो न हो, पर यह सच जरूर है कि उनकी दवा अक्सर रामबाण का काम करती है।" उनके आँखें खोलने की प्रतीक्षा करते-करते शशांक को अपने बचपन का वह दिन याद आया, जब माँ उसे न्यू होराइजन स्कूल की प्रिंसिपल के पास एडमिशन के लिए लेकर गई थी।

"मेरा खयाल है मिसेज चौधरी, कि हम ये सब बातें...अँऽऽ...मेरा मतलब है, बाद में भी कर सकते हैं। अच्छा या फिर यह करें कि आपके बेटे को कुछ देर हम किसी के साथ गार्डन में भेज सकते हैं। मेरे खयाल से अच्छा रहेगा...यह स्कूल भी देख लेगा और हम लोग बातें भी..."—शशांक ने सुना कि स्कूल की प्रिंसिपल अपने चश्मे के पीछे दिखती बड़ी-बड़ी आँखों में अनुरोध लिए माँ से कह रही थी।

"क्यों मिसेज कुमार, आप किसी चीज से शशांक को बचाना चाहती हैं? क्या आप समझती हैं कि इस तरह बचाने से वह बच जाएगा? उसे जानना ही चाहिए कि उसके साथ क्या हुआ था। पैदा होने से लेकर अभी साढ़े पाँच साल की उम्र तक आखिर उसी ने झेला है न यह सब?"—माँ की आवाज से निश्चय बोल रहा था।

"फिर भी मिसेज चौधरी! साढ़े पाँच साल की उम्र इतनी बड़ी भी तो नहीं कि उसमें सारी सच्चाइयों को झेलने की ताकत पैदा हो जाए। वह खुद निर्णय कर सके कि क्या ठीक है और क्या गलत। खैर, आप खुद बेहतर जानती होंगी"—मिसेज कुमार ने हथियार डालते हुए कहा।

"देखिए मिसेज कुमार, हो सकता है कि आपकी बातों में कुछ सच हो। आखिर आप इतने सालों से बच्चों के बीच रह रही हैं। शशांक तो मेरा पहला बच्चा है। लेकिन मुझे हमेशा लगता रहा है जैसे ये सब बातें वह एकदम समझ सकता है। यदि हम उससे छुपाएँगे, तो उसके अंदर यह सवाल हमेशा उठता रहेगा कि वह दूसरे बच्चों की तरह क्यों नहीं चल सकता? वह औरों से अलग क्यों है? वह जान लेगा, तो बेहतर ढंग से अपने शरीर पर काबू पाने की कोशिश करेगा।" माँ ने अपने वकीलनुमा हाव-भाव

को छोड़कर अपनी बात को अब नरमी के साथ प्रिंसिपल के सामने रखा।

''आदमी को अपने जीवन की कितनी बातें याद रहती हैं?''—जतीन दा कहते हैं—''कुछ बातें ऐसी होती हैं जो किन्हीं अनजाने कारणों से टुकड़े-टुकड़े में याद रह जाती हैं—जैसे कि बचपन में आठ-नौ साल की उम्र में की गई नैनीताल की यात्रा के बारे में झील के पानी में तैरती नौकाओं से भी कहीं ज्यादा मुझे एक बैंगनी फूलोंवाले पेड़ की स्मृति है, जो रोज सुबह अपने फूलों की पंखुड़ियाँ रास्ते में बिछा देता था।

''या फिर आदमी के दिमाग में ऐसी स्मृतियाँ रहती हैं जो बातों में किसी-न-किसी कारण से दोहरा दी जाती हैं—किसी को अपने किसी अनुभव के बारे में बताते हुए। वरना आदमी हर साल की स्मृतियों में से किसी एक को भी याद करना चाहे, तो उसे किसी कमरे, किसी पेड़, किसी आदमी की जरूरत होती है, ताकि वह उसे याद कर सके।''

ठीक कहते हैं जतीन दा। शशांक को अपने प्राइमरी स्कूल की प्रिंसिपल मिसेज कुमार और माँ के बीच का यह वार्तालाप इसीलिए याद है क्योंकि माँ ने इस बात को बार-बार अलग-अलग लोगों के सामने दोहराया था। शायद माँ और लोगों की भी सहमति चाहती थी कि वह जो कर रही है, वह ठीक है। कहीं-न-कहीं उसे यह डर रहा होगा कि शशांक का इन बातों को जानने से किसी तरह का नुकसान न हो।

आठ साल की उम्र में शशांक ने बुआ के घर आए मद्रास के एक डॉक्टर को खुद अपनी बीमारी के संभावित कारणों और उसके निदान की बातें बताकर चमत्कृत कर दिया था—पैदा होते समय गले में लिपटी कॉर्ड या नली, डॉक्टर के माँ का सिजेरियन ऑपरेशन करने में लापरवाही से देर करने के कारण उसके दिमाग में हुई ऑक्सीजन की कमी, पहले तीन महीनों में कई बार हुई ऐंठन, देर से गरदन सँभालना, देर से बैठना, खड़े होना—यानी 'माइल्स्टोन्स डिलेड' आदि आदि। माँ बुआ के घर कुछ देर से पहुँची थी। उस दिन उस डॉक्टर ने माँ को बधाई दी थी कि उसने शशांक को इतने सुंदर तरीके से पाला है कि वह अपनी बीमारी को लेकर न भयभीत है और न ही वह समझता है कि उसे पूरा ठीक होने में कोई मुश्किल होगी। ''मुझे डर तो रहता था डॉक्टर'', माँ ने हल्की-सी डबडबा आई आँखों के साथ खुश होते हुए कहा—''लेकिन इसकी खुशमिजाजी और हमेशा हँसते चेहरे

ने मेरा यह यकीन बनाए रखा कि मैं गलत नहीं हूँ।''

''तुम्हारी हँसी अब बदल गई शशांक। इससे अब पहले वाली बात नहीं रही''—माँ जब-तब कहती है। उसे यह बात सुनकर गुस्सा आता है। अब बदल भी गई हँसी, तो बार-बार अफसोस के साथ इस तरह कहते रहने से क्या फिर पहले जैसी हो जाएगी? क्या माँ इतना भी नहीं समझती कि शशांक को यह सुनना अच्छा नहीं लगता। बड़े लोग कैसे बच्चों की तरह हो जाते हैं कभी-कभी! अब इसके सिवाय क्या रास्ता है कि वह माँ से बड़ा होकर उसे चिढ़ाने के लिए कहे है—''असल में मेरे पहले मूँछें नहीं थीं न, इसलिए तुमको हँसी अलग टाइप की लगती थी। अब वैसी कैसे लग सकती है।'' पर शशांक की बात बेकार चली जाती है—माँ इस बात पर हँसती नहीं। गंभीर बनी रहती है। शशांक जानता है, वह फिर कोई ऐसी बात कहेगी, जो उसे अच्छी नहीं लगेगी। पर वह उसे रोक नहीं सकता।

''तुम्हें अब जिंदगी अधिक कठिन लगने लगी है न शशांक? स्कूल में ज्यादा दिक्कत तो नहीं होती न? वे लड़के, जो तुम्हें पहले छेड़ा करते थे, वह माइकेल, टोनी, सुदीप—जिन्हें मैंने एक बार चिट्ठी लिखी थी—अब वे तंग नहीं करते न?'' ओह गॉड! शशांक कैसे समझाए माँ को? उसे माँ को अब ऐसी बातें कहनी होंगी जिससे वह एक माँ होने की साधारणता से वापस अपनी सुलझी हुई दुनिया में लौट जाए—

''कोई बात नहीं, डियर मॉम। नो प्रॉब्लम। तुम किसी को चिट्ठी लिखो और फिर भी वह साला न सुधरे, ऐसा कभी हो सकता है? सॉरी—साला बोलने के लिए—हाँ? उन तीनों लड़कों का तो दिल ऐसा बदला कि मुझे तंग करने के बजाय अब वे ही मेरे सबसे अधिक काम आते हैं। अ रियल चेंज ऑफ हार्ट, मम्मी—इतना तो महात्मा गाँधी भी एक पत्र लिखकर किसी का नहीं कर सके होंगे!''—शशांक हँसता नहीं, पर फिर भी वह इतना अधिक बोल गया है कि माँ को संदेह हो जाता है कि वह उसका मजाक बना रहा है। एक क्षण के लिए उसके चेहरे पर हल्की-सी खीझ उभरती है, हालाँकि साथ-साथ वह यह भी मान लेना चाहती है कि सचमुच ऐसा हुआ होगा।

''बहुत बातें बनानी आ गई हैं तुमको? जब ज्यादा बक-बक करनी होती है, तो शायद हकलाना भी भूल जाते हो?''—अब माँ भी उसे अपने तरीके से छेड़ रही है। वे दोनों हँसते हैं एक साथ और दोनों जानते हैं कि दुनिया में और कोई माँ-बेटे इस तरह ऐसी बातों पर नहीं हँस सकते। वे सचमुच खास हैं। क्या इसे भी—इस हँसी को—'जो होता है अच्छे के लिए

होता है' वाले सिद्धांत का एक रूप मान लिया जाए—शशांक हँसी खत्म होने से पहले ही चुपके से मन में सोचता है। जब दो लोगों का एक ही दुख हो, तो उससे ज्यादा साझेदारी दुनिया में शायद किसी चीज की नहीं होती।

शशांक डॉ. गांगुली के घर से लौटते-लौटते उन हजारों कष्टों के बारे में सोचता है, जो माँ-पापा ने उसे ठीक करने के लिए उठाए होंगे। एक बार दादी ने कहा था, 'यह तो तुम्हारे माँ-बाप की दिन-रात-बरसों की तपस्या है बेटा।' शशांक को मालूम है कि उसे अपने-आप मंजन करना सिखाने से जूते के फीते बाँधने तक, कपड़े पहनने से सीढ़ियाँ चढ़ने तक, सबकुछ अपने-आप करने लायक बनाने में कितने-कितने साल लगे हैं। उसे पता है कि अब जब इस लायक हो गया है कि पूरे कलकत्ते में भयंकर बारिश से पानी भरने के कारण स्कूल गाड़ी नहीं पहुँची और वह दो किलोमीटर पैदल चलकर अपने कपड़े-जूते खराब कर घर आ गया, तो माँ उसे ऐसा करने के लिए डाँटते हुए भी अंदर-ही-अंदर कैसा गर्व-भरा संतोष महसूस करती है। उसे पता है कि माँ ने उस ईश्वर को माफ कर दिया है, जिसने माँ को सड़क के भिखारियों के चलते-फिरते बच्चों तक से ईर्ष्या करना सिखा दिया था। उसे यह भी पता है कि माँ की आँखें उसे स्कूल की ड्रेस पहनकर पीठ पर भारी बस्ता लादे बगल के मकान के अमित अग्रवाल के साथ उसकी गाड़ी में स्कूल जाने के लिए पैदल जाते देख कैसे निर्मल आनंद से भर उठती हैं।

उन लोगों ने अपना पिछला घर बदल लिया है और पिछली मल्टीस्टोरीड बिल्डिंग की जगह आठ मकानों की इस कॉलोनी में जिसमें न ऊपर कोई दूसरा रहता है और न नीचे कोई। अमित उसे बहुत खुशी-खुशी स्कूल साथ ले जाता है और वह क्लास में भी अमित के पास बैठने लगा है। आर्थर अपनी आगे की पढ़ाई के लिए अपने पिता के पास बम्बई चला गया है।

माँ उससे यदि अब पूछे—"तुम्हें लड़के तंग तो नहीं करते?" तो उसने सोच रखा है कि वह बोलेगा—"नो, नाउ आय एम प्रोटेक्टेड बाइ द स्टुपिड मारवाड़ी कम्युनिटी।" उसे यह भी पता है कि माँ स्टुपिड कहने के कारणों को उसके बिना बताए समझ लेगी।

2

उत्तर-कथा

शशांक मौसी को बहुत सारे सादे खाली पन्नों के सामने बैठा देखता है, जिन्हें हवा में फड़फड़ाकर पक्षियों की तरह उड़ जाने से बचाने के लिए मौसी ने एक मोटी दस साल पुरानी डायरी को पेपरवेट की तरह उन पन्नों पर आड़ा डाल रखा है।

पिछले चार सालों से मौसी इसी तरह इन सादे पन्नों के सामने बैठी हुई है। उसके पास कलम है, स्याही की दवात है, पास की चीजों को देखने के लिए जरूरी हो गया दो साल नया या दो साल पुराना चश्मा भी है। कोई कमी नहीं, सब साधन हैं लिखने के। बस नहीं हैं, तो शब्द। नहीं हैं तो वाक्य, जो अक्षरों से बनते हैं।

शशांक के साथ उसके शरीर ने धोखा किया है, मौसी के साथ उसके अक्षरों ने। दोनों का जीवन धोखे की मार से टुकड़े-टुकड़े हो गया है। कहीं है वह सुई जो इन सारे टुकड़ों को जोड़कर वापस सिल दे? कोई उम्मीद का धागा है जो टाँक दिया जाए इन टुकड़ों के बीच? शशांक का ईश्वर मर चुका है। और किसी का बचा हो, तो हो। उसकी इस बारे में जानने की इच्छा भी मर चुकी है। जतीन दा का ईश्वर जब मरा था, उन्होंने कहा था, 'तब उसकी जगह सदियों से कुचले हुए आदमियों के इतिहास ने ले ली थी।' पर शशांक के पास तो कुछ भी नहीं, जो उसकी जगह ले–सिवाय खालीपन और सन्नाटे के। न कोई इतिहास, न भविष्य।

मौसी की कलम में कोई स्याही काम नहीं करती। वह अटक जाती है कहीं बहुत पहले ही। निकालो भी बहुत झटक-झटककर, तो पता चलता है कि यह स्याही रंगहीन है। पानी की तरह। उससे कोई कुछ लिखे भी तो कोई पढ़े कैसे? यहाँ तक कि खुद ही खुद का लिखा न पढ़ सके। मौसी अपने नए चश्मे की आदी न हो पाई आँखों को मिचमिचाकर देखती है कि

उसकी बहन के बालों का रंग भी स्याही जैसा सफेद हो चला है। पर बालों के नीचे कपाल से होती हुई बहन की आँखों तक डरते-डरते पहुँचती है, तो देखकर दंग रह जाती है कि उन आँखों से एक रोशनी प्रलय के बाद निकले सूरज की किरणों की तरह फूट रही है।

मौसी ने उन आँखों में चार साल पहले घनघोर अंधेपन का अंधकार देखा था। तब से उसकी हिम्मत नहीं हुई थी कि वह वहाँ फिर झाँके। आज वह अद्‌भुत चमत्कार की तरह उस रोशनी को देखती है और अपनी कलम उठाकर फिर दूसरे चमत्कार की तरह पाती है कि उसकी कलम कागज पर ऐसी रेखाएँ खींच पा रही है, जो आँखों को दिखाई पड़ती हैं।

ओ गॉड, यह कैसा भयानक सपना है!

सुबह के व्यस्त ट्रैफिक के बीच गाड़ी लगातार हॉर्न बजाती है, पर कहीं रास्ता ही नहीं कि कोई रास्ता दे। माँ चाचा को गाड़ी कभी दाएँ काटने को कहती है, कभी बाएँ। गाड़ी की हेडलाइट, साइडलाइट, सब लाइट जला दो। जल्दी करो। उफ्! गाड़ी में लाल कपड़ा भी नहीं कि कोई लहराता जाए। कम-से-कम लोग समझ जाएँ कि एमरजेंसी है।

शशांक उबकाई लेता है और माँ ऐन वक्त पर उसकी हरे रंग की उलटी हाथों की अंजलि से भर लेती है। ओह माई गॉड। चाची बाएँ काँच खोल देती है और माँ दोनों हाथ बाहर लटका देती है।—पानी दो। हाँ, बोतल है। सीट के नीचे देखो। हाथ धोकर माँ उसके बुखार से तपते माथे को छूकर उसकी गर्मी खींच लेना चाहती है, पर इसी बीच एक लंबी-सी रुलाई की आवाज निकालकर चाची की गोद में एक क्षण के लिए गिर जाती है। फिर तुरंत उठकर शशांक को अपनी बाँहों में घेर लेती है—घबड़ाओ मत। घबड़ाओ मत। दो मिनट में अस्पताल पहुँच जाएँगे।

शशांक भी उसे यही कहना चाहता है, पर अंदर से जैसे कड़वा धुआँ उठ रहा है दवा का। क्या हो रहा है यह सब उसके अंदर। वायरल फीवर में क्या ऐसा होता है? माँ ने आते-आते तक डॉक्टर से बहस जारी रखी थी—अस्पताल ले जाकर क्या होगा? घर में भी तो इलाज हो सकता है। अंत में शशांक ने ही कहा था—मुझे अस्पताल ले चलो। तब माँ ने हथियार डाल दिए थे। शशांक माँ से कहना चाहता था कि वह ऐसा इसलिए कह रहा है क्योंकि उसका कलेजा बाहर आना चाहता है। उसके दाएँ पाँव में कुछ खींचन हो रही है। उसे कल रात से ट्यूबलाइट हरे रंग की दिख रही है।—पर माँ ने उसकी तरफ एक बार भी देखा नहीं। वह तुरंत उसका सामान—दवाएँ, कपड़े, मेडिकल फाइल बटोरने लगी थी अस्पताल जाने के लिए। चक्केवाली पढ़ने की कुरसी लाओ। बाथरूम जाना है? चल सकोगे?

नहीं? एक मग लाओ, यहीं करवा देते हैं। शरम की क्या बात है?

शशांक ने अपने को माँ पर छोड़ दिया था। वह सबकुछ ठीक करेगी। एकदम वही, जो करना चाहिए। न किसी की सुनेगी, न किसी की तरफ देखेगी। न किसी की कोई सलाह मानेगी। माँ ने जरूरत पड़ने पर नानी को इसी तरह दुनिया को सँभालते देखा है। उसे पता है कि बाकी लोग मुसीबत पड़ने पर इतना घबड़ाते हैं कि साँस भी मुश्किल से खींच पाते हैं। ऐसे लोग फिलहाल उसकी कोई मदद नहीं कर सकते। माँ को जरूरत भी नहीं है किसी मदद की। वह सिर्फ चाचा, चाची और मौसी पर भरोसा करती है और वे लोग वही करते हैं जो माँ कहती है। यदि वे लोग कोई सलाह दें, तो वह मान भी लेती है। लेकिन इन तीनों के अलावा वह किसी की टोका-टोकी सहन नहीं कर सकती, जब दुनिया उसे चलानी हो।

हे भगवान, यह बुरा सपना खत्म क्यों नहीं होता?

सूरज और चाँद सब अपना रास्ता भूल गए हैं। पूर्व पश्चिम उत्तर दक्षिण कोई दिशाएँ नहीं बची हैं। माँ, सिर्फ एक माँ बची रह गई है। वह दिन-रात उसके सिरहाने खड़ी उसके पूरे शरीर पर हाथ फेरती रहती है। ग्लूकोज का पानी उसकी नस में लगी सूई के सहारे टप-टप करता उस धुएँ में गिरता रहता है, जो उसका शरीर है। 'डॉक्टर, यह बार-बार इस तरह रोता क्यों है? क्या तकलीफ है इसको? जब भी नींद टूटती है, रोने लगता है जोर-जोर से। कहाँ दर्द है बेटा?'—वह बार-बार डॉक्टर से और उससे पूछती है। वह कुछ नहीं कहता। वह उसे न खाने के लिए डाँटती है। एकदम गुस्सा होकर। वह तब भी कुछ नहीं कहता। मुँह खोल देता है। वह नर्स से बार-बार कुछ पूछती रहती है और वह जानता है कि वह नर्स से नफरत करती है। बार-बार वह किसी को फोन मिलाती है और उसके बारे में कुछ पूछती है। वह सारे डॉक्टरों से नफरत करती है, इसके बावजूद कि वे कहते हैं कि उसे कुछ नहीं हुआ है। सारे टेस्ट ठीक आए हैं। 'तब यह रोता क्यों है? कुछ बोलता क्यों नहीं?'—वह बार-बार पूछती है। किसी के पास उसकी किसी बात का कोई सही जवाब नहीं है।

'कई डॉक्टर देख रहे हैं इसे। न्यूरोलोजिस्ट भी देख रहा है। बुखार उतरने से सब ठीक हो जाएगा'—वह उसे अपने-आपमें बड़बड़ाते सुनता है या शायद वह पापा को कह रही है। उसे मन-ही-मन तसल्ली होती है। माँ सब जानती

है। वह सबकुछ ठीक करके रहेगी। यह सब बुखार की दवा का असर है—कहीं कोई कहता है। वह देखता है कि माँ खुली आँखों से उसे सपने में स्कूल की ड्रेस पहने तैयार खड़ा देख रही है। माँ के पास इससे सुंदर और कोई सपना पहले भी नहीं था, अब भी नहीं है।

'बेटा, एक बार आँखें खोलकर मेरी तरफ देखो। पिछले दो दिन से तुमने मुझसे एक बार भी हाँ-ना तक में बात नहीं की है। एक बार मेरे लिए आँखें खोलो। सिर्फ एक बार'—माँ की बात सुनकर वह आँखें खोलकर उस चेहरे को देखता है जिस पर नींद और थकान से बने नए नाक-नक्श हैं। क्या हालत हो गई है इस चेहरे की। 'बेटा, खाली एक बार बता दो कि तुम्हें क्या तकलीफ है। तुम बोलते क्यों नहीं? क्यों रोते हो इतना? ऐसे कोई रोता है। इतने बड़े लड़के होकर?' शशांक फिर आँखें मींच लेता है। 'प्लीज, बेटा, प्लीज। एक बार बता दो'—सुनकर वह आँखें खोलता है। अपना दायाँ हाथ उठाकर एक, दो, तीन, चार, पाँच अँगुलियाँ एक-एक करके खोलता है। माँ नहीं पूछती कि क्या उसे पाँच तरह की तकलीफ है? माँ के अंदर के विस्फोट की आवाज से बचने के लिए वह फिर आँखें बंद कर लेता है। उसकी बोली बंद हो गई है और माँ को यह बात बताने के अलावा अब कोई रास्ता नहीं बचा है।

'क्या इलाज किया आप लोगों ने इसका? क्या इसीलिए इसे अस्पताल लाए थे? इसकी बोली बंद हो गई, यह चल नहीं सकता और आप कहते हैं कि ब्रेन में कुछ नहीं हुआ? तो क्या हुआ है इसे?'—माँ पागलों की तरह रो-रोकर चीख रही है, वह भी विजिटिंग आवर में, जब उसका कमरा न जाने कौन-कौन-से रिश्तेदारों से भरा है। ''मैं अभी घर जाऊँगी इसे लेकर। आप डिस्चार्ज सर्टीफिकेट लिखते हैं कि नहीं? मैं इस अस्पताल के सारे काँच तोड़ डालूँगी। यू बिल रिग्रेट इट, डॉक्टर'—सारे रिश्तेदार बगलें झाँक रहे हैं। पर इस तमाशे को छोड़कर नहीं जा पाते। इसलिए वहीं जमे खड़े रहते हैं। डॉक्टर घोष अपने सत्तर सालों के अनुभव से जानता है कि वह इस पागल माँ को समझा नहीं सकेगा। यह औरत शहर के सबसे नामी फर्म की वकील है, पर अभी यह कोई तर्क, कोई सुझाव, कोई राय नहीं सुनेगी। वह डिस्चार्ज सर्टीफिकेट लिखता है जिसमें यह कहीं नहीं लिखा होता कि एक माँ और एक बेटा अपने सत्रह सालों की एक-एक घड़ी की मेहनत से कमाई हुई जिंदगी की सारी जमा-पूँजी कुल छह दिनों में खोकर यहाँ से जा रहे हैं।

गॉड, यह बुरा सपना नहीं था, यह तो असली सच है!

लंबे-लंबे दिन टिक-टिक करते अंतहीन चलते जाते हैं। दिनों के सप्ताह बनते हैं और सप्ताहों के महीने। माँ और वह दो मरीजों की तरह दिन-रात एक-दूसरे के बगल में बिस्तर पर पड़े रहते हैं। वह डरता है। बहुत डरता है—अपने शरीर से जो अस्पताल से लौटने के बाद भी लगातार बेकाबू होता गया है और उसकी कोई बात नहीं मानता। जो अपने-आप उठकर नहीं बैठ सकता। जो अपने-अपने करवट तक नहीं बदल सकता। अस्पताल से जिस दिन लौट रहा था, उस दिन वह गरदन तानकर कड़ी करके सीधा बैठा था और उसने अपने हाथ से एक गिलास पानी मुँह तक ले जाकर पीया था। पर अब नहीं। अब वह बैठता है पलंग के बगल में लगाई गई चेयर कमोड पर, तो किसी को उसकी गरदन सँभालकर पकड़नी पड़ती है, जो एक तरफ झूल जाती है। उसके मुँह से लार गिरती है, जिसे माँ रगड़कर पोंछती है। क्या माँ गुस्सा है उससे? वह गौर से उसका मुँह देखता है।

वह और माँ जैसे एक बार फिर किसी अदृश्य ओलनाल से जुड़े हैं। जब वह पेट में था, उसके गले में शायद इसी ने लिपटकर उसे फाँसी दी थी। अब यह उसके धीरज, हिम्मत, सांत्वना की डोर है। वह उठता है तो माँ उठती है। वह लेटता है, तो वह लेट जाती है। शशांक की बोली उसके दिमाग में न जाने कहाँ गुम हो गई है। माँ को अब बोलने की बहुत कम जरूरत रह गई है क्योंकि उसकी दुनिया उसके लिए गुम हो गई है। वह किसी से नहीं मिलती। उसने कमरे से फोन निकाल दिया है ताकि कोई उससे बात न कर सके। दादी पलंग के सामने आकर कुर्सी पर बैठती है तो माँ आँखें बंद कर लेती है। दादी कुछ भी कहती है, तो सुनने की तकलीफ माँ के चेहरे से टपकने लगती है। वह सिर्फ तीन लोगों को देखकर इस तकलीफ की चादर तानकर उसमें गुम नहीं हो जाती। चाचा, चाची और मौसी। वे तीनों शशांक को नहलाने-धुलाने, कपड़े पहनाने, खिलाने-पिलाने सबमें उसके मददगार हैं। वह पापा से उतनी ही बात करती है जितनी उनकी मदद शशांक के साढ़े पाँच फुट के शरीर को सँभालने में उसे चाहिए। वे दोनों भावहीन रहते हैं जैसे एक-दूसरे को कोई खास जानते नहीं।

वह पाता है कि शब्दहीन होकर वह माँ का दिमाग पढ़ पा रहा है। वह सोच रही है कि काश वह पैदा ही नहीं हुई होती और हुई भी तो कोई पत्थर बनकर क्यों न पैदा हुई। अब कम-से-कम उसका इस धरती पर दोबारा

जन्म न हो। वह किसी की माँ न बने। पर यह सब भी वह बहुत कम सोचती है। उसका दिमाग प्रायः एकदम खाली रहता है। सोचने को कुछ भी बचा नहीं है। एक सन्नाटा है अंदर-बाहर। और इसी सन्नाटे में वह साँस लेती है और साँस छोड़ती है और एक नवजात शिशु की तरह उसकी सारी जरूरतों का ख्याल रखती है।

दादी फिर सामने कुर्सी पर बैठ गई है। हिम्मत बटोरकर माँ से कहती है—'दो महीने बीत गए। अब तुम्हें कोर्ट भी तो जाना है। काम का कितना नुकसान हुआ होगा।' माँ कुछ जवाब नहीं देती। वह दादी को उन रिश्तेदारों को बटोरने के लिए कभी माफ नहीं करेगी, जिन्होंने अस्पताल में शशांक के कमरे में सिनेमा के दर्शकों की तरह माँ को डॉक्टर से लड़ते, रोते, चिल्लाते देखा है। शशांक अपना हाथ माँ के चेहरे की तरफ ले जाता है। माँ चौंककर आँखें खोलकर उसकी आँखों में देखती है। वह देखती है कि वह भी कह रहा है कि वह घर से बाहर जाए। अपना काम करे। वह वापस आँखें मींच लेती है। उसका पूरा शरीर पत्थर की तरह सख्त है। वह हिलती-डुलती नहीं। शशांक समझ जाता है कि वह कहीं नहीं जाएगी। वह उस कमरे और बाथरूम के अलावा बाकी घर में भी नहीं घूमती। कमरे की खिड़की तक नहीं जाती। बाहर की दुनिया उसके लिए नहीं बची है। वह उसके बगल में पड़ी-पड़ी उसी की जिंदगी जीना चाहती है। दादी ने कहा था कि गांधारी ने अपनी इच्छा से अपनी आँखों पर पट्टी बाँध ली थी ताकि वह अंधे का जीवन जी सके। पर गांधारी तो धृतराष्ट्र की माँ नहीं थी। तब वह ऐसा कैसे कर सकी?

उसकी आँखों से पानी गिर रहा है। 'रो रहे हो, शशांक?'—वह पूछती है जैसे उसका रोना कोई नामुमकिन-सी बात हो। वह 'नहीं' करते हुए सिर हिला देता है। रोज रात को यही होता है। रात का अँधेरा उसके शरीर के अँधेरे के साथ मिलकर उसका गला घोंटने लगता है।

उसके साथ यह क्या हुआ?—यह सवाल उसके अंदर से उठता हुआ माँ के अंदर तक फैल जाता है। वे दोनों इस सवाल से जूझते टकरा-टकराकर घायल होते रहते हैं। तब वह अचानक उठती है। नींद की गोली लोगे?—पूछती है। वह हाँ करता है। वह एक गोली उसे देती है और एक अपने मुँह में रखकर गटक लेती है।

क्यों? क्यों? क्यों सच ऐसा है? यह झूठ क्यों नहीं है?

डॉक्टर। फिजियोथैरेपिस्ट। रेकी। प्राणिक हीलिंग।–हर आदमी से वह पूछती है क्यों ऐसा हुआ। कैसे हो गया? एक मामूली बुखार से? एम. आर. आई. में तो कुछ नहीं आया था। बुखार का इलाज शुरू करने में तो बिलकुल देर नहीं हुई थी। बुखार होते ही खून की जाँच करवाई। तुरंत दवा शुरू की। फिर? क्यों ऐसा हुआ? क्यों? इस क्यों का जवाब किसी के पास नहीं है। पापा कहते हैं कि इसलिए हुआ कि जिस वायरस ने उसे काटा, वह मामूली नहीं था। दुर्भाग्य था खुद वायरस के रूप में। क्यों का जवाब पूछने दादी सुच्चा बाबा के पास उसे ले जाना चाहती है। माँ साफ इंकार कर देती है। वह नहीं जाएगी। जिसे जाना हो जाए। हर आदमी 'क्यों' का जवाब क्यों जानना चाहता है, यह शशांक समझ नहीं पाता। उसे जानने से क्या हो जाएगा?

पहले-पहल

माँ एक सफेद कागज पर लाल रंग के मोटे पेन से ए बी सी डी लिखती है। बातचीत के लिए कोई रास्ता निकालना है। तुम्हें अभी कैसा लग रहा है?—पूछती है। वह हिंदी में लिखता है अँगुली के इशारे से—ए सी सी एच ए—यानी अच्छा! माँ समझती नहीं। यह तो कोई शब्द ही नहीं है। माँ की आँखों में तूफान उठता है घबड़ाहट का। क्या उसकी बुद्धि पर भी कोई असर हो गया है? तब वह लिखता है—एच आई एन डी आई—यानी हिंदी! ओह गॉड—माँ राहत से हँस पड़ती है। मैंने तो सोचा वायरस तुम्हारा पूरा दिमाग खा गया। वह महीनों में पहली बार हँसी है। शशांक धीरे-धीरे अँगुलियों को अक्षरों पर घुमाते-घुमाते लिखता है—नहीं, थोड़ा तुम्हारे खाने के लिए छोड़ गया। अब वे दोनों हँस-हँसकर लोटपोट हो रहे हैं। वह कहता है—ममाँ। माँ हँसना बंद कर हैरत से उसे देखती है। यह कौन-सा चमत्कार है? क्या वह बोला था—'माँ' या उसे भ्रम हुआ? वह फिर आवाज निकालता है—ममाँ! वह माँ को देखता है बिना पलक झपकाए और वह भी उसे उसी तरह देखती रहती है। फिर दोनों हँसने लगते हैं। पापा आते हैं और उन दोनों को हँसते देख असमंजस में खड़े रहते हैं कि यह क्या नया फसाद है। फिर बहुत धीमे से डरते-डरते मुस्कराते हैं।

यह पहली-पहली हँसी है।

रोमन अक्षरों में हिंदी लिखना बड़ा झंझट है। माँ ने अब एक सफेद मोटे गत्ते पर हिंदी के छोटे-छोटे एक जैसे शब्दों का अलग-अलग रंगों में गुच्छा बनाया है। वह उनमें से शब्द खोज लेता है। इससे बातचीत आसान हो गई है। अनंत, अदिति और यहाँ तक कि आठ साल की जया भी चाचा-चाची, सबके साथ उसकी बात को समझने की कोशिश करते हैं। यह एक खेल है, जिसे माँ के सिवाय सब लोग खेल की तरह देख सकते हैं। उसकी बात

समझ में न आने पर माँ अक्सर चिढ़ जाती है—अरे! इतने बड़े वाक्य क्यों बनाते हो। छोटे-छोटे शब्दों में 'टू द प्वाइंट' बात क्यों नहीं करते? वह भी खीझ जाता है। कागज उठाकर फेंक देता है। जाओ, नहीं करनी उसे कोई बात। पापा बीच-बचाव करते हैं। झगड़ो मत, झगड़ो मत। कभी उसका पक्ष लेते हैं, कभी माँ का। माँ को आँख के इशारे से मनुहार कर गुस्सा न करने के लिए कहते हैं।

यह पहला झगड़ा है।

वाणी का एक शब्द। माँ। कितना भरोसा दिलाता है। वह माँ बोल सकता है तो डॉक्टर, बाकी शब्द क्यों नहीं बोल सकता? ऐसा थोड़े ही होता है कि आदमी एक शब्द बोल सके और दूसरा न बोल पाए? डॉक्टर के पास फिर इस सवाल का जवाब नहीं है। अब उन लोगों ने कागज पर लिखे अक्षरों-शब्दों के अलावा और भी साइन-लैंग्वेज बना ली है। दाहिने हाथ की एक अँगुली का अर्थ है 'हाँ'। दो का 'नहीं'। तीन का अर्थ है पानी पीना है। चार माने भूख लगी है। एक दिन अचानक माँ को टाइपराइटर याद आता है। शशांक ने बचपन में टाइपिंग सीखी थी। पता चलता है कि वह टाइप कर सकता है। माँ उसे हत्थेवाली कुर्सी पर तकियों के सहारे बैठाकर टाइपराइटर में कागज लगा देती है। 'तुम्हें कोई ऐसी बात कहनी है, जो अब तक कह नहीं पाए थे? तो उसे टाइप कर दो।' वह उसे अकेला छोड़कर चली जाती है और लौटकर पढ़ती है—'आई हैव नथिंग टू टेल यू।' मेरे पास कहने के लिए कुछ भी नहीं है।

यह पहला सच है जो बिलकुल सच है।

एक स्पीच थैरेपिस्ट आया है उसे बोलना सिखाने। पूरी केस-हिस्ट्री सुनता है। माँ और वह दोनों एक-दूसरे को देखते हैं। इस शख्स पर भरोसा किया जा सकता है क्या? वे एक-दूसरे की आँखों में उग आया संदेह देख लेते हैं। 'क्या पहले सब कुछ बोलता था? माने मम्मी, पापा, खाना खाना है? सब कुछ?' ओह गॉड। माँ क्या करेगी इस बेवकूफ का—शशांक डरकर माँ की तरफ देखता है। माँ नें अपनी आँखें नीची कर रखी हैं। वह अपनी आँखों का आक्रोश, हताशा या अफसोस सब कुछ पलकों से ढके हुए है। उसका चेहरा भावहीन है। 'आपको बताया तो कि यह क्लास इलेवन में पढ़ता है। सेंट जोसेफ स्कूल में।' स्पीचवाला हाँ-हाँ करता है, जैसे माँ पहले

भी झूठ बोल रही थी और अब भी। 'अच्छा अपनी जीभ दिखाओ तो'–माँ धीरज की प्रतिमा बने उसके साथ शशांक की मोटी हो गई जीभ देखती है जो पूरी तरह बाहर नहीं निकलती। 'एक काम कीजिए। थोड़ा शहद लाइए। दोनों तरफ होंठ में लगा दीजिए। यह जीभ निकालकर चाटेगा। ऐसे–पहले दाएँ, फिर बाएँ–' स्पीचवाला अपनी जीभ से एक्शन करके दिखा रहा है। शशांक और माँ फिर एक-दूसरे की तरफ देखते हैं। 'पूरा एम. आर. है'–माँ कोड में फुसफुसाती है। पर हँसती नहीं। एम. आर. यानी मेंटली रिटार्डेड–मानसिक रूप से अक्षम। शशांक भी हँसता नहीं। गंभीरता से हाँ करता है। स्पीचवाला एम.आर. है क्योंकि वह मानने के लिए तैयार ही नहीं कि शशांक एम.आर. नहीं है।

यह पहला प्रतिवाद है।

स्पीचवाले के जाने के बाद शशांक अक्षर बोर्ड माँगता है। माँ थकी हुई-सी उठती है। उसकी तरफ गौर से देखती है। वह पाती है कि शशांक के चेहरे पर सुबह की धूप की तरह हल्की हँसी खिली है। माँ उत्सुकता से भरकर उसकी अँगुलियों का अक्षरों-शब्दों के बीच घूमना पढ़ती है–'उसे एक बोतल शहद तो दिया होता'–पढ़कर हँसते-हँसते उसे गले लगा लेती है। वह फिर लिखता है–'मैं तो डर गया था कि तुम उसे गोली न मार दो।' माँ हँसते-हँसते रुक जाती है। अफसोस से कहती है–'मेरे पास बंदूक कहाँ है?'

यह पहली हिंसा है।

एक प्राणिक हीलिंगवाला आता है। किसी ने भेजा है उसे इलाज करने। पानी के एक बड़े बरतन में एक मुट्ठी नमक डालकर सामने कुर्सी पर दूर बैठ जाता है। बरतन जमीन पर उसके सामने रखा रहता है। वह हवा में अपने हाथ घुमाता रहता है जैसे कुछ साफ कर रहा हो। कभी एक लंबा काँच का क्रिस्टल जैसा भी कुछ निकालकर हवा में घुमाता रहता है। उसकी काली-सफेद दाढ़ी और कलासे-से चेहरे पर कभी न मुस्कराहट आती है, न कोई हाव-भाव। वह हर बार ऐसे आता है जैसे पहली बार आया हो। उससे कभी ज्यादा या कम परिचय नहीं हो सकता। शशांक के शरीर के अदृश्य चक्रों से वह गंदगी या बीमारी साफ करता है। उसका गुरु कहीं दूर फिलीपींस में है। क्या वह भी ऐसा ही मशीननुमा आदमी है, शशांक सोचता है। माँ हर बार उससे पूछती है कि क्या वह इस आदमी को आने से मना कर दे? शशांक हर बार नहीं

कहता है। क्यों कहता है, वह खुद नहीं जानता। पर इस गरीब-से दिखते आदमी को मना करने का उसका मन नहीं होता। माँ पूछती है, तुम्हें क्या लगता है? कुछ फायदा मालूम पड़ता है? माँ यह सुनने के लिए बेचैन है कि वह कहे कुछ फायदा नहीं। भगाओ उसे। पर वह नहीं कहता। वह गँदला आदमी हर बार हवा में हाथ घुमाने के सौ रुपये ले जाता है।

यह पहली दया है।

दादी की एक सहेली अपनी रिश्ते की मौसी को लेकर 'रेकी' करवाने लाती है। वह औरत दादी की हमउम्र है। वह कुछ-कुछ जपती, हवा में रेखाएँ खींचती उसके शरीर पर हाथ लगाती-फेरती रहती है। माँ विश्वास और अविश्वास के बीच झूला झूलती है। पर कुछ कहती नहीं। क्या पता सचमुच कुछ फायदा हो जाए—वह जानता है कि माँ ऐसा सोचने लगी है। उस औरत के चेहरे और हाथों से इतना भलापन टपकता है कि शशांक को उसे देखना अच्छा लगता है। वह देखता है कि माँ इस औरत से नहीं चिढ़ती। पर समय बीतता जा रहा है और साफ-साफ माँ की बेचैनी भी बढ़ती जा रही है। कब ठीक होगा शशांक? कब पहले की तरह चल पाएगा? कब बोल पाएगा? वह कभी-कभी जब गाना गाता था, तो माँ उसके बेसुरेपन से चिढ़कर उसे तुरंत टोक देती थी—'ओफ! या तो सुर में गाओ। या कम-से-कम चुप रहो।' उसे पता है कि माँ भी यही सोच रही है। माँ कहती है—'शशांक, अब जब तुम बोलने लगोगे, मैं तुम्हें कभी जिंदगी-भर चुप रहने को नहीं कहूँगी।' शशांक पूछना चाहता है, और चलने के लिए?

माँ और पापा हमेशा हर मौके-बेमौके उसे ठीक से बैठने और चलने की हिदायत देते रहे हैं। बचपन से टोकते-टोकते न उन्हें मालूम पड़ा कि कब शशांक को टोकने की उमर बीत गई और न शशांक को मालूम पड़ा कि उसे कब इन बातों पर गुस्सा आने लगा। इस बुखार होने के सप्ताह-भर पहले की ही तो बात है। स्कूल जाते समय माँ ने उसे ठीक से कमर सीधी करके बैठने के लिए कहा था और वह गुस्से से नाश्ते की परोसी हुई प्लेट छोड़कर स्कूलबैग उठाकर चला गया था। माँ पीछे से आवाज देती रही थी, पर उसने मुड़कर नहीं देखा था। शशांक अब माँ का मुँह देखकर समझ जाता है कि वह उसका बिना बोला हुआ प्रश्न समझ गई है। 'और चलने के लिए भी'—माँ कहती है।

यह पहला वादा है।

उसकी छोटी बहन जया की वर्क बुक में चाची लिखा हुआ दिखाती है—अ प्रेयर टू गॉड—ईश्वर से मेरी प्रार्थना है कि मेरा भाई शशांक, जो बुखार होने के बाद अभी तक बीमार है, तीन दिन में ठीक हो जाए। वह फिर से अपने-आप चलने और बोलने लग जाए। वह फिर से स्कूल जाने लगे। गॉड, मुझे और कुछ नहीं चाहिए।

यह पहली प्रार्थना है।

अनंत स्कूल का बस्ता लादे सीधे उसके पास आता है। ओफ, यह टीचर तो जान ले लेगा मेरी। कौन? शशांक इशारे से पूछता है। वही, इंग्लिशवाला डेनिस। और कौन? डायनोसोरस है पूरा। सबका पेन हजम कर जाता है। क्लास में खुल्लमखुल्ला बोलता है—गिव पेन, टेक टेन। पेन दो और दस में दस नंबर लो। किसी के पास भी बढ़िया पेन देखेगा, तुरंत लेकर अपनी पॉकेट में टाँग लेगा। अरे, पहले से तो बीस पेन भरे हैं पॉकेट में। और क्या करेगा? लगता है रिटायर होकर पेन की दुकान खोलेगा। और पता है शशांक भैया, मेरा दोस्त रोहन उसके घर ट्यूशन में जाता है। वह बता रहा था कि डेनिस की एक मुर्गी खिड़की से नीचे गिर गई, तो वह भी मुर्गी के पीछे एक तल्ले से नीचे कूद गया। सोचो, एक मुर्गी को बचाने के लिए चाहे जान चली जाए। एक मुर्गी कम खाता, तो शायद वैसे भी मर जाता। बाप रे बाप, कितना कंजूस है।

शशांक हँसता जाता है। उसे पता है कि अनंत उसे हँसाने के लिए डेनिस के किस्से सुनाता है। इसलिए वह इतना हँसता है कि उसकी आँखों से पानी गिरने लगता है।

यह पहला रोना है।

अदिति माँ के कमरे में आती है और टीवी का चैनल बदल देती है। दो-तीन मिनट में वह बीस-बाईस चैनल बदल चुकी है। वह जितनी बार एक चैनल पर आँख टिकाता है और आधा वाक्य सुनता है, तब तक टी. वी. कुछ और बोलने लगता है। उसे गुस्सा आ रहा है। वह करवट बदलकर उसके हाथ से रिमोट छीन लेता है। माँ अदिति पर गुस्सा करने के लिए मुँह खोलती है, पर उसका अपने-आप करवट बदलना देख हैरत से खड़ी-की-खड़ी रह जाती है। 'क्या है?'—अदिति पहले की तरह उससे झगड़ रही है—'हर समय यह सड़ा हुआ क्रिकेट देखते रहते हो। उठकर कुछ पढ़ते-वढ़ते क्यों नहीं?'

बीमार भाई के प्रति उसकी निर्दयता देख माँ हतप्रभ है। वह माँ की ओर न देखकर अदिति को कोई किताब लाने का इशारा करता है। अदिति माँ की तरफ मुँह बिचकाकर किताब लेने चली जाती है। वह देखता है कि माँ हैरान है कि उसने खुद यह बात अभी तक कैसे नहीं सोची। यह भी कि वह सोच रही है कि शशांक को टॉलस्टॉय या चेखव की कौन-सी किताब पढ़ने को देनी चाहिए। अदिति उसकी प्रिय पी. जी. वुडहाउस की किताब लाकर उसके हाथ पर जोर से पटक देती है। कमरे में 'सोऽहम सोऽहम' की कैसेट मद्धिम स्वर में चल रही है जो रेकीवाली भली औरत दे गई है। अदिति उसके कान में धीरे से बोलती है—'पागलों की बात सुनोगे तो खुद भी पागल हो जाओगे। कैसेट बंद कर दूँ?' वह हँसकर 'हाँ' करता है। अदिति हँसते-हँसते कैसेट बंद करने को हाथ बढ़ाती है, माँ का तमतमाया चेहरा देखती है और कैसेट बंद कर देती है। वह फिर माँ को देखते-देखते उसके कान में फुसफुसाती है—'अभी देखना, बोलेगी कि बीथोवन की कौन-सी सिम्फनी सुनने से गायें दूध ज्यादा देने लगी थीं। बेचारी गायें! और नहीं सुनना पड़े इसलिए...।'

माँ मुँह खोलकर इतना-भर कहती है—'बीथोवन...' और वे दोनों हँसते-हँसते एक-दूसरे पर गिर जाते हैं। माँ के चेहरे पर पहले तनाव बढ़ता है, फिर धीरे-धीरे एकदम गायब हो जाता है। वह उनकी नई गुटबंदी देखकर हैरान है, परेशान है, खुश भी है पर कुछ चिढ़ भी रही है। यह गुटबंदी पहली बार उसे और अदिति को एक करती है और माँ को अलग।

यह पहली सुलह है।

माँ की कमर में दर्द है। पापा बंबई गए हैं। सुबह पाँच बजे वह बाएँ हाथ की दो छोटी अँगुलियाँ दिखाता है। माँ उठती है और सोचती रहती है कि क्या उसे उठाकर चेयर कमोड पर बैठा पाएगी। फिर चाचा को नीचे फोन करती है। चाचा फोन रखते ही शायद दो-दो सीढ़ियाँ फलाँगता ऊपर पहुँच जाता है और गेट के बाहर घंटी बजाता है। उसे बहुत प्यार से उठाता है। चाची भी तब तक पहुँच गई है। दोनों उसे धुलाते हैं। वापस लिटाते हैं। चाची पॉट उठाकर साफ करने ले जाती है। माँ के रोकने पर किसी तरह नहीं मानती। माँ वापस लेट गई है। उनके जाने के बाद कहती है—'सारे जीवन इन लोगों के चरण धोकर पीओगे, तो भी इनका कर्ज नहीं उतार पाओगे।' शशांक को आश्चर्य होता है—यह तो दादी का डायलॉग है। ऐसा

तो दादी बोलती है, माँ नहीं।

यह पहली चोरी है।

इस तरह बीमार होने में सबसे ज्यादा मुश्किल यही है कि उसकी कोई प्राइवेसी नहीं रह गई है। उसका शरीर, उसका मन, उसकी हर हरकत सबकी निगाहों के घेरे में है। वह कभी एक घड़ी के लिए भी अकेला नहीं है। बचपन और बड़े होने में बड़ा फर्क है। यही बड़े होने पर बीमार होने की असली सजा है। जतीन दा उसके लिए इसीलिए जरूरी थे क्योंकि वह उसकी एकदम अपनी, अकेली प्राइवेट दुनिया थी। जतीन दा की तरफ वह मन के गाँव होने की बात से खिंचा था, पर जतीन दा शायद ही जानते हों कि वे उसके मन का एक ऐसा हिस्सा थे, जो बाकी हिस्सों से बिल्कुल अलग उसका अपना अनोखा एकांत था। अब तो उसका शरीर ही सार्वजनिक हो गया है, उसका अपना नहीं रहा। किसी को अगर वह बता सकता तो जरूर कहता कि अपने पाखाने का रंग और गंध सिर्फ खुद देख और सूँघ पाना दुनिया की सबसे बड़ी आजादी है।

यह पहला इलहाम है।

माँ उनके चिल्लाने की आवाज सुन कमरे में आती है और उसे और अदिति को गुत्थमगुत्था देखकर एक क्षण के लिए जड़ हो जाती है, फिर अदिति को खींचकर उससे अलग कर देती है। अदिति के गाल पर शशांक के लगाए थप्पड़ की छाप है। माँ अदिति को यह बोलते-बोलते कि शर्म नहीं आती, बीमार भाई का मन लगाना तो दूर, झगड़ा करती हो—उसका गाल देखकर रुक जाती है। 'शर्म नहीं आती, छोटी बहन को इस तरह मारते हुए'—माँ गुस्से से काँप रही है। वह गों-गों करके अदिति की शिकायत करता है। अदिति और माँ दोनों का चेहरा ऐसा हो जाता है जैसे उन लोगों ने कोई भूत देख लिया हो। माँ का मुँह खुला-का-खुला रह गया है। डर, दुख, शोक की विचित्र चित्रकारी है उसका चेहरा। शशांक फिर कहने की कोशिश करता है—'इसने मुझे स्टुपिड कहा।' इस बार वह 'स्टुपिड' इतना साफ बोल गया है कि माँ समझ जाती है। उसका चेहरा सामान्य होने लगता है। वह अदिति के गाल पर हाथ फेरती हुए उसे प्यार करती हुए कहती है—'तुमने इसे मारकर यह साबित ही तो किया कि तुम वाकई स्टुपिड हो। यह टीवी का रिमोट नहीं है, तुम लोगों के महाभारत की जड़

है।' अदिति भी नॉर्मल हो गई है—'यह केवल इसी का टी. वी. नहीं है।' माँ पहले की तरह कहती है—'कोई कहेगा कि तुम लोग अच्छे स्कूलों में पढ़ते हो? सड़क के बच्चों की तरह झगड़ा करते हो।' माँ की आवाज में आश्वासन है कि सबकुछ पहले की तरह ही है—यानी उसके बीमार पड़ने के पहले की तरह। या कम-से-कम फिर वैसा हो जाएगा। यह 'स्टुपिड' शब्द का कमाल है।

यह पहली गाली है।

माँ एक पुरानी फाइल को खोलकर पढ़ रही है। ऐसे कि शशांक न देख पाए कि वह क्या पढ़ रही है। उसे यह नहीं मालूम कि शशांक जानता है कि यह उसके बचपन की स्पीच थैरेपी की फाइल है। बीच के तेरह सालों के अंतराल के बावजूद शशांक को इस फाइल का पीला-सफेद रंग और उस पर बना डेनिस-द मैनेस कार्टून का आँख पर गिरते हुए बालोंवाला शैतान बच्चा डेनिस याद है। यह भी कि इस फाइल में क्या लिखा है—पहले पन्ने पर है—का-ला, को-लो, के-ले, की-ली। फिर उसके बाद फूँक मारने की तरह-तरह की एक्सरसाइज लिखी हैं—पानी में स्ट्रॉ डालकर गुड़गुड़ करने का अभ्यास, मोमबत्ती बुझाने का अभ्यास, साबुन के पानी के बुलबुले बनाकर हवा में उड़ाने का अभ्यास। फिर आँखों और हाथों के तालमेल—'को-ऑर्डिनेशन' के लिए कितने खेल। वह स्पीच थैरेपिस्ट एक के बाद एक सब कुछ कराती और बीच-बीच में आऽऽऽ ईऽऽऽ बुलवाती रहती। घर आकर माँ फिर वही सब करवाती। ए बी सी डी के लकड़ी के अक्षर सजाना जो एक बड़े बोर्ड में फिट हो जाते। एक के ऊपर एक छोटे होते गए ईंटनुमा ब्लॉक रखना। बॉल फेंकना, पकड़ना, ताली बजाना। प्रायः उसके दोनों हाथ एक-दूसरे के बगल से निकल जाते। माँ उसके दोनों हाथ पकड़कर ताली बजवा देती। ऐसे ही करते-करते न जाने कब वह आराम से ताली बजाने लगा था। एक मोटे धागे में लकड़ी के मोटे छेदवाले मनके में पिरोकर माँ माला बनवाती। एक-एक मनके में धागा डालने में न जाने शुरू में उसे कितना समय लगता। दो गिलास अगल-बगल रखकर इसका पानी उसमें, उसका पानी इसमें। सब खेलों में भी माँ उसकी साथी होती। हँसती, गुदगुदाती, खुश होती और बीच-बीच में प्यार करती जाती। शशांक कुछ भी नहीं भूला। उसे सब ज्यों-का-त्यों याद है। उस पीली-सफेद फाइल से जुड़ी सारी यादें उसके पास रह गई हैं। यह भी कि कब वह ये सारे काम मजे से करने लगा था और

वह फाइल बेकार हो गई थी।

यह पहली स्मृति है जो उम्मीद से भरी थी।

माँ क्या उसे फिर वही सब करवाएगी? शशांक माँ को बहुत ध्यान से फाइल पढ़ते देखता है। अब क्या वे फिर वैसे ही हँसेंगे—वह सब करते हुए या उदास होंगे? समय पीछे नहीं लौटता और लौटता भी है तो पुरानी खुशियों का मातम मनाने के लिए। बचपन के बाद वह और माँ शतरंज खेलते, क्रॉसवर्ड खेलते, स्क्रैबल खेलते—शब्दों में और चालों में एक-दूसरे को मात देने के लिए। अब भी वे वैसे ही हँसते थे जैसे बचपन में बुलबुले बनाते हुए। माँ ने कहा था 'बच्चों के एक बड़े डॉक्टर ने तुम्हें न बोल पाने के कारण मानसिक रूप से भी अक्षम घोषित कर दिया था और तब से मैंने तुम्हें तुम्हारे हमउम्र बच्चों से तेज साबित करने के लिए शब्दों से खेलना सिखाने का संकल्प लिया था। न्यू होराइजन स्कूल में जब तुम भरती हुए तो बाकी बच्चे ए बी सी डी से छोटे-छोटे शब्द बनाना सीख रहे थे और तुम रीडर्स डाइजेस्ट में छोटी-छोटी घटनाओं की छोटी कहानियाँ पढ़ रहे थे।'

माँ एक लंबी साँस छोड़कर फाइल बंद कर देती है। शशांक उसे ध्यान से देखता है और समझ जाता है कि माँ को मालूम है कि अब फिर से वहीं से शुरुआत नहीं की जा सकती। वह बचपन की शब्दहीनता जिसमें शब्दों से परिचय ही नहीं था, कुछ और थी और यह चुप सन्नाटा जिसमें शब्दों का सारा परिचित संसार सूर्य के चारों तरफ घूमती पृथ्वी के साथ बेचैनी से घूम रहा है, बिलकुल अलग है। इस चुप्पी को भरने के लिए फूँक मारकर बने बुलबुले काम में नहीं आ सकते। उसे सिर्फ एक ही चीज भरती है या भरने की प्राणपण से चेष्टा करती है। वह है उसके घर के सारे लोगों के मन जो शशांक के पास हर समय मौजूद रहते हैं और उसके और माँ के गुम हो गए शब्दों के बदले के शब्द भी बोलते रहते हैं।

यह पहला ज्ञान है।

शशांक ने दोपहर के खाने के बाद आई झपकी से बाहर आने के लिए आँखें खोलीं। दो बजनेवाले होंगे। अभी अदिति, अनंत, जया एक साथ स्कूल से लौटेंगे और तीन चिड़ियों की तरह खाते वक्त उनकी चूँ-चूँ उस तक पहुँचती रहेगी। फिर वे उसके कमरे में आ धमकेंगे और उनकी बातचीत उस कमरे को भर देगी। उसे मालूम है कि माँ भी उसके बगल में लेटी-लेटी दो बजने की बेसब्री से प्रतीक्षा करती है। माँ आठ साल की जया को गोद में बैठा लेगी और पहले की तरह उसे बीच-बीच में चूमती रहेगी। अदिति बचपन की तरह ईर्ष्या से भरकर उसी तरह बोलने का नाटक करेगी–'हाँ, हाँ अपने बच्चों को तो प्यार करो मत। दूसरों के बच्चों को करती रहो।' इस बात पर सब एक-दूसरे को देखकर मुस्कराएँगे। माँ कहेगी–'तुम भी तो मेरे से ज्यादा चाची को प्यार करती थी।' अदिति मुँह बनाकर कहेगी–'थी? करती हो–कहो। तुम कभी घर में रहती थीं कि तुम्हें कोई प्यार करता?' यह उसका माँ से पुराना झगड़ा है, बल्कि शायद पैदाइशी झगड़ा है। माँ ने अपने कैरियर के लिए उसे चाची को पालने के लिए सौंप दिया, इस बात की शिकायत का कोई मौका वह नहीं छोड़ती। माँ का चेहरा एक पल के लिए उतर जाएगा, फिर वह इस शिकायत को हँसकर उड़ा देगी।

'चाची, चाची, आर्किमिडीज का प्रिंसिपल सुनाओ ना!'–अदिति चाची से कहेगी। चाची का हँसमुख चेहरा हँसी से खिल उठेगा। फिर वह रट्टू तोते की तरह रेलगाड़ी छोड़ती हुई कहेगी–'जब किसी ठोस पदार्थ को किसी द्रव्य पदार्थ में डुबाया जाए, तो उसके भार में कमी आ जाती है। यह कमी उस ठोस पदार्थ के द्वारा हटाए गए भार के बराबर होती है।'

सारे बच्चे हँसते-हँसते लोट-पोट हो जाएँगे। इंग्लिश-मीडियम स्कूल में पढ़नेवाले बच्चों के लिए चाची की साइंस की हिंदी-मीडियम पढ़ाई एक बड़ा चुटकुला है। चाची की क्या गजब की याददाश्त है। 'कुछ भी नहीं भूलती ना तुम चाची?' अदिति कहेगी। उसकी चाची को सारे दुनिया-जहान के फोन नंबर याद हैं क्योंकि वह एक बार सुन लेने पर कोई चीज नहीं भूलती। उसे यह भी याद है कि वह किस रंग की फ्रॉक पहनकर किस हॉल में किस दिन 'शोले' पिक्चर देखने गई थी और 'बॉबी' पिक्चर के किस डायलॉग के समय डिम्पल ने बड़ी-सी पोल्का डॉट्स की ड्रेस पहनी थी जिसकी डिजाइन

देखने के लिए उन्होंने अपने दर्जी को पिक्चर की टिकट दी थी। चाची को यह भी याद है कि हिस्ट्री के किस क्वेश्चन में कितने पन्ने उसने लिखे थे और उसे कब-कब कितने नंबर मिले थे। 'सब कूड़ा-कबाड़ा भरा है मेरे दिमाग में। तुम्हारी माँ की तरह वकालत की पढ़ाई की होती, तो सब सही बातें याद रहतीं, जो काम आतीं।'—चाची कहेगी। 'सच, तुमने वकालत पढ़ी होती तो इंडिया की सबसे बड़ी वकील बनतीं। माँ तो हर बात भूल जाती है। पता नहीं कैसे वकालत करती है?'—अदिति चाची का लाड़-लड़ाती फिर माँ की भुलक्कड़ी की शिकायत आदतन करने लगेगी। माँ हाल में उसके स्कूल की मीटिंग में जाना भूल गई थी।

'अच्छा चलो चाची, दादी की एक्टिंग करो'—अदिति माँ का उतरा हुआ मुँह देखकर फिर बात घुमा देगी। अभी शशांक के कारण माँ की परेशानी देख वह माँ को थोड़ी छूट देने को तैयार है। 'ना बाबा ना, दादी देख लेगी, तो गुस्सा हो जाएगी।'—चाची डरने का नाटक करेगी। सारे बच्चे हल्ला करेंगे और चाची ठीक दादी की आवाज में दादी की तरह दादी के शब्द कहेगी—'झूठ नहीं बोलना चाहिए बेटा। झूठ बोलने से यमराज गरम-गरम कड़ाही में तलता है।' सब हँसते-हँसते लोट-पोट हो जाएँगे। शशांक का चेहरा फक देखकर चाची एक पल के लिए हिचकिचाएगी। दादी ने यह बात चाची के सामने कभी नहीं कही है। माँ ने चाची को बताया है कि चाचा जब छोटा था, तो दादी ने एक बार उसे ऐसा कहा था। उसके बाद तुरंत चाची बिना बताए दादाजी की आवाज में उनकी एक्टिंग शुरू कर देगी—'अरे रामा! आज रात को खाने में क्या बनाएगा? दही है ना रात के लिए? नहीं तो जमा दो थोड़ा दूध। कढ़ी बना लेना।' सारे बच्चे फिर हँसेंगे। अनंत कहेगा, 'सच्ची, दादाजी के पास खाने की बात छोड़कर और कोई बात नहीं। अरे, दिन में खा रहे हैं और बात रात के खाने की करेंगे। पहले अभी तो खाइए शांति से।' उसके कहने के तरीके पर सब हँस पड़ेंगे।

'और बेट्टा, कैस्से हो?'—चाची अचानक डॉ. मेहता की एक्टिंग करेगी। ठीक उन्हीं की आवाज में। किसी को बताने की जरूरत नहीं कि चाची किसकी नकल उतार रही है।

'अल्ले बेग?'—चाची डरने का नाटक कर बड़ी-बड़ी आँखें फैलाएगी। सब हँस पड़ेंगे। सबको मालूम है कि चाची के दादाजी ने सारे घर का रुपया-गहना बटोरकर राजस्थान जाते समय स्टेशन पर मिलने आए रिश्तेदारों को विदा देने के लिए 'बेग' का खजाना दादी को थमा दिया था। दादाजी

अपने बेटों से नाराज होकर हमेशा के लिए कलकत्ता छोड़कर जा रहे थे। जब ट्रेन चली और दादाजी अपनी सीट पर लौटे, तो दादी कलकत्ता छूटने के दुख में सुबकती मिली। बैग गायब था। दादाजी ने चिल्लाकर पूछा, बैग कहाँ है तो दादी ने रोना भूलकर कहा—'अल्ले बेग?'

'हाँ ए रुक्मनी! मैं पूछ रहा था कि मैं अब पाखाने चला जाऊँ क्या?' चाची की बात पर शशांक हँसते-हँसते साँस नहीं ले पा रहा। चाची अब अपने पापा के चाचा की नकल उतार रही है जो अपनी बीवी से पूछे बिना पाखाने तक नहीं जाते थे। रिटायर होने के बाद वे सुबह से रात तक हर काम अपनी बीवी से पूछकर करते थे। 'अरे रुक्मनी! मैं तो लुट गया। मेरी जेब से दो रुपए गिर गए'—अदिति अब चाची की नकल की नकल उतारकर कहेगी।

चाची के बचपन के सारे चरित्रों—घर से लेकर स्कूल की टीचरों और सहेलियों तक—सबसे सब कोई परिचित हैं। बाकायदा उनकी आवाजों और शब्दों के साथ।

''अरे बेटा, तुमको मालूम नहीं है, तुम्हारी चाची खानदानी पागल है। वह भी दोनों तरफ से। समझे ना? अक्सर लोग एक तरफ से होते हैं। यहाँ तो माँ-बाप दोनों की तरफ से ही...''—चाचा ने फिर चाची को छेड़ना शुरू कर दिया है। सारे बच्चे चाचा के खिलाफ आवाजें उठाते हैं। 'और तुम्हारा चाचा ओरिजनल पागल है। फर्स्ट जेनरेशन पागल'—माँ बच्चों का साथ दे रही है। 'अरे भाभी, तुम्हें इसने अपनी सारी कहानियाँ थोड़े ही बता रखी हैं। मैं सब जानता हूँ इन लोगों के बारे में। अपनी बहन आरती को बोलो, मेरे पास एक घंटा बैठ जाए, तो उसे सौ कहानियों का मैटर दे दूँ'—चाचा की आँखों में देखने लायक चमक है और रोकी हुई हँसी से सारा चेहरा भरभरा रहा है। चाची एकदम सुच्चा बाबा की तरह निर्विकार चेहरा बनाए रखती है जैसे उसे कोई फर्क ही नहीं पड़ रहा हो।

''अच्छा भाभी, तुमको मालूम है इसकी नानी वृन्दावन में रहती थी ना, तो उनके पास एक छोटी लड़की रहती थी। घर का छुट्टा काम-काज करनेवाली बंगाली नौकरानी की लड़की थी। उसने छोड़ रखा था इसकी नानी के पास कि बूढ़ी औरत का छोटा-मोटा काम करवा दे। क्या नाम था उस छोकरी का?'—चाचा चाची की तरफ देखता है। वहाँ से कुछ जवाब मिलने के आसार न देख फिर जोश से आगे कहने लगता है—'हाँ, हाँ, चंपा नाम था ना उसका? तो बच्चो, जब घर का सारा काम-काज हो जाता और इसकी

नानी दोपहर में आराम करने लेटती, तो पता है चंपा को क्या कहती थी? नानी बोलती—जा चंपा, अब मंदिर में भीख माँग ला। भीख माँग ला ना चंपा...' चाचा अपनी बात को पूरा नाटक बनाने के लिए नानी के वाक्य को बदलकर दोहराता है, और माँ सहित सारे बच्चे खिलखिलाकर हँस पड़ते हैं। फिर वे हँसने के लिए ग्लानि से भरकर चाची की तरफ देखते हैं। चाची के चेहरे पर भी हल्की-सी मुस्कान है—'हाँ, आप वहाँ सुनने बैठे थे न कि मेरी नानी चंपा से क्या कहती थी?'

'अरे, हम लोग सब खबर रखते हैं। बताओ, तुम्हारी नानी भीख लेने चंपा को भेजती थी कि नहीं?'—चाचा का जोश बढ़ता जा रहा है। 'भीख नहीं, भिक्षा! कुछ जानते-वानते तो हैं नहीं। वृंदावन में सारी नौकरानियाँ यह पार्ट-टाइम जॉब करती हैं। खाली वक्त जाकर मंदिर के बाहर बैठ जाती हैं। कोई नानी को थोड़े ही उसके भिक्षा के पैसों की जरूरत थी'—अब चाची के स्वर में हल्की-सी झल्लाहट है। सारे बच्चे और माँ पहले हँसते हैं, फिर जोर-शोर से चाचा का प्रतिवाद करने लगते हैं। अदिति कहती है—'बहुत समझता है चाचा अपने-आपको। किसी के लिए कुछ भी बोल देगा। खाली चाची को छेड़ने के लिए चाचा में सेंस ऑफ ह्यूमर पैदा हो जाता है। बाकी समय तो गुस्सा नाक पर टाँगे रखता है।' 'मुझे क्या है, मैं तो तुम लोगों को अब तुम्हारी चाची के दूसरी तरफ की हिस्ट्री सुनानेवाला था। तुम लोगों को नहीं सुननी है, तो मत सुनो।'—चाचा की हँसी अब रोके नहीं रुक रही है। चाची की नाराजगी से डरकर सब अपनी हँसी दबाए रखने की पूरी कोशिश करते हैं। लेकिन चाचा जानता है कि सबके अंदर चाची की दूसरी कहानी को सुनने के लिए कुलबुलाहट मची है।

शशांक को मालूम है कि दूसरी तरफ की हिस्ट्री में ऐसी कोई कहानी नहीं है, जिससे चाचा सबको हँसा सके या चाची को छेड़ सके। वहाँ की कहानी में सिर्फ शर्मिंदा होने की गुंजाइश है, जहाँ चाची और उसके सारे भाई-बहन अपने ही घर में अपने ही चचेरे भाई-बहनों की तुलना में दूसरे दर्जे के नागरिक बनकर जीते थे। 'वे लोग पढ़े साउथ के इंग्लिश-मीडियम स्कूलों में और हम लोग नार्थ कलकत्ता के हिंदी मीडियम स्कूलों में। वे लोग स्कूल जाते गाड़ियों में, हम लोग जाते पैदल। वे लोग हिल स्टेशन घूमने जाते, हम लोग जाते दादा-दादी के साथ तीर्थ-स्थानों में। वे लोग पहनते नई फैशन के कपड़े, हम लोग पहनते बहनजी-टाइप कपड़े'—शशांक को चाची के बचपन की बातें सुन बहुत गुस्सा आता है। 'तुम्हारे तुम जैसी चाची नहीं

थी, चाची?'—उसने बचपन में पूछा था। चाची हँस पड़ी थी। कितनी अजीब बात है कि ज्वाइंट फैमिली में एक ही बिजनेस होते हुए भी चाची का बचपन इतना घटिया था। 'उन लोगों को शर्म नहीं आती थी तुम लोगों के साथ ऐसा व्यवहार करते?'—उसने दो साल पहले चाची से एक बार जानना चाहा था। 'पगले हो तुम शशांक! इतने बड़े होकर भी दुनियादारी नहीं समझते। आदमी जब दूसरे के साथ ऐसा करता है, तो वह यह सोच लेता है कि दूसरा ऐसे ही व्यवहार के लायक है। खासकर जब सामनेवाले में लड़ने की ताकत न हो।'

'जब टी.वी. निकला, तो नीचेवाले ताऊजी और चाचाजी के घर के लिए तुरंत खरीद लिया गया। हम लोगों को कहा गया, जब देखना हो, नीचे आकर देख लो। इतने टी.वी. खरीदकर क्या होगा? हम लोग नीचे जाते, तो थोड़ी देर बाद ताई या चाची कह देती—अब जाओ। अब हम लोग सोएँगे। हमारे सीढ़ी चढ़ते-चढ़ते टी.वी. चलने की आवाज फिर शुरू हो जाती। फिर हम चारों भाई-बहनों ने अपनी गुल्लक के पैसे निकालकर और उसमें मम्मी के रुपए मिलाकर पापा के जन्मदिन पर उन्हें टी.वी. खरीदकर दिया। मुझे अब भी याद है कि ऐसा होने पर पापा सहित सारे घर को कैसे साँप सूँघ गया था।' चाची हर बात बताकर अंत में हँस देती है, जैसे कितनी मजेदार बात हो। ऐसे कोई ट्रेजेडी को कॉमेडी बना सकता है क्या, शशांक सोचता है।

चाचा का चेहरा फिर रोकी हुई हँसी से हिल रहा है। वह चाची की तरह वृंदावन के किसी पंडे की नकल उतारते हुए वहाँ की बोली में कहता है—'अरे कहाँ के सेठ? सेठ कहलायँ है, पर जमाई को तो कछु नाँय दियो।' अब चाचा हो-हो करके अकेला हँसता है। अदिति मुँह बनाकर कहती है—'हाऊ चीप'! चाची का मुँह अब सचमुच फूल गया है। माँ चाची की तरफ एक क्षण के लिए देखती है, फिर चाचा को डाँटने लगती है—'हद है बकवास की। क्यों छेड़ते हो बेचारी को इतना।' चाचा की हँसी फिर फूट पड़ती है—'अरे भाभी। मैंने क्या गलत कहा? हम लोग थोड़े ही दहेज-वहेज माँगते हैं। पर जो बात होगी, वह तो बोली जाएगी। अब दहेज की बात चली तो एक बात बताऊँ, इसके एक करीबी रिश्तेदार ने तो सारी दुनिया को टोपी पहनाते-पहनाते अपने लड़के को भी टोपी पहना दी। ले आया मोटे दहेज के साथ एक मोटी। मँढ़ दी अपने लड़के के गले। ले बेटा झेल। राम-राम जपना, पराया माल अपना, तो पराया वजन भी अपना।' अब चाची भी मुस्कराए बिना नहीं रह पाती। चाची को ढीला पड़ता देख सारे बच्चे

चाचा की तरफ देखकर हँसते हैं। चाचा हँसते-हँसते बौरा रहा है—बीच-बीच में कहता है—'मैंने कोई गलत बात की क्या? बोलो?' और फिर हँस पड़ता है।

विक्टोरिया मेमोरियल में रोज सुबह एक हँसने की क्लास लगती है, शशांक को याद आता है। कहते हैं कि हँसने से आदमी की सारी बीमारियाँ दूर हो जाती हैं।

वह शनिवार की दोपहर थी। शशांक को दिन-वार इसलिए याद था क्योंकि आज सब बच्चों की छुट्टी थी। सब सुबह से उसके कमरे में हल्ला-गुल्ला मचाकर अब नहाने-खाने चले गए थे।

शशांक ने दोपहर की झपकी के बाद आँखें खोलीं और माँ की तरफ देखा कि वह सो रही है या जाग रही है। अक्सर ऐसा होता है कि वह और माँ दोनों दोपहर में लगभग एक-साथ उठते हैं। नींद के इन पंद्रह मिनटों में शशांक को मालूम होता है कि वह सो नहीं रहा है। पर वह जानता है कि वह जाग भी नहीं रहा होता। क्या माँ भी ऐसे ही न सोई-न जागी हुई रहती है? क्या वह भी जागने से भागकर नींद की कोठरी में छिप जाना चाहती होती है जैसा कि आर्थर अपनी बहन से बचने के लिए करता था, ताकि वह उसे जबरदस्ती पढ़ाने के लिए न बैठ जाए। क्या माँ ने भी पंद्रह मिनट सोने की आदत इसीलिए डाली है कि कम-से-कम इतनी देर जीवन से छुट्टी मिली रहे? या इसलिए कि ऐसी सुकून की नींद सिर्फ दिन में बुनी जा सकती है, जिसकी चादर ओढ़ने पर डर नहीं लगता। रात में तो यह डर की चादर बन जाती है जिसे चाहकर भी कोई उतारकर फेंक नहीं सकता क्योंकि इसका कोई ओर-छोर नहीं मिलता।

शशांक ने आँखें खोलकर अपने बगल में देखा और हकबकाकर वापस आँखें बंद कर लीं। यह क्या? यह तो असंभव है। ऐसा कैसे हो सकता है? वह आँखें बंद किए-किए सोचता रहा कि क्या वह वापस आँखें खोलकर देखे कि वह सपने में सपना देख रहा है या जागते हुए? जतीन दा माँ की जगह उसके बगल में कैसे लेटे हुए हो सकते हैं? उसके अंदर डर की एक कँपकँपाती लहर दौड़ गई—क्या उसे कोई और बीमारी हो गई है जिसमें वह ठीक से देख भी नहीं पा रहा यानी कि उसे हेल्यूसिनेशन होने लगे हैं? जो नहीं है, वह दिखने लगा है?

'शशांक'—जतीन दा की जलतरंग जैसी आवाज सुनकर शशांक ने फिर आँखें हल्की-सी खोलकर पलकों की झिर्री से देखा। जतीन दा करवट लेकर एक कोहनी का सहारा लिए उसके बगल में अधलेटे हो गए थे। शशांक को लगा जैसे उसके पास कोई ऐसा पेड़ लेटा हो जिसमें से शांति की तरंगें निकलकर उस तक आ रही हों। फोर्ट विलियम की दीवार के बाहर इसी

तरह लेट-लेटकर ऊपर उठ गए पेड़ हैं।

तो जतीन दा को उसके बारे में पता चल गया। तभी वे उससे मिलने आए हैं। उसके घर का ठिकाना उन्हें कहाँ से मालूम पड़ा होगा? तब तो वे यह भी जानते होंगे कि वह बोल नहीं सकता। चल नहीं सकता। अपने-आप उठकर बैठ नहीं सकता। आँखें बंद किए-किए शशांक के मन में यह सब सोचते-सोचते एक आँसुओं की हिलोर उठी, जो उसके गले तक आकर फँस गई और उसकी आँखें गीली नहीं कर सकी।

और जतीन दा इस तरह उसके बगल में आकर ऐसे कैसे लेट गए हैं जैसे वे यहाँ पहली बार न आकर पचासवीं बार आए हों? माँ को उन्होंने अपना क्या परिचय दिया है? और माँ को कहाँ भेज दिया है? अभी तक एक बार भी ऐसा नहीं हुआ कि उसके बगल में माँ की जगह पापा, दादी या चाचा-चाची कोई भी लेटा हो। माँ हर समय वहीं रहती है—लगभग एक जड़ वस्तु की तरह। जब भी वह आँखें खोलता है, वह वहीं मिलती है। आज जतीन दा के लिए उसने अपनी जगह कैसे खाली कर दी है?

'शशांक'—जतीन दा ने उसे फिर पुकारा। उनकी आवाज में, उस एक शब्द यानी कि उसके नाम के उच्चारण में न जाने क्या-क्या था—प्यार, दुलार, सहानुभूति, सांत्वना, समझ और बहुत-कुछ, जिसके लिए कोई शब्द अभी तक दुनिया की किसी भाषा में बन नहीं पाया है। शशांक ने पूरी आँखें खोलकर जतीन दा की ओर देखा। उनके चेहरे के एक-एक नक्श, एक-एक रेखा को उसी तरह पढ़ता रहा, जैसे कि जतीन दा उसे पढ़ रहे थे। बेझिझक, बिना किसी बाधा के। क्या सोच रहे होंगे जतीन दा, क्या कहेंगे उसे? क्या अपना अफसोस उसी तरह जाहिर करेंगे जैसा कि उसके प्रायः रिश्तेदार अपने चेहरे से टपकाते-टपकाते आते हैं और चले जाते हैं?

शशांक ने देखा कि जतीन दा के चेहरे पर कोई तनाव नहीं था। जैसे कि कोई बात ही न हो। क्या जतीन दा अपना चेहरा जान-बूझकर भावहीन रखने की एक्टिंग कर रहे हैं या सचमुच उन्हें कोई फर्क नहीं पड़ता कि शशांक ने अपना इतना-कुछ खो दिया है? लेकिन यदि ऐसा होता, तो जतीन दा उसके घर, उसके पलंग तक आते ही क्यों?

जतीन दा ने आँखें बंद कर लीं और पलंग पर सीधे लेट गए, जैसे उन्होंने उसे पढ़ना खत्म कर लिया हो। तो क्या जतीन दा उसे कुछ भी नहीं कहेंगे? एक शब्द भी नहीं? उनके व्यवहार से तो ऐसा लग रहा है जैसे वे उसके घर सोने के लिए या आराम करने के लिए आए हों या आते

रहे हों। पर यह तो नामुमकिन है कि उनके अंदर उसकी इस हालत के लिए कोई दुख, कोई कष्ट हो ही नहीं। तब फिर यह नाटक क्यों?

धत् तेरे की—शशांक ने अचानक सोचा। क्यों वह इतना परेशान हो रहा है यह सोच-सोचकर कि जतीन दा उसके बारे में क्या सोच रहे हैं और उसे क्या कहेंगे? शशांक ने भी अपनी आँखें मूँद लीं। क्या पता वह फिर आँखें खोलेगा और देखेगा कि माँ बगल में सो रही है और जतीन दा का कहीं पता तक नहीं है। क्या पता यह एक सपना ही हो जिसमें वह देख रहा हो कि वह अचानक जागता है और जतीन दा को अपने बगल में सोते देख हैरान हो जाता है।

कमरे में कदमों की आहट सुन शशांक ने आँखें खोल दीं। वह अब सबके कदमों की आवाज अच्छी तरह पहचानता है। माँ इन दिनों ऐसे चलती है जैसे हर कदम पर वह जमीन में धँसी जा रही हो और अपना पाँव छुड़ाने के लिए उसे जोर लगाकर अपना पाँव उठाना पड़ रहा हो। चाची छोटे-छोटे कदम उठाकर जल्दी-जल्दी चलती है जैसे उसका आना जितना जरूरी है, उतना ही दूसरे कामों के लिए वहाँ से चले जाना भी। आरती मौसी ऐसे चलती है जैसे उसका हर बेचैन कदम किसी चमत्कार की उम्मीद से भरा हो, पर जो जानता हो कि असल जीवन में कभी कोई चमत्कार घटित नहीं होता। इसलिए वह एक कदम जल्दी उठाकर रखती है, पर दूसरा कदम धीमे से। धीरे-धीरे उसकी चाल उस तक पहुँचते-पहुँचते इतनी धीमी हो जाती है कि बार-बार लगता है कि वह रुक गई है। और दादी? दादी पाँव घसीटकर चलने लगी है जैसे उसके घुटने बिल्कुल जवाब दे गए हों। शायद जिंदगी के इस नए दुख को गुरु मानने की ताकत दादी में भी नहीं है, इसलिए उसके सारे मुहावरे-कहावतें, सारी कथाएँ अपना रास्ता भूलकर भटक गई हैं। जिंदगी को अब इस उम्र में फिर एक नए सिरे से समझने की जरूरत से दादी की चाल बौखला गई है।

शशांक ने देखा कि माँ और आरती मौसी, कमरे में घुसकर जतीन दा की तरफ बढ़ रही हैं। जतीन दा उन्हें देखकर धीरे-धीरे आराम से उठकर बैठ गए। आरती मौसी ने माँ की तरफ इशारा कर शशांक की ओर इशारा किया। इसका अर्थ बहुत साफ था। आरती मौसी शशांक की माँ के तौर पर माँ का परिचय करवा रही थी। शशांक ने देखा कि जतीन दा के चेहरे पर एक सहज मुस्कान खिल आई, जैसे उन्हें इस इशारे की जरूरत न हो। ठीक ही तो है, शशांक ने सोचा, दोनों बहनों के नाक-नक्श अलग होते

हुए भी दोनों में एक अजीब तरह की समानता है। कोई भी उन्हें साथ देखकर यह अंदाज लगा सकता है कि ये दोनों बहनें हैं।

तो आरती मौसी ने उसके लिए जतीन दा को खोज निकाला है? शशांक को याद नहीं कि उसने आरती मौसी को जतीन दा के बारे में कितनी बातें बताई थीं और कितनी छिपा ली थीं। पर शायद इतनी तो वह जानकारियाँ दे ही चुका था कि आरती मौसी विक्टोरिया मैदान की उस बेंच पर बैठे जतीन दा को पहचान लेती। शशांक ने आरती मौसी की ओर कृतज्ञता से देखा। आरती मौसी हल्के से मुस्कराई और माँ को इशारा किया कि वे लोग कमरे से बाहर चलें। माँ का चेहरा शशांक को कुछ बदला-बदला लगा जैसे उस पर से कोई छाया हट गई हो। तो क्या जतीन दा से सचमुच कुछ ऐसी तरंगें निकलती हैं जो दूसरे आदमी को एक तरह का दिलासा दे जाती हैं?

अरे, शशांक को अचानक खयाल आया कि अभी तक किसी ने एक शब्द भी मुँह से नहीं कहा था। सिर्फ जतीन दा ने दो बार उसका नाम पुकारा था। पर एक भी वाक्य न उनके मुँह से निकला था और न माँ और मौसी के मुँह से! कैसी अजीब बात है कि किसी को खयाल भी नहीं आया था कि शब्दों से कुछ न बोलकर वे बातचीत में किसी तरह की कटौती कर रहे हैं। तभी जतीन दा बोले–'दिल्ली में कुछ लोगों ने मिलकर एक ग्रुप बनाया है, जिसमें सारे लोग ऐसे हैं जिन्हें बोलने में कुछ दिक्कत है–यानी कोई हकलाता है, कोई र या स नहीं बोल पाता, किसी की बोली साफ नहीं है, किसी की आवाज फटी हुई है...। ये सारे लोग आपस में साइन-लैंग्वेज में बात करते हैं। ये सारे लोग बोली के कारण अपने कमतर प्राणी माने जाने के खिलाफ यह प्रतिवाद कर रहे हैं। वे कहते हैं कि सप्ताह में एक-दो बार मिलना भी उन्हें जीने की ऐसी ताकत देता है कि वे बाकी पूरे सप्ताह खुश रह पाते हैं।'

शशांक उनकी तरफ देखता रहा। उसे समझ में नहीं आया कि यह सूचना उसके लिए खुश होने की बात है या उदास होने की। क्या इसका मतलब यह है कि जतीन दा चाहते हैं कि वह साइन-लैंग्वेज सीखे? गूँगे-बहरे लोगों की तरह? पता नहीं माँ को यह बात अच्छी लगे या नहीं। जितनी कामचलाऊ साइन-लैंग्वेज उन लोगों ने बनाई है, उसका व्यवहार करते समय माँ कम-से-कम खुश तो नहीं दिखती। वह और माँ दोनों यह मानकर चल रहे हैं कि यह सब कुछ दिनों के लिए हैं। थोड़े दिनों में वह पहले की तरह बोलने और चलने लगेगा। इसलिए हो सकता है गूँगे-बहरों की भाषा सीखने

जैसी बात माँ को बहुत बुरी लगे।

शशांक ने उस दरवाजे की तरफ देखा जिससे माँ अभी-अभी मौसी के साथ बाहर चली गई थी। जतीन दा उसकी बात समझ गए—'हूँ! तुम्हारी माँ को यह बात शायद अच्छी न लगे। मैं समझता हूँ। खैर देखा जाएगा। वैसे शशांक, तुम्हें शायद पता नहीं, तुम्हारी माँ बड़ी अजीब है। उसे देखकर मुझे एक कहानी याद आती है जो मुझे मेरे दोस्त जैकसन ने पढ़ने के लिए दी थी। तुम्हें याद है न मेरा एंग्लो-इंडियन दोस्त जैकसन उर्फ जयकिशन?' शशांक ने हाँ करते हुए गरदन हिलाई। वह कहना चाहता था कि उसे जतीन दा से सुनी हुई हर शनिवार की हर बात याद है। उसे यह भी बखूबी याद है कि अंतिम शनिवार को जतीन दा अपनी बेंच से किस तरह गायब हो गए थे, जब वह उन्हें जीवन चांडाल से मिलाने के लिए उसके पास ले जाना चाहता था।

शशांक ने दाहिना हाथ उठाकर बगल में पड़े वर्ड-बोर्ड को उठा लिया। उस पर जँचे अक्षरों और शब्दों को जतीन दा ध्यान से देखते रहे। शशांक ने सोचा, कितना अच्छा होता कि इस वर्ड-बोर्ड को झड़काकर सारे शब्द उठाकर उसके अंदर डाले जा सकते। पर यह तो वैसी ही बात है जैसे अदिति एक साल की उम्र में अपने एक टिक्की-टिक्की डिजाइन की फ्रॉक को झड़काकर सोचती थी कि वह सारी बिंदियाँ बटोर लेगी। 'उठकर बैठोगे?' पूछते हुए जतीन दा ने शशांक की पीठ पर अपने हाथ का सहारा दिया और शशांक ने पाया कि वह लगभग अपने-आप उठकर बैठ गया है। जतीन दा ने उसके पीछे तकिए लगा दिए। शशांक को बीमार पड़ने के बाद दो महीने में पहली बार ऐसा लगा कि उसके शरीर पर उसका कुछ नियंत्रण है। उसके अंदर खुशी की लहर उठी। 'कुछ कहना है?'—जतीन दा के पूछने पर उसने 'नहीं' करते हुए गरदन हिला दी। नहीं, कहना नहीं है। सुनना है। जैकसन की सुनाई कहानी सुननी है जो माँ को देखकर जतीन दा को याद आई है। शशांक को लगा कि यदि वह वर्ड-बोर्ड पर धीरे-धीरे अँगुलियाँ घुमाकर अपनी पूरी बात जतीन दा को बताने लगेगा, तो इतना समय लग जाएगा कि जतीन दा शायद अपनी कहानी ही भूल जाएँ। वह वर्ड-बोर्ड को परे हटाकर जतीन दा के मुँह की तरफ उत्सुकता से देखने लगा।

''जैसा कि तुम जानते ही हो, जैकसन को अपने पुरखों की एक-एक पीढ़ी और उनकी एक-एक बात जानने का भूत सवार था। इसी सिलसिले में साउथ पार्क स्ट्रीट की कब्रगाह में दफनाए हुए अपने एक पुरखे कैप्टन

विलियम जैकसन की कब्र पर वह मुझे ले गया था जो सिर्फ बत्तीस साल की उम्र में 1832 में मर गया था। कैप्टन जैकसन को खतरों से खेलने का ऐसा शौक था कि उसका बत्तीस साल तक भी जिंदा रह जाना कोई चमत्कार से कम नहीं था। बचपन से ही वह घंटों समुद्र की ओर देखता रहता। उसने स्वेज नहर और वेस्टइंडीज के द्वीपों तक जहाज की कठिन यात्राएँ बीस-बाईस साल की उम्र में ही कर डाली थीं। पर उसकी सबसे खतरनाक यात्रा रंगून से मद्रास की थी, जब जहाज के किसी चट्टान से टकराकर डूब जाने की वजह से उसने बत्तीस दिन और बत्तीस रातें समुद्र में जिंदगी और मौत के बीच झूलते हुए बिताई थीं। कुल सौ लोगों में से बचनेवाले सिर्फ बत्तीस लोगों में से एक हमारा कैप्टन विलियम जैकसन था।"—जतीन दा चुप हो गए और शशांक की ओर देखने लगे जैसे कि जानना चाहते हों कि उसे कहानी सुनने में मजा आ रहा है या नहीं। शशांक ने अपने हाव-भाव से यह दरशाने की पूरी कोशिश की कि उसने बत्तीस के चक्करवाली इस कहानी से अधिक दिलचस्प कहानी कभी नहीं सुनी है।

कितना शौक होता है बंगालियों को हर बात को बढ़ा-चढ़ाकर, भूमिका बाँधकर कहने का—शशांक ने अधीरता से सोचा। जतीन दा ने माँ को देखकर कोई कहानी याद आने की बात की थी और अब वह कहानी सुनाने के बजाय न जाने किस दो सौ साल पुरानी कब्र और डूबे हुए जहाज की कथा कहने लगे थे। और फिर, जिस जहाज डूबने की घटना में वह कैप्टन विलियम जैकसन बच निकला था, उसे बत्तीस गज लंबा खींचकर बताने का क्या मतलब? बच गया था न? इतना ही काफी है। बत्तीस साल की उम्र में जहाज के डूबने से तो नहीं मरा न?—उसने सोचा।

"विलियम जैकसन जहाज के डूबने से तो बच निकला, पर उसके पाँच साल बाद ही वह एक मामूली बीमारी—उसे भी तुम्हारी तरह बुखार हुआ था—में मर गया। तुम्हें मालूम है कि भारत के मौसम में हर साल इतने अंग्रेज मरते थे कि शुरू के दिनों में ईस्ट इंडिया कंपनी की एक पार्टी हर नवंबर में हुआ करती थी कि लोग जान जाएँ कि कौन-कौन अभी तक बचा हुआ है। कलकत्ते की जो-जो कब्रगाहें बची हुई हैं, वहाँ ज्यादातर कब्रें दो साल के बच्चों से पच्चीस-तीस साल के आदमियों और औरतों की हैं।" जतीन दा अचानक चुप हो गए और फिर से उसके चेहरे को पहले की तरह निस्संकोच पढ़ने लगे। विलियम जैकसन के मामूली बुखार से मरने की बात सुन शायद शशांक का चेहरा उतर गया था या फिर कब्रगाहों में दफन कमउम्र

लोगों की बात सुनकर।

शशांक ने अपना मुँह घुमा लिया और खिड़की के बाहर देखने लगा। वह सोच रहा था जतीन दा की बातों के पीछे छिपे असली मकसद के बारे में—जतीन दा कहीं उसे यह तो बताना नहीं चाह रहे कि अपनी तकलीफ, अपनी बीमारी और अपनी दुर्घटना को झेलनेवाले तुम अकेले नहीं हो। जिंदगी हमेशा से इस तरह की नाइंसाफियाँ करती आई है, जहाँ लोग आधी-अधूरी जिंदगियाँ जीकर, आधे काम करके, आधे छोड़कर अकेले चले जाते हैं और उनके प्रियजन अकेले रह जाते हैं।

या जतीन दा उसे यह बताना चाहते हैं कि अपनी सारी तकलीफों के बावजूद तुम बच तो गए हो, जिंदा तो हो। दादी कहती है न अक्सर जान है, तो जहान है। लेकिन जतीन दा, उसका मन हुआ कि वह बोल पाता तो उनसे पूछता, कि इस जान का कोई मतलब है क्या? इस तकलीफ को झेलकर जीने का कोई अर्थ तो हो। सच तो यह है कि वह जब-जब बगल में लेटी हुई माँ की आँखों में अपना प्रतिबिंब देखता है, बस तभी उसे लगता है कि उसके जीने की कोई वजह है। ये आँखें जब तक खुली रहती हैं, उसे देखती रहती हैं। ये आँखें उसे कहती रहती हैं कि तुम्हें फिर उठना है, फिर खड़े होना है, फिर बोलना है और उसे लगता है कि यदि वह हार गया, तो ये आँखें हार जाएँगी।

''हाँ तो, आगे सुनो। रंगून से मद्रास जानेवाले उस जहाज में बर्मा की लकड़ी लदी हुई थी, इसलिए वह जहाज पूरी तरह नहीं डूबा। वह पूरा-का-पूरा पानी के अंदर बैठ गया था, सिर्फ उसके एक सिरे का ऊपरी चौथाई डेक पानी के ऊपर था और एक तरफ आधा टूटा हुआ जहाज का मस्तूल था। विलियम जैकसन ने बत्तीस दिन और बत्तीस रातों तक जीने-मरने के बीच झूलते लोगों का दारुण वर्णन एक किताब में लिखा है, जो मेरे दोस्त जैकसन उर्फ जयकिशन ने मुझे पढ़ने के लिए दी थी। पर अब असली किस्सा सुनो, जो मैं तुम्हें सुनाना चाहता हूँ।

''उस जहाज पर सवार यूरोपियन लोगों में दो बाप-बेटों की जोड़ी थी। ये लोग जहाज के मस्तूल के अचानक टूटकर जहाज पर ही गिर जाने से दो मिनट के अंदर जहाज के समुद्र में बैठ जाने पर भी बच जानेवालों में से थे। दरअसल पहले जब जहाज रंगून से चला, तो शुरुआत में ही नीचे किसी चट्टान से टकरा गया था और उसमें पानी भरने लगा था। वे लोग लगातार पंप से पानी निकालते रहे। उसके बाद जहाज तेज समुद्री हवाओं

में फँस गया। एक रात जब ज्यादातर लोग सो रहे थे, तभी अचानक जहाज का मस्तूल टूटकर जहाज पर गिरने से इतनी तेजी से जहाज डूबा कि कोई सामान बचाना तो दूर, बहुत कम लोग अपनी जान बचा पाए। पेगू तट के किनारे-किनारे बचे हुए लोग कभी धूप में जलते और कभी बारिश में भींगते, जहाज के दोनों सिरों की रिगिंग को थामे हुए, भूखे-प्यासे अधडूबे जहाज के साथ-साथ हवा की दिशा में खिंचते जा रहे थे। उनके पास न कुछ खाने को था, न पीने को। ओढ़ने-बिछाने को सिर्फ आकाश था, जो कभी धूप बरसाता, तो कभी बारिश। चारों तरफ पानी था, पर पीने के लिए सिर्फ कभी-कभी मिलनेवाली बारिश की कुछ बूँदें थीं। बचे हुए लोगों में धीरे-धीरे रोज एक-एक करके लोग मरते जाते थे और उनकी लाशें समुद्र ले जाता था। प्यास से न मरने का निश्चय कर कुछ लोग समुद्र का पानी पी लेते और फिर खाली अंतड़ियों की खिंचन से बेहाल होकर मर जाते।

''दोनों बाप-बेटों भें एक बाप को खबर मिली कि उसका बेटा जहाज के दूसरे सिरे पर मरनेवाला है, तो उसने यह कहकर मुँह फेर लिया कि वह क्या कर सकता है। उसकी खुद की जान का ठिकाना नहीं है। लेकिन दूसरा बाप अपने बेटे की हालत गंभीर होने पर उसे गोद में उठाकर जहाज के सबसे ऊपरी हिस्से में ले गया, जहाँ एक आदमी के लेटने जितनी जगह समुद्र के पानी की सतह पर थी। उसने उसे वहाँ लिटाकर रस्सी से बाँध दिया, ताकि समुद्र की तेज लहरें उसे बहाकर न ले जाएँ।

''वह दिन-रात अपने बेटे के इर्द-गिर्द रहता। लड़का खाली पेट की खिंचन से उबकाइयाँ लेता, तो बाप उसे सहारा देकर बैठा देता और उसके मुँह से निकलते फेन को पोंछ देता। सूरज की धूप जिधर से पड़ती, वह अपनी छाया लड़के के चेहरे पर घिसकाता रहता, ताकि वह धूप से बच सके। जब बारिश होती, तो वह लड़के का मुँह खोल देता जिससे उसे बारिश की बूँदें नसीब हों। वह अपने हाथ में कपड़े का चिथड़ा लेकर उसमें बारिश की बूँदें आकाश की तरफ हाथ उठाकर इकट्ठा करता और उस कपड़े को निचोड़कर लड़के के मुँह में कुछ बूँद पानी डाल देता। उसे जैसे अपने शरीर की किसी जरूरत या कष्ट का कोई अहसास ही नहीं था।''

जतीन दा अंतिम वाक्य को इस तरह बोलकर चुप हो गए जैसे उनकी कहानी खत्म हो गई हो। शशांक ने बेचैनी से उनका हाथ हिलाया और मुँह से एक आवाज-सी की। जतीन दा ने चौंककर उसे देखा। ''क्या यह पूछना चाहते हो कि आगे क्या हुआ?'' शशांक ने गरदन हिलाकर हामी

भरी। "फिर क्या होता? लड़का चार-पाँच दिन बाद मर गया। उसके बाप को कुछ घंटे तक इस बात का यकीन नहीं आया। वह उसे बार-बार हिलाकर देखता हुआ उस पर अपने शरीर की छाया करता रहा। पर जब उसे हकीकत समझ में आ गई तो उसने अपने बेटे की लाश पर बँधी रस्सी को खोलकर उसे समुद्र के हवाले कर दिया। जब तक लाश दिखती रही, वह देखता रहा। उसके बाद उसी दिशा में समुद्र की लहरों को देखता रहा। फिर एक कैनवास ओढ़कर उसी जगह लेट गया। समुद्र की लहरें उसे दो दिन तक उठाती रहीं, पर वह हिला तक नहीं। उसकी हिलती हुई छाती से लोगों को पता चलता रहा कि वह जिंदा है। दो दिन बाद तेज हवाओं की लहरें उसे उसी दिशा में ले गईं जहाँ उसका बेटा गया था।"

शशांक के अंदर उस दिन उन बाप-बेटे की याद तक समुद्र की लहरों जैसा कुछ उठता-बैठता रहा। रात को माँ ने उससे पूछा—"शशांक, तुम्हारी आँखों से पानी गिर रहा है। तुम रो तो नहीं रहे हो?" तो उसने जोर-जोर से गरदन हिलाई। नहीं, वह रो नहीं रहा है। "शशांक, नींद की गोली खाओगे?"—माँ ने ऐसे पूछा जैसे ऐसा करना चॉकलेट खाने जैसी बहुत साधारण बात हो। शशांक ने फिर गरदन हिलाई और माँ की आँखों में अपना प्रतिबिंब देखता रहा। "नहीं?" माँ ने आश्चर्य से पूछा। उसने दो अँगुलियाँ दिखाईं—एकदम पक्के तौर पर नहीं। "ठीक है"—माँ ने सहजता से कहा—"तुम्हें जतीन दा का आना अच्छा लगा न।"

यह एक सवाल न होकर एक सूचनात्मक वाक्य था, जिसकी भाषा एक सवाल जैसी थी। माँ ने फिर कहा—"क्या बात की उसने तुमसे?" और आँखें बंद कर तुरंत गहरी नींद में सो गई।

'एक नए टाइटैनिक की'—शशांक ने मन-ही-मन कहा और माँ का हाथ पकड़े खुद भी ऐसा नींद में उतर गया, जहाँ न समुद्र था, न लहरें थीं और न ही कोई ज्वार था।

माँ अपनी पहली लड़ाई जीत गई है। उसकी यह लड़ाई चेयर-कमोड से थी जिसे वह तीन महीनों से झेल रही थी। शशांक अब काफी हद तक अपने-आप को बैठे-बैठे सँभाल सकता है। माँ चेयर-कमोड की जगह अब चक्केवाली पढ़ने की कुरसी को उसके पलंग के बगल में रखती है। जब उसे बाथरूम जाना होता है, उसे हल्का-सा सहारा देकर वह उसे अपने-आप खिसककर पलंग के किनारे आने के लिए कहती है। फिर शशांक दोनों पाँव जमीन पर टिकाकर सहारे से उठता है और बगल में रखी कुरसी में लगभग गिर जाता है। तब माँ कुरसी को धक्का देकर बाथरूम में ले जाती है और उसी तरह वह उठकर कमोड पर बैठ जाता है। कमरे में लौटकर वह उसे पलंग पर बिछे एक मोटे गमछे पर बैठाती है। फिर गमछे पर लिटाकर उसे खींचकर ऊपर कर देती है।

वह देखता है कि वह हाँफती है। जब पापा या चाचा आसपास हों, तो वह लेटी रहती है और उन लोगों के उसके सारे काम करने देती है। उसके बचपन के फिजियोथैरेपिस्ट मिस्टर थापा फिर आने लगे हैं और अब ऐसा लगने लगा है कि हर काम को करने के कुछ आसान तरीके होते हैं। मिस्टर थापा उसे दीवार से सटाकर खड़ा कर देते हैं और वह एक-दो मिनट तक उनका सहारा लिए खड़ा रहता है। ''बस अब और तीन महीने में यह चलने लग जाएगा। नहीं क्या, मिस्टर थापा?'' माँ उनसे पूछती है। मिस्टर थापा ऐसी किसी बात का जवाब 'हाँ' या 'ना' में नहीं देते। उनके गंभीर चेहरे पर एक क्षण के लिए मुस्कराहट आती है जो एक तरह की 'हाँ' होती है या ऐसा वे लोग समझते हैं। कितनी अजीब बात है कि मिस्टर थापा देखने में बिल्कुल वैसे ही लगते हैं जैसे कि बारह-तेरह साल पहले लगते थे, जबकि शशांक इतने सालों में एक बच्चे की जगह हल्की मूँछों की रेखाओंवाला जवान बन गया है।

बगल के मकानवाला अमित अग्रवाल फिर मिलने आया है। जब वह पिछली बार आया था, तो शशांक ने आँखें बंद कर सोने का नाटक किया था और वह चला गया था। उसके बाद दोबारा आया हो, ऐसा उसे याद नहीं। हो सकता है कि चाची ने बाहर से ही टरका दिया हो कि वह सो रहा है। सबको मालूम है कि वह और माँ दोनों किसी से मिलना नहीं चाहते।

इस बार अमित अग्रवाल बिना बोले-पूछे सीधे उसके कमरे में घुस आता है और वह कुछ नहीं कर सकता। माँ उससे बातें करती है। स्कूल का हालचाल पूछती है। वह लेटा-लेटा खिड़की से बाहर देखता रहता है। न अमित से आँखें मिलाता है और न मुस्कराता है। माँ अमित से कहती है—"अब शशांक अपने-आप उठकर बैठ सकता है।" जैसे कि शशांक ने कोई ऐसा काम करना सीख लिया हो, जो अनोखा-अद्‌भुत काम है। शशांक को माँ पर तीन महीनों में पहली बार भयंकर गुस्सा आता है। वह सोचता है कि अमित के जाने के बाद वह वर्ड-बोर्ड से माँ को पूछेगा—"हैव यू गॉन मैड?" पर वह जानता है कि वह ऐसा नहीं करेगा। फिर उसे माँ पर तरस आता है और अचानक एक हिचकी-जैसी आवाज उसके अंदर से बाहर निकल जाती है।

अमित और माँ बात करते-करते चौंककर उसे देखते हैं। उसका चेहरा देखकर अमित का चेहरा सफेद पड़ जाता है। वह कमरे के बाहर जाने के लिए बेचैन है। यह बात उसकी तरफ बिना देखे ही माँ और शशांक दोनों जानते हैं। माँ अचानक इस तरह बन जाती है जैसे अमित कमरे में हो ही नहीं। शायद यही मानकर वह शशांक से अजीब-सी आवाज में कहती है—"तुम क्या सोचते हो कि तुम ऐसे ही घर में पड़े रहोगे? तुम भी जल्दी स्कूल जाओगे।" माँ ऐसे बोलती है जैसे कोई भविष्यवाणी कर रही हो। शशांक का एक बार मन होता है कि वह इस बात पर विश्वास कर ले। फिर वह घबराकर सोचता है—क्या हो गया है माँ को—इस तरह अमित के सामने यह सब बोलने की क्या जरूरत है? माँ ने उसे बताया था कि जिन दिनों टी.वी. ब्लैक एंड व्हाइट हुआ करता था, यानी उसके बचपन में, तब माँ ने पहली बार स्कूल के बच्चों की कतार-पर-कतार को टी.वी. पर गाते सुना था—"होंगे कामयाब, हम होंगे कामयाब एक दिन।" इस गाने ने माँ को जीने के लिए और अपनी तकदीर से लड़ने के लिए जैसे शब्दों का सहारा दिया था—"हम चलेंगे साथ-साथ एक दिन"। तो क्या माँ अब खुद ऐसे ही शब्द और वाक्य गढ़कर अपने लिए ताकत खोज रही है? वैसे यह कितनी अजीब बात है कि अब यही गाना टी.वी. पर मलेरिया के मच्छर गाते हैं—मच्छर भगानेवाली एक टिकिया के विज्ञापन में।

शनिवार फिर आता है, शशांक इंतजार करता है पर जतीन दा नहीं आते। अलबत्ता माँ शाम को तैयार होकर उसे कहती है कि वह बाहर जा रही है। एक घंटे में लौट आएगी। शशांक के मन में आता है कि पूछे,

क्या वह जतीन दा से मिलने जा रही है? वहीं विक्टोरिया की उसी बेंच पर बकुल-तले? वह माँ की ओर प्रश्नवाचक निगाहों से देखता है और यह भी देखता है कि माँ ऐसा अभिनय करती है जैसे वह उसके प्रश्न को न देख रही हो। साथ ही वह माँ के चेहरे पर ऐसा करने के लिए उग आए अपराध-बोध को देखता है। पर वह ऐसे दिखाता है जैसे वह कुछ नहीं देख रहा हो और सिर्फ इस बात से खुश हो कि माँ घर के बाहर कहीं निकल तो रही है। माँ भी इस सारी अनकही बातचीत को सुनती-समझती हुई चली जाती है। यदि माँ जतीन दा से मिलने जा रही है, तो इसमें उससे छुपाने की क्या बात है, वह यह सोचता है। खैर, लौटेगी तब पता चल ही जाएगा, सोचकर वह अपने-आपमें मुस्कराता है।

''मैं तुमसे कुछ बात करना चाहती हूँ। लेकिन अमित अग्रवाल के सामने''—माँ अगले दिन दोपहर में कहती है और इसके पहले कि शशांक कुछ सोचे-विचारे कि माँ के दिमाग में क्या चल रहा है, अमित कमरे में घुस आता है। अच्छा, तो यह सब पहले से फिट किया हुआ है—शशांक नाराज नहीं, हैरान जरूर है। ''शशांक, तुम्हें अब स्कूल जाना चाहिए। इस तरह घर में पड़े-पड़े तुम्हारा कितना नुकसान हो रहा है। मुझे तुम्हारे लिए व्हील-चेयर खरीदने दो। इसमें कोई हर्ज नहीं है। तुम स्कूल जाओगे, पढ़ोगे, लेक्चर सुनोगे—और ठीक होते जाओगे। पढ़ाई का भी नुकसान नहीं होगा। क्यों अमित, तुम्हारा क्या खयाल है?'' ''ऑफ कोर्स आंटी, हम लोग हैं ना। क्या दिक्कत है? आराम से इसको ले जाएँगे, ले आएँगे''—अमित की आवाज में क्या कोई लड़खड़ाहट है?

शशांक स्तब्ध है। यह क्या तरीका है माँ का? क्या समझती है अपने-आपको? नहीं, वह हरगिज स्कूल नहीं जाएगा। पहले खुद चलता था, तभी लड़के घूरते रहते थे और अब व्हील-चेयर पर! ओह, नो! टू हेल विद एवरीबॉडी! वह वर्ड-बोर्ड पर गुस्से और दुख से थरथराती अँगुलियाँ घुमाता है—'जब चलूँगा, तभी!' टू द प्वाइंट छोटा वाक्य। बस! ''अच्छा अमित, क्या छोटे बच्चों के लिए आदमी प्रैम नहीं खरीदता? क्या हड्डी टूट जाए, कोई एक्सीडेंट हो जाए, आदमी बहुत बूढ़ा हो जाए, तो उसे व्हील-चेयर की थोड़े दिनों तक जरूरत नहीं पड़ती?'' माँ उससे बात न कर अमित से कहती है। अमित अचानक सत्रह साल की उम्र से चौंतीस साल का बन जाता है—''क्या यार शशांक! तुम क्यों आंटी की बात नहीं समझते? तुम्हारा ही भला है ना इसमें? घर में पड़े-पड़े तो तुम लाइफ से एकदम कट-ऑफ

हो जाओगे। अरे यार, अपने लोगों का स्कूल में लास्ट इयर है। उसके बाद चाहोगे तो भी स्कूलवाले धक्के लगाकर बाहर कर देंगे—जाइए भाईसाहब, अब आपके लिए यहाँ जगह नहीं है। तुम क्या वह सब 'मिस' करना चाहते हो—जोसेफ की नकली हँसी, मिस्टर फिलिफ का गुड नेचर, संदीप ऑस्टा के झगड़े, दुबेजी की खिंचाई? आराम से व्हील-चेयर पर बैठे-बैठे हँसना और दुनिया जाए भाड़ में।''

उसका अंतिम वाक्य शशांक को बहुत अच्छा लगता है। वाकई दुनिया जाए भाड़ में! वह यहाँ ऐसे पड़े-पड़े कमरे की छत पर लटका पंखा देखता रहे, सिर्फ इसलिए कि लोग उसे घूरेंगे? वह बैठकर खिड़की के बाहर हिलते नीम की पत्तियों का उसकी हालत पर दुखी होकर झरना देखता रहे, सिर्फ इसलिए कि लोग उसे देखकर क्या सोचेंगे? लोग माने कौन? सारे टीचर, लड़के, जीसस क्राइस्ट की मूर्ति, स्कूल का लड़कों से भरा हुआ मैदान?

''बोलो यार, क्या बोलते हो? आइ मीन, लिखकर बताओ न''—अमित फिर सत्रह साल का बन गया है। उसकी आवाज में घनघोर शंका और अपनी सारी सांत्वना के खोखले साबित होने का डर बोलने लगा है। पर अब शशांक उस डर और शंका को परे हटा देता है, अपने पास पहुँचने नहीं देता। ''हाँ! दुनिया जाए भाड़ में''—वह अपनी गरदन जोर-जोर से हाँ में हिलाता है। माँ का अविश्वास-भरा स्वर पूछता है—''तो मैं व्हील-चेयर खरीद लाऊँ? महँगी चीज है, फिर वापस नहीं होगी!'' वह हँसकर माँ की तरफ देखता है और दाहिने हाथ की एक अँगुली—तर्जनी दिखाता है। हाँ!

क्या यह जतीन दा का षड्यंत्र था? यह सारा नाटक अमित और माँ के बीच?—शशांक को मन-ही-मन यकीन होने लगता है कि इसके सिवाय यह और कुछ नहीं हो सकता।

माँ सोमवार को स्कूल जाती है और यह खबर लाती है कि वह क्लास इलेवन सी से ट्वेल्व सी में चला गया है। ''वाह, वाह, क्या मजा शशांक भैया! बिना पढ़े-लिखे, बिना परीक्षा दिए पास हो गए''—अनंत के स्वर में ईर्ष्या उफन रही है। ''यहाँ तो रात-दिन गधाखटनी करो, सबकी डाँट खाओ, रात-भर जागो और फिर सुनो—इतने कम नंबर लाए हो! साला, अपना तो भाग्य ही खराब है।''—शशांक सुनकर हँसता है और अनंत को एक झूठ-मूठ का घूँसा लगाता है। ''अच्छा बड़ी मम्मी, आपने क्या कहा फादर को? वे कैसे मान गए आपकी बात?''—अनंत जानना चाहता है। उसके चेहरे पर ऐसी मासूम उत्सुकता है कि माँ को हँसी आ जाती है। फिर वह गंभीर होकर

कहती है–"बस इतना कहा कि एक बार तो उसे तकदीर ने फेल कर दिया है। अब दोबारा आप कर देंगे, तो यह डबल मार हो जाएगी।" कहकर वह चुप हो जाती है। अनंत 'ओह' करके रह जाता है। उसने सोचा था कि कोई शानदार डायलॉग सुनने को मिलेगा, जिसे सुनाकर माँ ने फादर को पस्त कर दिया होगा। पर ऐसी बात सुनकर वह खुद ही पस्त हो जाता है। ऐसे डायलॉग में तो मुस्कराने तक की गुंजाइश नहीं।

माँ व्हील-चेयर खरीदने सेंट्रल एवेन्यू जाती है–मेडिकल कॉलेज के सामने अस्पताली सामान की लाइन से कई दुकानें हैं। शशांक कल्पना करता है कि माँ अभी चौरंगी पार करके दाहिने घूम गई होगी। सब दुकानों में व्हील-चेयर के दाम पूछ रही होगी। माँ एक काली-लाल व्हील-चेयर खरीदकर लाती है। "देखो, कितनी सुंदर है ना?"–उससे पूछती है जैसे कोई नई गाड़ी दिखा रही हो। "एकदम नया मॉडल है। इसके दोनों बड़े चक्के निकाले जा सकते हैं"–उसे बहुत उत्साह से बताती है। फिर उसे बैठाकर पूरा घर घुमा लाती है। जया, अनंत, अदिति सब देख रहे हैं। "जया, तुम भैया की गोद में बैठोगी?"–माँ जया की ललचाई हुई निगाहें देखकर पूछती है। जया उछल पड़ती है। वह जया को थामे पूरे चार महीनों में पहली बार अपने कमरे से बाहर निकलकर सारे घर का मुआइना करता है। "तुम भैया को घुमाओगे?"–सुनकर अनंत दौड़कर हैंडिल थाम लेता है। अदिति गुमसुम है। कल स्कूल में 'ट्रायल रन' किया जाएगा–यानी वह किस तरह गाड़ी से उतरकर व्हील-चेयर पर बैठकर क्लासरूम तक जाएगा। यह फादर हेडमास्टर की सलाह पर किया जा रहा है। रात को सोते समय माँ उससे कहती है–"दुनिया की किसी माँ ने आज तक अपने बेटे के लिए इतनी खुशी-खुशी एक व्हील-चेयर नहीं खरीदी होगी। आय एम रियली प्राउड ऑफ यू।" वह धीमे से हँसता है–यह सोचकर कि कहे कि दुनिया की कोई माँ तुम्हारे जैसी सिरफिरी नहीं होगी। माँ उसकी हँसी समझ जाती है। अपनी मध्यमा अँगुली को उसकी तरफ बंदूक की तरह तान देती है। साइन लैंग्वेज में इसका अर्थ है–'स्टुपिड'। लेकिन यह अर्थ घर में पापा या कोई और नहीं जानता। सिर्फ वह और माँ जानते हैं। उसी तरह जैसे उसके वर्ड-बोर्ड पर लिखे 'नि, ना' का अर्थ सिर्फ वे दोनों जानते हैं–निकम्मा, नालायक, नाकारा, नो गुड और निन्कॉमपूप यानी मूर्ख। माँ से एक बार चाची ने इसका अर्थ पूछा था तो माँ ने हँसकर कहा था–'नथिंग'। और वे दोनों हँसने लगे थे। माँ जब उससे गुस्सा होती है, तो उस पर अँगुली रख देती है।

अदिति धीमे स्वर में खिड़की के पास ले जाकर माँ को कह रही है—"माँ, प्लीज, शशांक भैया को व्हील-चेयर पर स्कूल मत भेजो। तुम तो बोलती हो ना कि वह तीन महीने में ठीक हो जाएगा। तो क्या फरक पड़ता है—तीन महीने बाद स्कूल चला जाएगा। प्लीज ममा।" माँ पूरे एक मिनट तक चुप रहती है जिसमें शशांक जानता है, वह अपने गुस्से पर काबू पाने की चेष्टा कर रही होगी। "क्यों, तुम्हें क्या प्रॉब्लम है? वह तुम्हारे स्कूल में तो नहीं पढ़ता। जब वह जाना चाहता है, तब तुम...?"—माँ बीच में चुप हो जाती है। अदिति समझ रही है कि माँ की तरफ से 'मैटर क्लोज्ड' है। पर वह फिर भी गुस्से से कहती है—"तुम्हें क्या मालूम कि जो तुम चाहती हो वही सभी चाहते हैं।" माँ अवाक् खड़ी उसका मुँह देखती रहती है। अदिति पछताने के स्वर में कहती है—"माँ, हमारे स्कूल में एक लड़की ऐसे ही व्हील-चेयर पर आती है। आई डोंट नो ममा, पर मैं नहीं चाहती...", कहकर वह भी चुप हो जाती है। माँ एक शब्द भी नहीं कहती। किसी की तरफ नहीं देखती। पत्थर की तरह खड़ी रहती है। फिर बाथरूम में घुसकर सिटकनी लगा लेती है। अदिति शशांक की तरफ देखती है और वह अदिति की तरफ। अदिति की आँखों में एक चुनौती है कि वह कहे कि अदिति ने गलती की है। उसे माँ से ऐसे बात नहीं करनी चाहिए थी। पर देखती है कि शशांक धीमे से मुस्कराता है। जैसे कहना चाहता हो—"कोई बात नहीं। कम ऑन अदिति। माँ की खुशी के लिए ही सही...।" वह हमेशा की तरह दोनों पक्षों की तरफ है—किसी एक के साथ नहीं।

ट्रायल रन। माँ रास्ते में गाड़ी रुकवाकर उतरती है। फादर हेडमास्टर के लिए एक सुंदर गुलाबी रंग के गुलाबों का गुलदस्ता बँधवाती है। 'यह किसलिए'—शशांक माथे पर सिलवट डालकर इशारे से पूछता है—उसे यह बात पसंद नहीं आती। बेकार ऐसे लगता है कि किसी को घूस दे रहे हों। वह बुरी तरह चिढ़ रहा है। माँ कुछ तनकर कहती है—"मेरे लिए। मैं खुश हूँ, इसलिए।" चाचा गाड़ी चला रहा है। अमित अग्रवाल साथ है। शशांक ढीला पड़ जाता है। जाने दो, जो हो रहा है, होने दो। स्कूल के दरवाजे से गाड़ी घुसती है और बाएँ तरफ की तीन सीढ़ियों वाले गलियारे के पास खड़ी हो जाती है। माँ फूल लेकर उतरती है और फादर हेडमास्टर के ऑफिस की तरफ चली जाती है। चाचा और अमित व्हील-चेयर उतारकर नीचे रखने की माँ की हिदायत के अनुसार बंदोबस्त में लग जाते हैं। माँ लौटती है फादर हेडमास्टर और मि. डेविड के साथ, जो स्कूल एडमिनिस्ट्रेटर हैं। फादर

हेडमास्टर मुस्कराते हुए गाड़ी का दरवाजा खोलते हैं और कहते हैं 'वेलकम बैक'।

ओ गॉड–शशांक के अंदर कुछ उठता है जो उसके समूचे अस्तित्व को खींचकर उसके अंदर से बाहर निकाल लेना चाहता है। यही खुदाई नहीं तो खुदाई और क्या है? यहीं इंसानियत नहीं, तो और कहाँ है? वह फादर के सामने नतमस्तक हो जाना चाहता है। जीवन में पहली बार किसी के पैरों पर गिर जाना चाहता है। पिछले चार महीनों का सारा कष्ट जैसे एक क्षण में काफूर हो जाता है और वह एक क्षण उसके बीते हुए और आनेवाले जीवन–सबको सार्थक बना जाता है। काश, वह अपने इस एक क्षण का सौवाँ हिस्सा भी फादर हेडमास्टर तक वापस पहुँचा सकता। माँ को बता सकता कि उसके अंदर क्या हो रहा है। पर माँ तो खुद गाड़ी के दरवाजे को खोलनेवाले हाथों और स्वागत करनेवाले स्वर के सामने वाकई सिर झुकाए खड़ी है। और शशांक जानता है कि ऐसा पहली बार नहीं हुआ है। उसके बचपन में माँ ने मोंटेसरी स्कूल की मिसेज अली अकबर को एक पत्र लिखकर पूछा था–बच्चों की दुनिया में भी कमजोर बच्चों के लिए कहीं जगह क्यों नहीं है और यदि नहीं है तो आप लोग बच्चों को दया, करुणा, मदद करनेवालों की कहानियाँ क्यों पढ़ाते हैं? माँ के इस एक प्रश्न से मिसेज अली अकबर की मोंटेसरी में उसके लिए जगह निकल आई थी। तब भी माँ इसी तरह खड़ी हुई होगी जैसे ईश्वर के सामने सिर झुकाकर प्रार्थना कर रही हो।

और उस दिन जब न्यू होराइजन स्कूल का 'स्पोर्ट्स डे' था? मैडम कुमार ने कहा था कि वह माँ को कुछ न बताए कि वह क्या करनेवाला है। वे माँ को सरप्राइज देना चाहती हैं। उसकी क्लास 'वन' के सारे लड़के-लड़कियाँ हाथों में रिबन और डम्ब-बेल लिए खड़े होकर ड्रिल कर रहे थे और वह सबसे आगे जमीन पर बैठकर उनकी तरह वही ड्रिल कर रहा था। उसका एक हाथ कभी ज्यादा पीछे चला जाता; कभी दूसरा हाथ ज्यादा ऊँचा हो जाता, पर वह ड्रम के साथ-साथ बिलकुल वही करता, जो बाकी बच्चे कर रहे थे। फिर अंत में ड्रिल करती हुई दो लड़कियाँ दौड़ते-दौड़ते आई थीं और उसे दोनों तरफ से सहारा देकर बाकी सारे बच्चों के साथ वापस ले गई थीं। वह कई दौड़ों में शामिल था, जिनमें सभी बच्चों को एक साथी का हाथ पकड़कर दौड़ना था। उसे दौड़ता देख सारे बच्चों के चेहरे सूरज की तरह चमक रहे थे। स्पोर्ट्स के अंत में माँ मिसेज कुमार से मिलने बढ़ी,

तो मिसेज कुमार बाकी आधा रास्ता पार कर मैदान के बीचोबीच माँ से मिलने आगे आ गई थीं। दोनों बीच मैदान में एक-दूसरे के गले लग गई थीं। माँ की आँखों से एक इंद्रधनुष निकलकर उन दोनों के ऊपर तन गया था और सारे बच्चों के साथ शशांक ने एकदम साफ-साफ यह दृश्य देखा था।

शशांक ने अपने दोनों पाँव गाड़ी के बाहर निकालकर जमीन पर रख दिए और गाड़ी के खुले हुए दरवाजे को एक हाथ से पकड़ जोर लगाकर खड़ा हो गया। "गुड, यू लुक एब्सोल्यूटली फाइन"—फादर ने खुश होकर कहा। तब तक चाचा और अमित व्हील-चेयर ले आए और फादर पीछे हट गए। चाचा ने सहारा देकर उसे आगे बढ़ाकर व्हील-चेयर पर बिठा दिया। व्हील-चेयर सीढ़ियों के सामने रुक गई। सिर्फ तीन सीढ़ियाँ हैं, पर तब भी व्हील-चेयर कैसे चढ़ेगी? मिस्टर डेविड ने मोटर-साइकिल चढ़ाने के लिए बनाए दो लकड़ी के फट्टे सीढ़ियों पर लगा दिए। उस पर भी व्हील-चेयर चढ़ाना असंभव नहीं, तो बहुत कठिन था। माँ ने कहा, "छोड़िए, व्हील-चेयर स्कूल के अंदर ही रहेगी। तीन सीढ़ियाँ ही तो हैं। हाथ का सहारा लेकर शशांक खुद चढ़ लेगा।

शशांक अमित के सहारे तीन सीढ़ियाँ चढ़कर व्हील-चेयर पर बैठ गया। वे लोग लिफ्ट तक आए, तो पता चला, लिफ्ट छोटी है। डेढ़ सौ साल पुरानी स्कूल की इमारत में लगी पुरानी लिफ्ट में व्हील-चेयर घुस नहीं सकती थी। शशांक एक क्षण के लिए हताश हो गया और उसे लगा कि इस नई दिक्कत से शायद माँ भी हार जाएगी। माँ ने चाचा से कहा—"व्हील-चेयर एकतल्ले पर रखो। लिफ्ट तक भी शशांक पैदल जाएगा और खड़े-खड़े ऊपर जाकर फिर व्हील-चेयर में बैठेगा। क्यों शशांक?" अब तक फादर हेडमास्टर और मिस्टर डेविड दोनों परेशान लगने लगे थे। "कैन ही मैनेज?"—फादर ने माँ से पूछा। "ओह यस फादर, ही हैज टू"—माँ की आवाज में दृढ़ता थी—"फिर से शुरू करो—एकदम गाड़ी से उतरने से।"

उसे वापस गाड़ी में बैठाकर सहारे से उतारकर तीन सीढ़ियाँ चढ़ा अमित अग्रवाल चाचा के साथ लिफ्ट तक ले आया। चाचा ने लिफ्ट का दरवाजा खोला और वे दोनों उसे पकड़े-पकड़े लिफ्ट से एकतल्ला ले गए। वहाँ से लंबे गलियारों को पार करती शशांक की व्हील-चेयर चली तो ऊँची सीलिंग के रोशनदानों से धूप-छाँह का खेल खेलती जमीन ने यह खेल उसके शरीर

पर खेलने की इजाजत दे दी। शशांक स्कूल के बृहद् मैदान के दर्शन करानेवाले गलियारे तक पहुँचा, तो उसका मन हुआ कि वह उस हरे मैदान को वैसे ही प्रणाम करे, जैसे पापा रास्ते में पढ़नेवाले हर मंदिर के देवी-देवताओं को करते हैं। 'ट्वेल्व सी' में पहुँचकर अमित ने उसे सहारा देकर उतारा और वह बेंच पर बैठ गया। "तुम चाहो, तो व्हील-चेयर पर भी बैठे रह सकते हो। हम दरवाजे के पास एक टेबुल डाल देंगे।"—मिस्टर डेविड ने कहा, तो शशांक ने 'नहीं' करते हुए सिर हिलाया। नहीं, क्लास में वह बेंच पर ही बैठेगा—व्हील-चेयर पर नहीं। 'कांग्रेचुलेशन माइ डियर बॉय'—फादर हेडमास्टर ने उसका सिर थपथपाया और मिस्टर डेविड को लेकर चले गए।

"तुम्हें नहीं लगता शशांक, हम लोग कितने भाग्यशाली हैं?"—माँ ने रात को सोते समय पूछा। 'किस तरह?'—शशांक ने सोचा, शायद इसलिए कि इतना बीमार पड़ने के बावजूद वह स्कूल जा पाएगा। उसने माँ की तरफ देखा—"इसलिए कि हमने—मैंने तुम्हारे कारण और तुमने अपनी प्रॉब्लम के कारण—जिंदगी में कई बार एकदम साक्षात अच्छाई के दर्शन किए हैं—आदमी की आत्मा की पवित्रता के दर्शन! लोग तो पूरी-पूरी जिंदगी काट देते हैं, पर एक बार भी ऐसा अनुभव उन्हें नहीं होता। तुम समझ रहे हो मेरी बात?"

शशांक ने हँसकर एक अँगुली दिखाई। हाँ! एकदम समझ रहा है वह माँ की बात! लेकिन माँ न जाने हर बात को बोलना क्यों चाहती है? बिना जरूरत के अक्सर!

स्कूल में पहला दिन, या कहना चाहिए, नये जन्म का पहला दिन। ठीक ट्रायल रन की तरह चाचा और अमित उसे क्लास में बेंच पर बिठा जाते हैं। अमित उसके ठीक बगल में बैठता है। शशांक ने सोचा था कि सारे लड़के या ज्यादातर लड़के उसके पास आएँगे और कुछ-न-कुछ कहेंगे। पर कोई कुछ नहीं कहता। सब ऐसे नाटक कर रहे हैं जैसे एक लड़के का व्हील-चेयर पर क्लास में आना कोई नई बात ही न हो। उसे इस बात पर खुश होना चाहिए या परेशान—शशांक की समझ में नहीं आता। काश, आर्थर अब भी इसी क्लास में, इसी स्कूल में, इसी शहर में होता। शशांक को पूरा यकीन है कि वह उसके पास आकर जरूर कुछ कहता। पर वैसे देखा

जाए तो एक तरह की रिलीफ ही है कि कोई कुछ नहीं कह रहा। शायद ये लोग जानते हैं कि वह बोल नहीं सकता। हो सकता है अमित ने इन लोगों को बता दिया हो। पर फिर भी कैसी अजीब बात है। वह अमित की तरफ देखता है—"क्यों यार, सब ठीक है? कोई परेशानी हो, तो बताना।" वह वर्ड-बोर्ड लेकर स्कूल आया है। अमित उसके द्वारा उसकी बात समझ लेगा। पर उसके पास बताने के लिए कुछ है ही नहीं।

जोसेफ आता है। अटेंडेंस लेता है। 'इट्स गुड टू सी यू अगेन'—शशांक से कहता है। शशांक को पहली बार जोसेफ अच्छा लगता है। वह बहुत ध्यान से जोसेफ को पढ़ाते वक्त सुनता है, जैसे सबकुछ पी लेना चाहता हो। वाकई माँ सच कहती थी—शशांक का मन बार-बार जैसे उड़ रहा है—यह सब सुनना और देखना कितना सुंदर है और व्हील-चेयर पर न आने की जिद करता, तो कितना कुछ खो बैठता। वह अमित की ओर कृतज्ञता से भरकर देखता है, पर अमित का ध्यान कहीं और है—न उसकी तरफ है और न जोसेफ की तरफ। अचानक शशांक का मन होता है कि वह पीछे मुड़कर क्लास के पिछले दरवाजे से बाहर देखे। उसका यह मन क्यों हुआ है, यह उसे तब तक समझ में नहीं आता, जब तक वह पीछे नहीं देखता। उसे वहाँ माँ के चेहरे की एक झलक और साथ खड़ी आरती मौसी की साड़ी का पल्लू दिख जाता है। माइ गॉड! ये दोनों यहाँ क्या कर रही हैं?—शशांक का दिमाग भन्ना जाता है। तभी उसे वह झलक फिर याद आती है और वह उस याद में देखता है कि माँ का चेहरा लगातार बहते आँसुओं से धुला हुआ चेहरा था। तो क्या माँ उसे स्कूल भेजकर पछता रही है? क्या माँ को अदिति की बात का सच चुभ रहा है कि वह हर समय दूसरों से जबरदस्ती करती है और शशांक को इस हालत में स्कूल भेजना बहुत गलत है—जब वह न बोल सकता है, न लिख सकता है और न चल सकता है; जब दुनिया से 'कम्युनिकेट' करने के लिए उसके पास कोई भाषा तक नहीं है—न अंग्रेजी, न हिंदी, न बांग्ला।

जोसेफ के बगल में आकर उसका नाम लेकर पुकारने से शशांक चौंक उठा। सारी क्लास बोर्ड पर लिखा हुआ कोई फॉर्मूला उतारने में लगी है। पता ही नहीं चला कि कब बिल्ली की तरह दबे कदमों से जोसेफ उसके पास आ खड़ा हुआ। "ओह सॉरी तुम डर गए क्या? मैं तुम्हें सिर्फ यह बताने आया था कि कल असेंबली में तुम्हारी माँ का भाषण दिल को एकदम छूनेवाला था।"—जोसेफ की बात से शशांक चकरा जाता है। वह अमित

की तरफ देखता है। अमित एक शब्द कहता है—'रियली'। यानी कि सचमुच जोसेफ जो बोल रहा है, वह सच है। शशांक के अंदर गुस्से का बवंडर उठता है। अदिति ठीक कहती है, माँ हमेशा मनमानी करती है। शशांक को बिना बताए कल सुबह की पहली असेंबली में आकर 'दिल छूनेवाला भाषण' देने की क्या जरूरत थी? क्या कहा होगा माँ ने? ओ गॉड, कितना 'सिक' है अपने बेटे की बीमारी का बखान करना। अपने घाव खोलकर पब्लिक में दिखाना सहानुभूति के लिए। तभी...। अचानक शशांक को पूरी बात समझ में आ जाती है, तभी सारे लड़के उससे दूर-दूर रह रहे हैं। किसी ने आकर इतना तक नहीं कहा—'हाऊ आर यू नाउ, शशांक?' यह सब माँ का किया-धरा है। अपने काम से कोर्ट-वोर्ट तो जाती नहीं, उसके पीछे पड़ गई है हाथ धोकर। उसकी क्लास के किसी लड़के की माँ को आज तक स्कूल में नहीं देखा। यहाँ उसकी माँ जब देखो, उसके स्कूल चली आ रही है। बहुत हो गया। आज वह माँ को साफ लिख देगा—तुम कभी मेरे स्कूल नहीं आओगी। बस!

ब्रेक की घंटी बजती है। जोसेफ क्लास के बाहर जा रहा है। उसके चेहरे पर कुछ उदासी है जैसे उसे पता चल गया हो कि उसकी सारी कोशिशों के बावजूद लड़के उसे पसंद नहीं करते। बेचारा जोसेफ! शशांक के मन में जोसेफ के लिए पहली बार सहानुभूति होती है। फिर अचानक उसे संदेह होता है कि कहीं वह खुद ही जोसेफ की उदासी का कारण तो नहीं? माँ के दिल छूनेवाले भाषण की बात सुन उसने अपना मुँह फेर लिया था। हो सकता है यह बात जोसेफ के दिल को फिर छू गई हो। टू हेल विद दिस 'दिल'—शशांक परेशान हो जाता है।

अमित उसका कंधा पकड़कर हिलाता है। क्या बात है? शशांक देखता है कि क्लास मॉनीटर सुजित दास उसे एक कार्ड दे रहा है। वह कार्ड खोलकर पढ़ता है—बड़े-बड़े अक्षरों में लिखा है—'वी आर विद यू—इन सिम्पैथी—नॉट इन पिटी'—हम तुम्हारे साथ हैं, लेकिन दया करते हुए नहीं। नीचे सारे लड़कों के हस्ताक्षर हैं।

—तो माँ ने यह कहा था लड़कों से? कि उसे उन लोगों के साथ की जरूरत तो है, पर उस पर तरस खाते हुए नहीं?

क्या यह वही माँ है जो कहती थी कि दादी के पास सिर्फ मुहावरों-कहावतों से भरी हुई एक घिसी हुई भाषा है जिसमें खाली भावुकता भरी हुई है?

"एक समय हुआ करता था, बेटा, जब संसार के लोगों की अंतरात्माएँ इतनी शुद्ध हुआ करती थीं कि उन्हें हर आनेवाली आपत्ति-विपत्ति का पता पहले ही चल जाया करता था"—दादी ने उसके बालों में अपनी अँगुलियाँ घुमाते-घुमाते कहा। वह स्कूल से लौटा, तो पहले की तरह दादी और चाची उसका इंतजार कर रही थीं। चाची उससे पूछकर उसके लिए नींबू-चीनी की शिकंजी बना लाई और दादी ने गिलास पकड़कर उसे शिकंजी पिलाई। वह लेटा, तो दादी उसके बगल में लेट गई। माँ पहले की तरह घर में नहीं थी। पहले यानी बीमार पड़ने के पहले। हालाँकि माँ से वह स्कूल में लंच के वक्त मिल चुका था। कितना अजीब लगा था माँ का उसे लंच खिलाने स्कूल आना!

क्लास से लिफ्ट तक व्हील-चेयर में और फिर अमित और वेद नाम के एक लड़के के सहारे, जो हर तरह के सोशल वर्क में हमेशा आगे रहता है, वह पैदल चलकर गाड़ी तक पहुँचा था, जहाँ माँ लंच लिए उसका इंतजार कर रही थी। माँ ने गौर से उसके चेहरे को देखा था। शायद उसके चेहरे पर कोई परेशानी या क्षोभ उसने देख लिया। वह एकाएक जैसे बुझ गई। उसी क्षण उसने निश्चय किया कि वह दिल छूनेवाले भाषण को लेकर माँ से गुस्से का पता माँ को चलने नहीं देगा। वह माँ की तरफ देखकर मुस्कराया। उसके चेहरे का पोर-पोर उस मुस्कराहट से हमेशा की तरह जगमगा उठा। तब आकर माँ के चेहरे पर तनाव की नई-नई खुदी रेखाएँ हल्की पड़ गई थीं। शशांक ने दादी के स्निग्ध, शांत चेहरे की ओर देखा और दादी की बात सुनता-सुनता माँ के चेहरे से इस चेहरे का मिलान करता रहा।

"सच कहूँ तो बेटा, मुझे कई बार हैरानी होती है कि इस बार मुझे कोई भनक तक नहीं लगी कि घर में इतनी बड़ी घटना घटनेवाली है। बचपन से ही मुझे मालूम पड़ जाता था कि कहीं कुछ होनेवाला है। तुमको बताया था ना कि जब तुम्हारे दादाजी को हार्टअटैक हुआ, तो एक सप्ताह पहले से मेरे गले से खाना ही नीचे नहीं उतर रहा था। मन हर समय डरा-डरा रहता था कि कुछ बहुत बुरा होनेवाला है। पर इस बार..."—दादी की आवाज उसके गले में खो गई और वह किसी सोच में डूब गई। जिंदगी में पहली

बार शशांक को अहसास हुआ कि दादी की इस तरह की बातें माँ को इतनी बेतुकी क्यों लगती हैं।

"पर अब तो कलयुग जो ठहरा बेटा। काजल की कोठरी में कोई साफ रह सका है क्या? समय खराब है। एकदम पक्की बात है। तो फिर मेरी आत्मा क्या मैली नहीं होती? लेकिन बेटा, अब मुझे ऊपरवाले ने पक्का परचा दिया है कि ये बुरे दिन नहीं रहेंगे"—दादी चुप हो गई। शशांक ने देखा कि दादी का चेहरा गद्‌गद था और वह भाव-विभोर हो रही थी। वह समझ गया कि दादी का सीधे ऊपरवाले से कोई तार जुड़ गया है। पर अगले ही क्षण दादी का चेहरा बदल गया। वह जान गया कि अब दादी सोच रही है कि उसे इस बात का अहंकार नहीं पालना चाहिए, वरना हो सकता है कि ईश्वर ठीक उसका उलटा कर दे। दादी का ईश्वर हमेशा तरह-तरह के मजाक करता है। तरह-तरह से दादी की परीक्षा लेता है। इसलिए दादी ने अब डरकर विनम्रता से कहा—"मुझे कल रात जो सुपना आया, उसका मतलब कुछ और भी हो सकता है। हो सकता है कि मैं जो अर्थ निकाल रही हूँ, वह मेरा भरम ही हो। पर ऊपरवाले की कृपा हो, तो मेरा अर्थ ही सच निकलेगा।"

शशांक ने दादी को हल्के से हिलाया कि वह अपनी बात आगे बढ़ाए। "हाँ...हाँ बेटा, अभी बताती हूँ उस सुपने के बारे में। मैंने देखा कि हमारा घर फूलों और बंदनवार से सजा हुआ है। मेहमान चारों तरफ घूम रहे हैं। औरतों ने ऐसी सुंदर-सुंदर साड़ियाँ और गहने पहन रखे हैं जैसे किसी शादी में आई हों। कोई उत्सव हो रहा है हमारे यहाँ। यह तो पता नहीं क्या उत्सव है, पर कोई खुशी का मौका है। और देखो कि कल यह सुपना देखा और आज तुम स्कूल चले गए"—दादी का चेहरा अपने सपने की याद से चमक रहा है—"इसका मतलब यह हुआ कि अब तुम बहुत जल्दी एकदम ठीक हो जाओगे और हमारा घर खुशियों से भरा घर होगा। एकदम स्वर्ग की तरह!"

शशांक ने थोड़ा आगे झुककर दादी का गाल छुआ। ओह, कितनी प्यारी है दादी! दादी के स्वर्ग जैसे सुंदर घरवाले सुंदर सपने की बात से उसका मन हल्का हो गया। उसका मन हुआ कि दादी इसी तरह बोलती जाए और वह उसकी आवाज सुनता रहे। उसने दादी को फिर हल्के से हिलाया।

"क्या सुनना चाहते हो, मेरे प्यारे? मेरे चाँद। मेरे सूरज। मेरी आँखों के तारे। तुम बीमार क्या पड़े, मैं तो सारी कहानियाँ भूल गई। तुम सोचते

होगे कि दादी मेरे पास आती नहीं, बैठती नहीं...''—शशांक ने 'नहीं' करते हुए जोर-जोर से सिर हिलाया—''पर बेटा, मेरी तो साँस-साँस में तुम थे। तुम्हारे लिए प्रार्थना थी। मैंने सोचा कि तुम्हारे पास बैठूँ, इससे अच्छा है कि तुम्हारे लिए प्रार्थना करती रहूँ। क्या पता, कब ऊपरवाले की कृपा हो जाए। और तुम्हारे पास तो तुम्हारी माँ थी ही...।''—शशांक सोचता रहा कि क्या दादी की आवाज में कोई शिकायत थी कि उस समय माँ और उसके बीच दादी के लिए कोई जगह नहीं थी कि वह वहाँ आ सके। पर वह जानता है कि दादी के अंदर कोई ऐसी बात हो, तो भी दादी की जुबान पर कभी आनेवाली नहीं है। शशांक को इस बात का उतना ही यकीन है जितना इस बात का—कि सूरज कल पूरब से उगेगा। वह खुद भी तो दादी के ही पाले का खिलाड़ी है—'अपनी बात अपने मन में रखो' वाले पक्ष का। हो सकता है कि उसके अंदर दादी का खून ज्यादा है और माँ का कम। माँ अपने मन की बात हमेशा बताने में यकीन करती है। 'सच सुंदर हो न हो, सच सच ही होता है' में विश्वास करनेवाली।

''हजारों साल पहले के जमाने में बेटा, जब न टी.वी. था और न ही इतनी सारी किताबें, तब लोग बहुत सारी घटनाओं को इकट्ठा कर उनसे कुछ सिद्धांत बनाते थे। जैसे कि मानो किसी को बहुत नाम या धन मिल गया, तो उसके पहले उसने क्या देखा था या उसके साथ क्या हुआ था। इसी तरह कुछ बुरा घटा, तो उसके पहले क्या हुआ था। तुमको राजा भोज के दरबार में रहनेवाले ज्योतिषी घाघ के बारे में मालूम है ? वह इतना चतुर-चालाक था कि घाघ का मतलब ही हो गया चालाक! दरबार में सारे पंडित उससे जले-मरते। एक बार ऐसा भयंकर अकाल पड़ा कि जनता त्राहि-त्राहि कर उठी। पंडितों को मौका मिला। घाघ के रहते कोई बतानेवाला नहीं कि वृष्टि कब होगी? परेशान तो था ही, राजा को गुस्सा आ गया। ठीक-ठीक नहीं बताया, तो घाघ को फाँसी पर लटका दिया जाएगा—राजा ने ऐलान करवा दिया।

''अब घाघ के छक्के छूट गए। मारे गए, उसने सोचा। पोथा-पत्रा देखा, तो पाया कि एक सप्ताह में भयंकर बारिश होगी। आकाश देखा, तो बादल का एक सूत तक नहीं। घाघ बोरिया-बिस्तर समेट जंगल में भाग गया। राजा का क्या भरोसा कि फाँसी माफ करे ना करे और आदमी का क्या भरोसा कि पोथा ठीक पढ़े न पढ़े। आखिर आदमी है, अंतरयामी तो नहीं।

''जंगल में घाघ ने देखा कि एक अति सुंदर युवती एक पतले नाले

के पास सुअर चरा रही है। छोटी जात की होगी बेचारी। नाले के उस पार उसका बाप सुअर चरा रहा था। घाघ ने सुना कि उस लड़की ने अपने बाप को आवाज देकर कहा–'बापू, सुअर लेकर अब जल्दी इधर आ जाओ। वर्षा का पानी बढ़ गया तो सुअर नाला पार नहीं कर सकेंगे।' घाघ उछल पड़ा। लड़की तो जानकार लगती है। फिर भी उसने लड़की के पास जाकर पूछा–'तुझे कैसे मालूम कि वर्षा होगी?' लड़की ने कहा–'देखते नहीं, टिटिहरी अपने अंडे लेकर नाले से दूर भाग रही है। उसे मालूम नहीं होगा क्या?'

''घाघ की जान तो बच गई क्योंकि चौबीस घंटे के अंदर ऐसी वर्षा हुई कि पूरा शहर बहने लगा। पर घाघ का दिल उस लड़की पर आ गया था, सो उसने भड्डरी नाम की उस लड़की से ब्याह कर लिया। उनकी संतान को कहा गया 'जोतकी'। शनि का दान लेने जो जोतकी आता है न हर शनिवार को, वह घाघ-भड्डरी के वंश का है। उनको ब्राह्मण से छोटी जात माना गया।''

शशांक को जीवन चांडाल की कहानी याद आई जिसका एक पुरखा ब्राह्मण था और साथ ही मौसी की 'छिपकली' नाम की विचित्र बेसिर-पैर की एक कहानी भी। इस कहानी में एक औरत होती है जिस पर उसका पति बेवफाई का शक करता है और आए दिन उसे बुरी तरह पीटता है। एक बार उस औरत के हाथ एक किताब लग जाती है जिसमें छिपकली के शरीर के किसी हिस्से पर गिरने से होनेवाले शुभ या अशुभ फल के बारे में लिखा होता है। उसे पढ़ने के बाद उस औरत को एक अजीब संयोग का पता चलता है कि जिस दिन वह छिपकली को बोलते हुए सुनती है, उसी दिन उसका पति उसकी पिटाई करता है।

आज शशांक को लगा कि आरती मौसी को उस कहानी का आइडिया दादी से ही मिला होगा! उसका मन हुआ कि दादी को पूछा जाए कि यदि घाघ इतना बड़ा ज्योतिषी था, तो उसे क्या यह नहीं मालूम था कि उसकी आनेवाली पीढ़ियाँ क्या काम करके अपना जीवन काटेंगी?

दादी ने उसके मन की बात समझ ली। वह बोली, ''वैसे देखो, तो आदमी को होनेवाली घटनाओं का पता चल भी जाए, तो भी वह उन्हें बदलने के लिए कुछ नहीं कर सकता। ब्रह्मा ने एक बार हाथ पर रेखा खींच दी, सो खींच दी। हाँ, पर आदमी पहले से जान ले तो मन-ही-मन वह तैयार हो जाता है सहने के लिए।''

शशांक ने 'नहीं' करते हुए सिर हिलाया। क्या उसके साथ जो हुआ है, उसे पहले से पता होता, तो इसे सहना आसान हो जाता? ''ठीक कहते हो, बेटा''—दादी ने कहा—''पहले से पता चल जाए, तो आदमी पहले ही मर जाए, पर अब तो कलयुग जो ठहरा बेटा।'' दादी ने अचानक घबड़ाकर बात बदल दी। वह समझ गई थी कि उसे भविष्य को जानने के फायदे-नुकसान पर शशांक से बात नहीं करनी चाहिए। इसलिए वह कलयुग पर लौट आई—ऐसे समय में जब इंसान में कोई ईमान, कोई अच्छाई नहीं बची रहती और न ही इनकी कोई कीमत रह जाती है।

दादी के चुप होने से पूरे कमरे में सन्नाटा बोलने लगा था। आज तीनों बच्चे स्कूल से ही चाची की तरफ के किसी रिश्तेदार के बच्चे के जन्मदिन की पार्टी में जानेवाले हैं। दादी को भी सन्नाटे का इस तरह सिर पर सवार होना शायद अखरने लगा। ''तुम्हें एक कलयुग की कहानी सुनाऊँ? मैंने कुछ दिन पहले पढ़ी थी। पर मुझे पूरी ठीक-ठीक याद नहीं है। अब तो ऐसा दिमाग हो गया मेरा कि किताब बंद और कहानी उसमें बंद। कुछ याद ही नहीं रहता। आधी-पड़दी कहानी तो याद है, सुनोगे?''—दादी ने पूछा।

शशांक ने सिर हिलाया। दादी बोलती रहे, यही काफी है। कहानी टूटी-फूटी हो या आधी-अधूरी, क्या फर्क पड़ता है।

''एक बार पाँचों पांडव बनवास के दिनों में भटकते-भटकते रास्ता भूल गए। तुम्हें याद है ना कि दुर्योधन ने उन्हें देश-निकाला दिया था। प्यास से उनका हाल बदहाल हो गया। थककर पेड़ की छाँव में बैठे। युधिष्ठिर ने एक भाई को तालाब-बावड़ी खोजने भेज दिया। एक घंटे में भी वह वापस नहीं लौटा, तो दूसरे, तीसरे, चौथे सबको भेजा। एक-एक करके सबका वही हाल। तब युधिष्ठिर खुद गया। देखा तो एक तालाब के किनारे तीनों-चारों बेहोश पड़े हैं। तालाब के मालिक यक्ष की आवाज आई—धर्मराज, मेरे सवालों का जवाब दिए बिना पानी पीने की कोशिश की तो तुम्हारा भी यही हाल होगा।

''तो अचानक युधिष्ठिर ने एक दृश्य देखा कि एक दो-मुँहवाला बहुत कमजोर भैंसा एक हरे-भरे बागान की घास चर रहा है। देखते-ही-देखते उसने बागान को उजाड़ दिया। पर वह रहा वैसा-का-वैसा ठठरी का ठठरी और भूखा का भूखा। युधिष्ठिर ने कहा, 'यक्षराज, यह कलयुग का लक्षण है। कलयुग में सारे पंच-सरपंच, वकील-जज, राजा-मंत्री-सिपाही इस दोमुँहे भैंसे

जैसे होंगे। वे वादी-प्रतिवादी दोनों पक्षों का गला काटेंगे, पर उनका पेट कभी नहीं भरेगा। वे पूरा-का-पूरा राज उजाड़ देंगे, पर रहेंगे भूखे के भूखे'।''

दादी आगे की कथा याद करने की कोशिश करती रही। फिर हार मानकर बोली, ''ऐसे ही चार सवाल और थे। एक तो यह था कि कई लड़कों का पिता भी भूखा और अकेला मरेगा। पर क्या दिखाया था यक्ष ने यह तो याद नहीं। तो देखो बेटा, यह कलयुग है और इन कथाओं में बड़ा सच छुपा है। अखबार उठाओ तो, टी.वी. देखो तो, सब जगह यही तो है। घोर कलयुग। ऐसे में मन मैला नहीं होगा, तो क्या होगा? आदमी का चित्त शुद्ध हो, तो उसे भविष्य ऐसे दिखाई पड़ता है, जैसे साफ दर्पण में मुँह! मेरा मन तो क्या खाक शुद्ध है, पर ईश्वर की कृपा से देखो मुझे साफ दिखाई पड़ा है कि हमारे घर में सुख का वास होनेवाला है। ये दिन चुटकियों में बीत जाएँगे और जब अच्छे दिन आएँगे, तो हमें याद तक नहीं रहेगा कि कभी ऐसे भी दिन आए थे।''

दादी मुस्करा रही थी और उसके सिर पर हाथ फेर रही थी। दादी की उजली मुस्कराहट की धूप शशांक के अंदर तक फैल गई। तुम जहाँ हो दादी, वहाँ कलयुग कैसे आएगा—सोचकर वह मुस्करा दिया। दादी की कहानियाँ वापस लौट रही हैं, यह भी तो अच्छे दिन वापस लौटने का प्रूफ है। शायद दादी को भी यह बात मालूम है, उसने सोचा। फादर, हेडमास्टर, अमित, जोसेफ, वेद—कलयुग कहीं नहीं है दादी। कहीं आसपास भी नहीं। उसने मन-ही-मन दादी से कहा।

जोसेफ फिर बिल्ली की तरह दबे कदमों से शशांक के पास आकर खड़ा हो गया था। पूरी क्लास बोर्ड से कोई फॉर्मूला उतार रही थी और शशांक खिड़की से बाहर हवा में लहराते पीपल के हरे-हरे नए पत्तों को देख रहा था। जोसेफ हल्के से खाँसा। चौंककर शशांक ने उसकी तरफ देखा। जोसेफ चुपचाप खड़ा रहा। शशांक को लगा जैसे वह सोच रहा हो कि शशांक को कुछ बोले या न बोले। उसे जोसेफ से बेबात जोर की चिढ़ हुई।

''माइ डियर बॉय'', जोसेफ ने कहना शुरू किया। शशांक को एकदम लगा कि जोसेफ उसे कोई ऐसी बात बोलेगा जो बहुत गड़बड़ होगी। उसका शुबहा ठीक निकला। ''माइ डियर बॉय, अगर तुम कुछ नहीं लिखोगे और न ही कुछ बोलोगे, तो तुम पढ़ोगे कैसे? आई मीन टू से, कि तुम 'पास' कैसे होगे? यह तुम्हारा स्कूल का लास्ट ईयर है और एक साल भी नहीं है बोर्ड की परीक्षा में। कैसे काम चलेगा तुम्हारा?''

शशांक ने आँखें झुका लीं। वह अंदर ही अंदर दुख और गुस्से से काँप रहा था। मन-ही-मन उसने जोसेफ को सारी गंदी गालियाँ दे डालीं, जो उसे आती थीं। फिर उसने अमित की तरफ देखा। अमित ऐसे लिखता जा रहा था जैसे उसे कुछ सुनाई न दिया हो। शशांक को लगा कि यदि उसने जोसेफ की तरफ देखा, तो वह रो पड़ेगा। इसलिए उसने अपनी आँखें जोर से मूँद लीं और पत्थर की तरह बैठा रहा। जब उसे अमित की जोसेफ को दबी जबान में दी हुई गाली सुनाई पड़ी, तब उसने आँखें खोलीं और जाते हुए जोसेफ की पीठ को नफरत से देखता रहा।

लंच पर माँ उसे देखते ही समझ गई थी कि कुछ गड़बड़ है। माँ ने वर्ड-बोर्ड निकाला। 'बताओ, क्या बात है। बाद में खाना।' उसने अँगुलियों से लिखा–'जोसेफ?' ''क्यों, अब उसे क्या प्रॉब्लम है तुमसे?''–माँ ने पूछा। ''एक्जाम। पास''–शशांक ने दो शब्द लिखे। ''अच्छा, उसे तुम्हारे पास-फेल की बड़ी चिंता है। पहले एक्स्ट्रा सवाल दिया करता था न यही जोसेफ?''–माँ ने पूछा। फिर कुछ सोचकर बोली, ''देखो शशांक, इसमें परेशान होने की कोई बात नहीं है। जोसेफ सही बोल रहा है। कल से तुम टाइपराइटर लेकर स्कूल आओगे। तुम्हारी टाइपिंग की प्रैक्टिस होती रहेगी और एक्जाम में

भी तुम बैठ सकोगे। क्लास में मन भी लगा रहेगा पढ़ाई में। कुछ न लिखो, तो पढ़ाई से ध्यान इधर-उधर हो जाता है।''

'टू हेल विद योर आइडियाज'—शशांक ने मन-ही-मन कहा। उसने दो अँगुलियाँ दिखाईं। नहीं, वह टाइपराइटर लेकर स्कूल नहीं आएगा। ''पर क्यों?''—माँ हैरान थी—''कभी-कभी मुझे सचमुच लगता है कि बुखार का वायरस तुम्हारी बुद्धि भी खा गया है।'' शशांक गुस्से से भर उठा। उसने वर्ड-बोर्ड उठाकर गाड़ी के पीछे की तरफ फेंक दिया। माँ गुस्से में उबलती अपने को सँभालती रही। टिफिन बिना खोला हुआ पड़ा था। फिर माँ ढीली पड़ती हुई बोली—''अच्छा, यह फैसला हम बाद में भी कर सकते हैं। अमित और वेद तुम्हें लेने आते ही होंगे। जल्दी-जल्दी खा लो। जोसेफ का गुस्सा मुझ पर मत उतारो।'' शशांक को भी लगा कि उसे वर्ड-बोर्ड नहीं फेंकना चाहिए था। उसने हवा में 'एस' बनाया। 'सॉरी?—यही बोल रहे हो न?'—माँ ने पूछा। एक अँगुली। यानी हाँ। माँ ने टिफिन खोलकर रोटी- सब्जी का एक कौर उसके मुँह में डाल दिया—''खाओ, खाओ। कुछ और मत सोचो। टाइम नहीं है।''

स्कूल से घर लौटा, तो शशांक ने देखा कि माँ उसे लेने घर के दरवाजे तक आई है। वह आज दफ्तर नहीं जाएगी, यह तो उसने पहले ही सोच लिया था। ''क्यों अमित, अगर शशांक अपना इलेक्ट्रॉनिक टाइपराइटर लेकर स्कूल आए, तो क्या-क्या दिक्कतें होंगी?''—माँ ने पूछा। ''कोई दिक्कत नहीं होगी आंटी। बिजली का स्विच तो क्लास में है ही। अगर दूर हुआ, तो एक्सटेंशन कॉर्ड लगा सकते हैं। आइडिया तो अच्छा है। ऐसे तो यह खाली बैठा रहता है क्लास में। वह जोसेफ बोल भी रहा था इसे आज...''—अमित ने कहा।

''हाँ, तो क्या प्रॉब्लम है टाइपराइटर लेकर स्कूल जाने में? बताओ''—माँ वर्ड-बोर्ड लेकर उसके सिर पर सवार हो गई थी। ''मैंने मिस्टर थापा से फोन पर बात कर ली है। वे भी कह रहे हैं कि बहुत अच्छा रहेगा। सीधे बैठने की और अपने दोनों हाथों को काम में लाने की तुम्हारी प्रैक्टिस होती रहेगी''—शशांक माँ की बातें सुनकर झल्ला उठा। ''इतना सबकुछ करके बैठी हो, तो एक फोन ऊपरवाले को भी लगा लिया होता कि यह सबकुछ मेरे साथ ही क्यों...''—उसने वर्ड-बोर्ड पर लिखा। माँ ने उसकी ऐसी प्रतिक्रिया की शायद कभी कल्पना नहीं की थी। वह स्तब्ध खड़ी रही। शशांक

को तुरंत गहरा अफसोस हुआ कि वह क्यों माँ को इतना सता रहा है। वह कुछ कहती, इससे पहले माँ उसे एक चिट्ठी देकर चुपचाप कमरे से बाहर चली गई। ''अब क्या लिख डाला है माँ ने''—शशांक ने परेशान होते हुए चिट्ठी खोली :

'डियर मिस्टर जोसेफ,

मैं जानती हूँ कि आप शशांक और सारे बच्चों की भलाई की हमेशा चिंता करते आए हैं। कभी-कभी इतनी भी कि वह बेजरूरत लगने लगती है और लोग आपकी नेकनीयती और निष्ठा की कदर नहीं कर पाते हैं। पर इस बात से घबराकर आप कभी पीछे नहीं हटे। यकीन मानिए कि इस बात के लिए मेरे दिल में आपके लिए बहुत इज्जत है और इसी कारण मैं आपको यह पत्र लिखने का साहस जुटा पाई हूँ।

आज शशांक जीवन के उस मोड़ पर खड़ा है जब उसने अपना बहुत कुछ खो दिया है। इतना कुछ कि उसके कष्ट की कल्पना करना उसकी माँ होते हुए भी मेरे लिए असंभव है। पर उसकी हिम्मत का कायल होने का कारण सिर्फ उसकी माँ होना नहीं है। यह तो कोई भी देख सकता है कि उसके रास्ते पर चलना उसके जैसी स्थिति में पड़ने पर हममें से किसी के लिए नामुमकिन नहीं, तो कम-से-कम आसान तो नहीं होता। यों शायद उसके पास भी इस रास्ते पर चलने के अलावा कोई चारा नहीं है।

कभी-कभी सिर्फ एक कदम-भर चल पाना ही आदमी के हाथ में होता है, यह जानते हुए कि आगे तक नहीं पहुँच पाने की स्थिति में इस एक कदम चलने में जी-जान लगा देने का कोई मतलब नहीं होगा। मेरा ख्याल है कि हमें शशांक को वह एक कदम चलने देना चाहिए। क्या पता कि इसी एक कदम से कोई आगे का रास्ता निकल आए। वैसे भी इसके अलावा हमारे पास क्या चारा है?

शुभकामनाओं सहित,

मिसेज चौधरी'

'नॉट बैड'—शशांक ने सोचा। उसके मन में गर्व की एक लहर उठी। माँ ने बिना कुछ कहे जोसेफ को ठीक झापड़ लगा दिया है। साला, बहुत तीसमारखाँ समझता है अपने-आपको। देखें, क्या असर होता है इस चिट्ठी का उस पर!

''ठीक है?''—माँ ने धीमे से कमरे में आकर लगभग फुसफुसाकर पूछा। वह मुस्कराया और उसे अँगूठा ऊपर कर शाबाशी का संकेत बनाया। पर

माँ न खुश हुई और न जवाब में मुस्कराई।

अच्छा, सुबह वर्ड-बोर्ड फेंक देने की बात से अभी तक गुस्सा है? ठीक है, रहे गुस्सा। शशांक ने भी अपना मुँह फेर लिया।

"टाइपराइटर के बारे में क्या फैसला किया?"—माँ ने पूछा। शशांक का मन हुआ कि कहे, सारे फैसले तो तुम करती हो। उसने मुँह माँ की तरफ नहीं घुमाया। "तुम्हें क्या प्रॉब्लम है, यह मालूम तो पड़े"—माँ शब्दों को गुस्से से चबा-चबाकर कह रही थी। शशांक ने वर्ड-बोर्ड उठाया—"आई डोंट वांट टू बी अ शो-ऑफ"—

हूँह, कुछ समझती तो है नहीं। उसकी क्लास में कितने गरीब लड़के पढ़ते हैं। वह इतना महँगा टाइपराइटर लेकर स्कूल जाएगा, कितना बुरा लगेगा! पर माँ को क्या फर्क पड़ता है। उसे तो अपनी जिद चलानी है। अदिति ठीक ही कहती है।

"तुम्हारा दिमाग क्या एकदम फिर गया है? अरे, कोई गरीब-से-गरीब माँ-बाप होते और उनका लड़का तुम्हारी जैसी मुसीबत में पड़ जाता, तो वे भी, भले ही भीख माँगकर, एक इलेक्ट्रॉनिक टाइपराइटर अपने लड़के के लिए जुगाड़ कर लेते। शो-ऑफ? तुम बोल नहीं सकते और जो चीज तुम्हारे लिए बोल सकती है, उसे दिखावे की चीज..."—माँ बोलते-बोलते रुक गई।

शशांक चुप था। उसने अपनी आँखें नीची कर रखी थीं। माँ ने अब प्यार से कहा—"समझ में आई न बात? बेटा, जीवन जीवन की तरह जीना पड़ता है। यदि तुम लिख पाते तो टाइपराइटर दिखावे की चीज हो सकती थी। हर उसूल, हर सच समय के साथ बदलता रहता है। बल्कि उसे बदलते रहना चाहिए। क्या दादी की किसी कहानी ने तुमसे यह बात नहीं कही?"—अंतिम वाक्य बोलते-बोलते माँ हँस पड़ी। अच्छा तो दादी की तर्करहित बातों का मजाक बनाते-बनाते माँ अब उसे भी लपेट ले रही है। माँ को मालूम है कि उसके कोर्ट जाना शुरू करते ही दादी उसे फिर कहानियाँ सुनाने लगी है।

शशांक भी शैतानी से हँस पड़ा। "तुम्हें दिल्ली चले जाना चाहिए। एक सफल पॉलिटिशियन बन सकती हो तुम"—उसने लिखा।

पापा माँ-बेटे की सारी बातें चुपचाप सुनते-समझते रहते हैं। बीच में कभी नहीं बोलते। पर शशांक देखता है कि जब वह माँ से नाराज होता है, तो पापा हमेशा उसके पक्ष में रहते हैं। बिना कुछ कहे। माँ भी यह बात अच्छी तरह जानती है। और शायद इसे भी पापा की एक कमजोरी

मानकर चलती है।

अजीब बात है कि व्हील-चेयर पर क्लास में आने पर पहले दिन कोई लड़का उसके पास फटका तक नहीं था, जबकि टाइपराइटर के साथ आते ही जैसे क्लास का मौसम बदल गया। सबसे पहले संदीप ऑस्टा आया। ''मैं टाइप करूँ?'' पूछकर उसने टाइप किया—''हाऊ आर यू फीलिंग नाउ?'' शशांक ने हँसकर टाइप किया—'मच बैटर'। 'यू लुक डेफिनेटली बैटर'—संदीप ने फिर टाइप किया।

ब्रेक में कई लड़के आकर टाइपराइटर को देख गए। किसी ने कुछ पूछा, तो उसने टाइप करके जवाब लिख दिया। वाकई माँ की बात सही थी। फिलहाल यह टाइपराइटर ही उसकी बोली है। और इसमें भी क्या गलत बात है कि इसी से वह परीक्षाएँ दे सकता है। जोसेफ ने उसे जो कहा था, उसके भले के लिए ही कहा था। पर पता नहीं जोसेफ का क्या हुआ। जिस दिन से अमित ने उसे माँ की चिट्ठी दी है, उस दिन से तीन दिन हो गए, स्कूल ही नहीं आ रहा है। शायद बीमार-वीमार पड़ गया है।

इंग्लिश की नई टीचर आई है। पुराने टीचर के गले में कुछ हो गया है। डॉक्टर ने उन्हें ज्यादा बोलने से मना किया है। ब्रेक में वाइस-मॉनीटर श्रीजित गुहा उसके पास आया। ''टाइपराइटर सबसे ज्यादा आवाज कब करता है?'' उसने पूछा। शशांक ने लिखा—''जब लिखे हुए को मिटाया जाए।'' ''दिखाओ करके।'' शशांक ने इरेज़ का बटन दबाया। खटर-खटर—टाइपराइटर आवाज करता हुआ लिखे हुए अक्षरों को मिटाता उलटा चलता गया। ''वाह, बहुत बढ़िया। आज इंग्लिश की क्लास में चलाना तो। 'वाई टू के' से बहुत बोरियत होती है।'' उसने हँसकर शशांक की पीठ पर मुक्का जमाया और चलता बना।

'वाई टू के' यानी नई इंग्लिश टीचर—अमित ने उसे बताया। ओह, शशांक हँस पड़ा। 'नई टीचर का नाम है क्रिस्टीना केल्विन यानी 'टू के'। और 'वाई' इसलिए कि अगर वह अपने दोनों हाथ वाई की तरह ऊपर उठा दे, तो वह एकदम सीधी 'वाई' की डंडी जैसी होगी।' शशांक के गले से अमित की बात पर गलगल की आवाज के साथ दबी हुई हँसी निकली। नई टीचर वाकई एकदम सीधी डंडे जैसी है। उसमें कहीं कुछ भी गोल नहीं और न ही घुमावदार है। कुछ भी ऐसा नहीं जिसे चोरी-चोरी देखा जा सके। यहाँ तक कि चेहरे पर भी हमेशा बारह बजे रहते हैं। न कोई हाव, न भाव।

अभी जहाँ देखो, 'वाई टू के' की चर्चा है। ऐसे लगता है कि जब समय की सुई दो हजार के तीन जीरो पर आएगी, तब सारी दुनिया के कम्प्यूटर रुक जाने से दुनिया एक क्षण अँधेरे में डूब जाएगी। पर यह भी तो हो सकता है कि कोई ऐसी नई रोशनी पैदा होगी जो दुनिया बदल डालेगी। उसे मालूम है कि जया ने अनंत को कहा है–'वाई टू के' होते ही मिरेकल होगा। शशांक भैया एकदम ठीक हो जाएगा। मम्मी बोली है।

जवाहरलाल नेहरू ने 'डिस्कवरी ऑफ इंडिया' में क्या-क्या पाया, सुनते-सुनते जब पूरी क्लास ऊब से भर रही थी, श्रीजित गुहा खाँसा। शशांक ने अब तक लिखे हुए को 'इरेज़' करना शुरू किया। 'वाई टू के' हकबका गई। फिर जब उसे समझ में आया कि यह टाइपराइटर की करामात है, तो वह असमंजस में एक क्षण चुप रही। उसके बोलना शुरू करते ही शशांक ने फिर 'इरेज़' का बटन दबा दिया। टीचर फिर चुप हो गई और क्लास की हँसी फूट पड़ी। तब टीचर बैठ गई। 'ठीक है, आप लोग बोर हो रहे हैं, तो मैं आगे नहीं पढ़ाती'–कहकर उसने शशांक की तरफ शिकायत से देखा। उसका पिटा हुआ चेहरा देखकर शशांक को लगा कि उसका मजाक पिट गया है। अलबत्ता उस दिन लंच में अमित और वेद मुश्किल से उसे पीठ ठोंकते लड़कों की जुटी भीड़ से निकालकर नीचे इंतजार करती माँ के पास लाए। वे जोर-जोर से हँस रहे थे। अमित ने टीचर के चौंकने, रुकने, बोलने और फिर चुप हो जाने का अभिनय कर माँ को पूरा किस्सा सुनाया। उस दिन शशांक पूरा खाना नहीं खा सका, क्योंकि पहले ही लंच पूरा होने की घंटी बज गई थी।

अगले सप्ताह सोमवार को जोसेफ फिर स्कूल आया। पूरे पीरियड शशांक उसकी तरफ देखता रहा कि जोसेफ से आँख मिलने पर शशांक मुस्कराए या जोसेफ आकर उसका टाइपराइटर देखे। पर ऐसा कुछ भी नहीं हुआ। पूरे पीरियड जोसेफ गुमगुस-सा बना रहा। घंटी बजते ही किताब बंद कर तेजी से बाहर निकल गया। जब लंच के समय अमित और वेद उसे व्हील-चेयर पर बिठाकर लिफ्ट तक ले जा रहे थे, तब जोसेफ अचानक प्रकट हुआ और उसने शशांक को एक चिट्ठी पकड़ाते हुए कहा–''अपनी माँ को दे देना।''

माँ ने लंच का टिफिन खोलने के पहले चिट्ठी खोली। पढ़कर उसे दे दी और टिफिन खोलने लगी। शशांक ने पढ़ा :

'डियर मिसेज चौधरी,

आपकी चिट्ठी पढ़कर मैं बहुत सोच में पड़ गया। पूरे एक सप्ताह तक मैं इसका जवाब नहीं दे सका क्योंकि मैं सोचता ही जा रहा था। आपकी चिट्ठी को मैंने बार-बार पढ़ा।

आपको इतना ही कहना चाहता हूँ कि मैं इसी नतीजे पर पहुँचा कि शशांक के पास इतना कुछ खोकर भी इतना कुछ बचा हुआ है, जो बहुत कम लोगों के पास है। कम-से-कम मेरे पास तो नहीं।

आपका,
पीटर जोसेफ

शशांक ने माँ की तरफ देखा। माँ भी उसे देख रही थी। क्या था माँ की आँखों में—वह पढ़ नहीं पाया। एक तरह का अफसोस या हैरानी—दुनिया को न समझ पाने की? माँ उसकी आँखें पढ़ पाई या नहीं, यह भी उसे मालूम नहीं पड़ा। माँ टिफिन खिलाते हुए चुप थी पूरे वक्त! शायद जोसेफ के बारे में सोच रही थी उसी की तरह—कैसा जीवन होगा जोसेफ का, क्या समस्याएँ होंगी, कौन लोग होंगे उसके परिवार में और कैसा रहा होगा उसका बचपन—यह कह पाने या मान पाने के लिए कि शशांक के पास अब भी कुछ ऐसा है जो उसके पास नहीं है?

आज वृहस्पतिवार है। स्कूल की छुट्टी है। मौसी आज माँ की जगह लेने चली आएगी हमेशा की तरह। बहुत बचपन की यादों में भी मौसी हर वृहस्पतिवार को इसी तरह दिन-भर के लिए आती रही है। इसलिए वृहस्पतिवार का दिन शशांक के लिए बचपन से किताबों और कहानियों का दिन रहा है। वह जैसे-जैसे बड़ा होता गया, मौसी की कहानियों की किताबें उसके हिसाब से बदलती गईं। फिर मौसी ने एक दिन उसे अपनी खुद की लिखी कहानियाँ देनी शुरू कीं। शशांक को याद है कि वह पहली ही कहानी पढ़कर बहुत चकराया था। वह एक बालिग दुनिया की कहानी तो थी ही, उसमें कुछ भी साफ-साफ नहीं था। उस कहानी के पति-पत्नी कहीं मौसी और उनके भूतपूर्व पति तो नहीं—शशांक को शक हुआ था। पर मौसी के बारे में बात करना न मौसी को पसंद है और न माँ को। बस इतना मालूम है कि शादी के तुरंत बाद मौसी के पति मर गए थे। बच्चे हुए नहीं थे। फिर मौसी अकेली रहने लगी। सबने दोबारा शादी के लिए कहा, पर मौसी ने एकदम साफ मना कर दिया।

मौसी की पहली कहानी का पति अचानक आत्महत्या कर लेता है। उसकी पत्नी से उसका किसी तरह का कोई झगड़ा नहीं होता। वह न कोई सुसाइड नोट लिखकर छोड़ता है कि उसने ऐसा क्यों किया और न ही उसके मरने के बाद किसी तरह का कोई राज खुलता है। उसकी पत्नी को पति के मरने से भी बड़ा सदमा पति की इस बेवफाई से होता है कि बिना कुछ बताए वह सुबह-सुबह पंखे से लटककर झूल गया। पूरी कहानी में पत्नी यह कोशिश करती रहती है कि कहीं से कुछ पता चले। सारे लोग कहें न कहें, पर पत्नी को ही इस आत्महत्या का जिम्मेदार मानते हैं। इसलिए पत्नी के लिए उसकी अकारण आत्महत्या कत्ल करने के जुर्म की तरह हो जाती है।

पूरी-की-पूरी कहानी संवादों में चलती गई थी—संवाद भी ऐसे जो आपस में किसी तरह जुड़े हुए नहीं थे। शशांक को खास तौर पर एक डायलॉग याद रह गया था। पत्नी से उसकी माँ पूछती है—'कुछ तो कहा होगा उसने तुमसे'—पत्नी जवाब देती है—'आज इतनी गरमी है। बरामदे के पौधों में पानी डाला या नहीं किसी ने?' शशांक को ऐसा लगा था जैसे वह पत्नी

अपने मृत पति का अंतिम डायलॉग बोल रही हो और पौधों में पानी नहीं डालने के कारण पति ने आत्महत्या कर ली हो। बाद में उसे कहानी के इस तर्ज पर चलने की आदत समझ में आ गई थी और उसे बहुत हँसी आई थी कि उसने ऐसा सोचा भी कैसे था कि कोई पति पौधों के सूखने से आत्महत्या कर सकता है।

यह कहानी मौसी के अपने जिए हुए जीवन से संबंधित थी या नहीं, यह तो शशांक को ठीक-ठीक पता नहीं चला, पर मौसी से एक अजीब तरह की निकटता शशांक उस दिन के बाद महसूस करने लगा था। उसे ऐसा लगा था कि उसे मौसी ने बहुत मेहनत करके धीरे-धीरे इस लायक बनाया है कि वह शशांक को अपनी जिंदगी में एक खास तरह की साझेदारी करवा सके। वाकई उस दिन से उस दोनों में एक तरह की ऐसी दोस्ती हो गई थी जैसे शशांक मौसी का हमउम्र हो गया हो। वह मौसी की सारी कहानियों को बहुत ध्यान से एक-एक शब्द समझते हुए पढ़ता था, पर उन दोनों के बीच यह एक अनकहा समझौता था कि वह उनके बारे में कभी मौसी से बात नहीं करता था।

मौसी वृहस्पतिवार को कुछ-कुछ लिखती भी थी। पर वह अपना ताजा लिखा हुआ कभी शशांक को पढ़ने नहीं देती थी। वह अपने कमरे में घुसता, तो मौसी अपने कागजों को पलटकर उलटा रख देती। शशांक को मौसी की यह आदत अजीब लगती थी। जब पूरी कहानियाँ मौसी उसे पढ़ा सकती है, तो अधूरी क्यों नहीं? पर एक दिन अजब तरीके से उसे मौसी का लिखा हुआ ताजा पन्ना मिल गया था और उसने अपने को ऐसा करने के लिए धिक्कारते जाने के बावजूद उसे पूरा पढ़ डाला था।

मौसी का एक पन्ना हवा से उड़कर पलंग के पीछे गिर गया था। मौसी ने बहुत देर तक लिखने की टेबुल को पूरा उलटा-पुलटा कर उसके अगल-बगल-ऊपर-नीचे सब जगह उस पन्ने को खोजा था। अपने सारे कागजों को दस बार उलट-पुलटकर देखा था। पर पन्ना नहीं मिला था और मौसी आश्चर्य करती हुई अपने घर चली गई थी। जाते-जाते पापा ने मौसी का बहुत मजाक उड़ाया था कि मौसी ने अपने शब्दों को शायद हवा में लिखा था और अब पन्ने में ढूँढ़ रही थी। माँ ने पापा का साथ देते हुए कहा था—''क्या पता पन्ना उड़कर सीधा किताब छापनेवाले के घर ही चला गया हो कि 'लो मैं आ गया'।''

रात के सन्नाटे में अपने पलंग पर सोते हुए शशांक को पलंग के पीछे

कुछ फड़फड़ाहट सुनाई दी थी। पन्ना पंखे की हवा से हिल रहा था। वह तुरंत समझ गया था कि यह क्या आवाज है। उसने बत्ती जलाकर झाड़ू की सींक से पन्ने को निकाल लिया था। उस पन्ने पर मौसी की लिखावट में लिखा था—"इस उम्र में, जबकि आप न बच्ची रह गई हैं और न पूरी तरह समझदार हुई हैं, विपरीत सेक्स के एक काबिल टीचर के प्रति आपका आकर्षण बहुत स्वाभाविक है। किंतु यदि वह टीचर सच्चा और ईमानदार इंसान होता, तो आपके इस आकर्षण को अपने फायदे के लिए कभी इस्तेमाल नहीं करता। तीन-चार साल बाद आपको पत्र लिखकर मुझसे अपने सवाल का जवाब पूछने की जरूरत पर आश्चर्य होगा, क्योंकि तब तक आप खुद देख पाएँगी कि कच्ची उम्र की भूल का फायदा उठानेवाला वह टीचर आपका गुनहगार है।"

ओह गॉड! तो मौसी यह सब भी लिखती है? पर किस नाम से? और किस अखबार या पत्रिका के लिए? शशांक के आश्चर्य का ठिकाना नहीं था। क्या माँ जानती है इस बात को? तब से शशांक हर अखबार में और पत्रिका में निकलनेवाले इस तरह के कॉलम पढ़ता आया है। न मौसी को मालूम है कि वह हर जगह भाषा के रास्ते मौसी को खोजता है और न शशांक अभी तक निश्चित कर पाया है कि किस पत्रिका-अखबार के जवाब मौसी के लिखे हुए हैं। कई बार उसे किसी जवाब के पीछे मौसी दिखाई पड़ती है, पर उसी के बादवाले प्रश्न का जवाब इतना बेकार होता है कि उसे पक्का भरोसा होता है कि यह मौसी का लिखा हुआ हो ही नहीं सकता। शशांक को अचानक एक कौंध में एक दृश्य याद आया कि किस तरह मौसी अस्पताल में हर क्षण माँ के पीछे खड़ी थी—थोड़ी-थोड़ी देर में उसे जबरदस्ती कुछ खिलाती हुई। 'अच्छा, एक चम्मच उपमा खा लो। बस एक चम्मच।' बार्ली में कोकाकोला मिलाकर उसे पीने लायक बनाती हुई।

मौसी कमरे में घुसते ही मुस्कराई। शशांक समझ गया। इसका मतलब है कि एक कहानी पूरी हो गई और मौसी अपने लिखे हुए से खुश है। उसने पिछले वृहस्पतिवार को देखा था कि वह कुछ लिख रही है। तभी उसने सोचा था कि यदि वह मौसी को एक पत्र लिखे कि उसकी माँ ने उसके स्कूल में जो 'दिल छूनेवाला भाषण' दिया था, वैसा करने का क्या उसे कोई हक था, तो मौसी क्या जवाब देगी? यदि वह लिखे कि जितनी बार उसे यह बात याद आती है, वह गुस्से और अपमान से तिलमिला उठता है, तो मौसी

उसे क्या सुझाव देगी? शशांक सोचता रहा था। लेकिन मौसी को यह मालूम नहीं होना चाहिए कि पत्र उसकी बहन के बेटे का है। तभी तो वह निष्पक्ष होकर अपनी राय देगी। वैसे मौसी क्या लिख सकती है इस तरह के जवाब में, शशांक ने मौसी को मुस्कराते देख सोचा, ज्यादा-से-ज्यादा यही लिखेगी कि 'दुनिया के सारे माँ-बाप अपने बच्चों का, अपनी समझ में, सिर्फ भला करना चाहते हैं। पर कई बार वे गलतियाँ कर बैठते हैं, क्योंकि उनकी समझ सिर्फ उनके इसी नजरिए से पैदा होती है कि वे बच्चों का भला कर रहे हैं।' और शायद यह भी लिखेगी कि 'यह हमेशा से होता आया है और हमेशा होता रहेगा।'

अच्छा-अच्छा, शशांक समझ गया। ये सारे प्रश्न इसी तरह से गढ़े हुए होते हैं कि उनका एक ही उत्तर हो सकता है—ऐसा उत्तर जो दोनों पक्षों की कमजोरियों की बात करता है, और दोनों को सहानुभूति के साथ देखता है। तो क्या मौसी खुद ही ये प्रश्न भी बनाती है जिनके उत्तर वह लिखती होगी? शायद वह आस-पास की दुनिया में लोगों के मन पढ़कर उनके संभावित सवाल सोच लेती होगी और फिर उनके उत्तर लिख डालती होगी। कौन जाने कि इन उत्तरों से कभी किसी को सचमुच कोई मदद मिल जाती हो! वैसे भी उसने जितने प्रश्न पढ़े हैं, उनमें समस्याएँ अपनी जाति के बाहर प्रेम, प्रेम-त्रिकोण, माँ-बाप के प्रेम के विरोध या किसी पर-पुरुष-स्त्री से प्रेम से ही जुड़ी होती हैं या फिर पति-पत्नी के झगड़ों से। माँ-बाप के 'और पढ़ो और पढ़ो' से दुखी बच्चों की समस्याएँ तो खैर उसके आस-पास ही बहुत हैं—यहाँ तक कि वह कोई भी ऐसा सवाल-जवाब पढ़ता है, तो किसी-न-किसी जाने-पहचाने लड़के-लड़की के बारे में सोचने लगता है कि शायद नकली नाम से यह पत्र फलाँ लड़की या लड़के ने ही लिखा होगा।

"मेरी माँ बचपन से मुझे कहती रही कि मुझे बड़े होकर डॉक्टर बनना है। पर मैं साइंस में हमेशा मुश्किल से पास होता हूँ। अब मैं दिन-रात पढ़ रहा हूँ, पर मुझे हर समय डर लगता रहता है कि अगर मैं सेलेक्ट नहीं हुआ, तो मैं क्या करूँगा? मेरा दिल बीच-बीच में जोर-जोर से धड़कने लगता है। अक्सर मुझे अपने दिल के धड़कने की आवाज सुनाई देती है।"

"मेरे पिता के लिए मेरे स्कूल की बढ़ गई फीस भरना आसान नहीं है। हर महीने के अंत तक आते-आते सब्जी, दूध खाने से गायब होने लगते हैं। ऊपर से मैं नंबर भी खराब लाता हूँ। मैथ्स में फेल हो गया हूँ। पापा-मम्मी कहते रहते हैं कि इतनी तकलीफ उठाकर मुझे पढ़ा रहे हैं और मैं इतना तक

नहीं कर सकता कि कम-से-कम उनकी नाक तो न कटे। मैं क्या करूँ? वे लोग मुझसे तभी अच्छे से बात करते हैं जब मुझसे कोई काम करवाना होता है। वरना हर समय चिढ़े रहते हैं। डाँटते रहते हैं छोटी-छोटी बातों पर।''

शशांक इन सबको जानता है। शायद मौसी भी इन्हें जानती है। इसीलिए इनकी चिट्ठियाँ इनकी तरफ से खुद ही लिख लेती होगी। पापा के एक दोस्त अपने बेटे को इंजीनियरिंग का एंट्रेंस टेस्ट दिलाने बँगलौर लेकर साथ गए थे। वहाँ का हर छोटा-बड़ा होटल ऐसे ही माँ-बापों और उनके बच्चों से भरा हुआ था। हालत यह थी कि सड़क पर सामान रखकर लड़के पढ़ रहे थे और उनके पिता कहीं रहने के लिए कमरा खोजने के लिए दर-दर भटक रहे थे। लड़के पढ़ रहे थे और पिता उनके मुँह में कौर दे रहे थे कि उनका समय नष्ट न हो। लड़के पढ़ रहे थे और पिता उनके अंडरवियर धोकर सुखा रहे थे कि लड़के सिर्फ पढ़ते रह सकें। लेकिन पापा के दोस्त का लड़का पास नहीं हुआ था क्योंकि उसका पेट खराब हो गया था और वह बहुत मुश्किल से टेस्ट में बैठ पाया था। पापा कह रहे थे कि उनका वश चलता, तो वे उसकी जगह खुद ही बाथरूम में जाते रहते। शशांक इंतजार कर रहा है कि अगर वह इस केस से संबंधित प्रश्न किसी जगह पढ़ता है, तो इसका मतलब पक्के तौर पर यह होगा कि उसका सवाल-जवाब मौसी ने ही लिखा है।

आरती मौसी उसके पास आकर माँ की जगह पर बैठ गई। ''मेरी नई कहानी पढ़ोगे?''—मौसी ने पूछा। ''तुम्हें बैठने में हेल्प करूँ?''—उसके हामी भरने पर मौसी ने फिर पूछा। शशांक ने गरदन हिलाई—''नहीं, तुम पढ़कर सुना दो ना।''—उसने इशारे से कहा। मौसी एक क्षण के लिए सोचती हुई बैठी रही। आज तक मौसी ने कभी अपनी कोई कहानी उसे पढ़कर नहीं सुनाई थी। बल्कि मौसी ने उसे बताया था कि कैसे एक बार भरी सभा में किसी ने उससे एक ऐसी कहानी सुनाने का आग्रह कर डाला था जिसमें एक आदमी हर समय अपनी नाक से सूखा श्लेष्म निकालकर गोलियाँ बनाता रहता है और हर समय अपने पाखाने का हिसाब रखता रहता है कि उसका कब-कब किस दिन कितनी बार पेट साफ हुआ या नहीं हुआ। ''कहानी लिखना एक बात है, और उसे सुनाना दूसरी बात। मुझे इतना अटपटा लग रहा था कहानी को सुनाते वक्त, जैसे मैं खुद अपनी इस तरह की आदतों के बारे में पब्लिक को बता रही होऊँ। और तो और, इतना मुश्किल था छुपाना कि मुझे बेहद शर्म आ रही है''—मौसी ने उसे बताया था। सुनकर

शशांक खूब हँसा था। वाकई उस कहानी को पढ़ते वक्त उसे आश्चर्य हुआ था कि मौसी कैसी-कैसी बातें देखती है और कैसे उन्हें लिख भी डालती है।

शशांक की आँखों में शैतानी की चमक देख मौसी समझ गई कि वह उस नाक खोदनेवाले और पाखाने का रंग और आकार की बात करते रहनेवाले आदमी की कहानी के बारे में सोच रहा था। ''नहीं, वैसा कुछ नहीं है इस कहानी में कि सुनाने में अजीब लगे''—मौसी ने जैसे कुछ शरमाकर कहा। 'दुष्ट'—वह फिर बोली—''अच्छा सुनो। इस कहानी का नाम या तो 'इंतजार के दौरान' या फिर इसका नाम 'आँख' हो सकता है। और भी कुछ हो सकता है, पर वह तो देखा जाएगा। यह कहानी, जैसा कि इन नामों से कुछ-कुछ जाहिर है, आँख के डॉक्टर के चेम्बर में, अपना नंबर आने का इंतजार करनेवाले एक आदमी के बारे में है, जो जीवन-भर इंतजार करता रहा है कि वह अपनी आत्मा पर लदे बोझ के साथ जीना सीख ले। कहानी 1975 में घटित हो रही है यानी तुम्हारे पैदा होने के छह साल पहले।''

''वह सुबह के दस बजे उस चालू सड़क पर दौड़ते-हाँफते-चिंचियाते हुए शहर को देख रहा था, जिसमें वह पूरे पंद्रह साल बाद लौटा था। ऐसा लगता था कि पंद्रह साल पहले जो दृश्य वह छोड़ गया था, वह वैसे-का-वैसा वहीं फ्रीज हो गया हो। ठीक उसी तरह जैसे उसका अपना जीवन पिछले पचास सालों से एक ही जगह रिकॉर्ड पर फँसी सुई की तरह वही एक बोल का टुकड़ा दोहराता जा रहा था। पचास साल हुए या पाँच-सात साल कम? उसका मन नहीं हुआ कि वह फिर से अपने पैदा होने के साल से उस घटना के घटने के साल से इस उन्नीस सौ पचहत्तर के साल को घटाए-जोड़े और सही-सही हिसाब निकाले। उसका वश चलता तो वह अपनी स्मृति से इस बीसवीं शताब्दी का पहला आधा हिस्सा ही निकाल देता, ताकि वह चैन से इधर से पच्चीस साल तो जी लेता। पर उसने ये पच्चीस साल भी अपनी आत्मा को पत्थर की तरह ढोते हुए बिताए थे जैसे कि उसके पहले के इक्कीस साल।''

''इन सालों में उसने अपना नाम जवाहर से बदलकर तिलकराज रख लिया था, अपना काम बदल लिया था—अपना शहर ही नहीं, देश तक बदल लिया था और बुढ़ापे के अपने काम करने से पहले वह अपनी जितनी शक्ल बदल सकता था, उसने वह भी बदल डाली थी। पूरी जिंदगी वह सबसे छिपता रहा था। लेकिन बस नहीं छिप सका था, तो अपने-आपसे। देश

की आजादी के बाद वह अपनी मेहनत से एक नामी पत्रकार बन गया। उसने देश के उत्तर और दक्षिण के बड़े-से-बड़े नामी अखबारों में काम किया और फिर एक बड़े अखबार का विदेशी खबरची बनकर अमेरिका चला गया।

''उसने यह सब एक योजना के तहत किया था। योजना यह थी कि आजादी की लड़ाई में अपने साथियों के खिलाफ गवाही देकर उन्हें फाँसी की सूली पर लटकवा देने के बाद अपने जिंदा बने रहने का कोई अर्थ निकाल सके—अर्थ भी ऐसा कि उसके फाँसी पर खुद न लटकने से बच गए दिल और दिमाग से दुनिया को चैन पहुँचा सके। वह चैन, जो खुद उसे धरती पर साँस खींचते रहने तक कभी नसीब नहीं हो सकता था। उसे किसी अज्ञात गाँव या शहर में एक अज्ञात-सा साधारण जीवन जीकर घर-परिवार-बच्चे पालते हुए मर जाना मंजूर नहीं था। इसलिए उसने दूसरे विश्वयुद्ध से लेकर दुनिया की हर लड़ाई में अपनी जान को जोखिम में डाला और दुनिया तक सही खबरें पहुँचाता रहा। अभी भी वह इसलिए भारत लौटा था कि इमरजेंसी का आँखों देखा हाल दुनिया को दिखा सके। पर वह अपनी आँखों को ही लेकर मुसीबत में पड़ गया था। खुफिया पुलिस उस पर नजर रखे हुए थी। इसलिए बहुत सोच-सोचकर उसने अपने बचपन के घर के चार मकान छोड़कर आँखों के एक नामी डॉक्टर के चेम्बर में जाने का फैसला किया था।

''डॉक्टर ने बहुत पैसा कमाया था, यह साफ जाहिर था, उसके चेम्बर के बदले हुए फर्नीचर से और वहाँ जुटी भीड़ से। पर डॉक्टर अपने पुश्तैनी मकान में नीचे बने छोटे-से एक कमरे के चेम्बर का मोह छोड़ नहीं पा रहा था और इसलिए उसके मरीज पार्टीशन लगाकर बनाए आधे कमरे के एक सँकरे गलियारे जैसी जगह में लगी लंबी बेंच पर नहीं अँट पाने के कारण बाहर सड़क पर खड़े रहने के लिए मजबूर थे। उस बेंच पर ज्यादा-से-ज्यादा बारह लोग सटकर बैठ पाते थे। बाकी एयर-कंडीशन की हवा को अंदर रखने के लिए लगाए गए काँच के बड़े दरवाजे के बाहर सड़क से देखते रहते थे कि कौन आदमी अंदर गया और उनका नंबर कितना आगे बढ़ा। डॉक्टर का असिस्टेंट बीच-बीच में आकर लोगों की आँखों में दवा डाल जाता और उन्हें आँखें बंद रखने की हिदायत दे जाता।

''उसका नंबर चौथा था, पर दूसरे नंबर का मरीज ही अब तक बाहर नहीं निकला था। आस-पास बैठे लोगों के शरीरों से एयर-कंडीशन के बावजूद आती मानुष-गंध, जिसमें कई औरतों की गंध भी शामिल थी, को बरदाश्त

न कर पाने के कारण वह काँच के दरवाजे के उस पार जाकर खड़ा हो गया और सड़क को देखने लगा। उसके उठते ही एक जवान लड़की जो शायद अपनी सुंदरता बढ़ाने के लिए चश्मा छोड़कर लेंस लेने आई थी, लपककर उसकी जगह पर बैठ गई। उसी लड़की के बगल में खड़ी एक बड़ी उम्र की मोटी औरत ने नफरत से उस लड़की की ओर एक निगाह फेंकी और दरवाजे के बाहर देखने लगी।

''उसने देखा कि चेम्बर के सामनेवाला पुराना शिव मंदिर अब तक मौजूद था। दरअसल वह मंदिर न होकर एक गैराज या दुकान के जैसी जगह थी, जिसमें अंदर एक बड़ा-सा शिवलिंग दिखाई पड़ता था। बाकी उसमें मंदिर के जैसी कोई बात नहीं थी—न गुंबद, न पताका, न दरवाजे पर फूलमाला। पर उसने देखा कि दोनों तरफ से आती-जाती हॉर्न बजाती बसों और गाड़ियों में बैठे लोग, ऑटो रिक्शावाले और पैदल गुजरनेवाले लोग उस मंदिर को प्रणाम कर लेते थे। गाड़ी चलाते-चलाते लोगों का एक हाथ उठकर उनके माथे तक चला जाता और फिर स्टियरिंग पर आ जाता। उसे याद आया कि बचपन में, जब उसने भगवान को मानना बंद नहीं किया था, एक बार इसी मंदिर में दस पैसे का सिक्का चढ़ाकर उसने अपने फर्स्ट आने की प्रार्थना की थी। 'जवाहर फर्स्ट आया है'—उसे याद है कि पिताजी कैसे हर आदमी को बताते रहे थे। उसे यह भी याद आया कि उसने सड़क के इसी पार से एक दोलन चंपा का सफेद-पीला फूल भी शिवलिंग पर चढ़ाया था। उसी घड़ी उसे वह पेड़ दिखाई पड़ा और उसके फूलों की खुशबू भी, जो अब तक वह भूला नहीं था, उसकी नाक तक पहुँच गई। एक छोटे-से क्षण के लिए, उसे बचपन के उसी निर्दोष आनंद का पुनः अनुभव हुआ, जब उस घटना का बोझ उसकी आत्मा पर लदा नहीं था।

''उसने पेड़ की तरफ से अपना मुँह फेर लिया जैसे वह उस बोझ को एक घड़ी के लिए भी उतारना न चाहता हो। यही उसका प्रायश्चित है—इस बोझ को लिए चलना। उसने अपनी आधी से भी ज्यादा जिंदगी इस बोझ से छुटकारा पाने में बिताई थी, जब तक कि उसे समझ में नहीं आ गया था कि यह कोशिश हमेशा नाकाम रहनेवाली है और इसीलिए बेवकूफाना है। यह समझ आते ही उसने इस बोझ को एक मेडल की तरह धारण करने की ठान ली थी। वह इसी के साथ जिएगा, यह निश्चय करते ही उसके जीवन से कम-से-कम इससे बचने की छटपटाहट चली गई थी।

''पेड़ के इस तरफ सड़क पर दो किशोर लड़कों के बीच क्रिकेट का

खेल चल रहा था। एक लड़का नंगे बदन सिर्फ निकर पहने हुए था, पर उसके पैरों में हवाई चप्पलें थीं। दूसरा लड़का काले रंग की चारखाने की शर्ट पहने हुए था। उनके पास बल्ले की जगह पर एक लकड़ी का फट्टा था। एक लड़का बॉलिंग करता और दूसरा बैटिंग कर बॉल को उड़ा देता। कई बार बॉल सड़क पर दौड़ती गाड़ियों और बसों और ऑटो के चक्कों के बीच से होती हुई सड़क के बीचोबीच रुक जाती। उतनी देर वे दोनों लड़के बॉल को देखते रहते और गाड़ियों से बचकर सड़क पार करने की चेष्टा में लगे रहते। एक बार बॉल किसी गाड़ी के चक्के से लगकर उस पार चली गई, तो एक लड़का इस पार खड़ा होकर उधर एक काले बोरे में कागज बीननेवाले एक निछोह काले आदमी को आवाज देता रहा—'ओ भाई। ओऽऽ भाई। जरा बॉल इधर फेंक देना।' कचरेवाला आदमी सड़क के पार मंदिर के बगल में एक ईंट, बालू, सुरकी, चूना सप्लाई करने की छोटी-सी दुकान के सामने पड़े कचरे में से न जाने क्या हीरे-मोती चुग रहा था। उसकी सफेद आँखें और दाँत दूर से चमक रहे थे। उसके कान में कोई आवाज नहीं पड़ रही थी। तभी एक काला कुत्ता कहीं से प्रकट हुआ और उस पर भौंकने लगा। कचरेवाले आदमी ने कुत्ते की तरफ भी नहीं देखा। शायद वह अपने ऊपर कुत्तों का भौंकना अनेक बार देख चुका था। तब नंगे बदनवाला लड़का सड़क पार करता हुआ गया। उसने वहाँ से बॉल उठा ली और दूर जाते कचरेवाले के पीछे-पीछे भौंकते चलते कुत्ते के पीछे खुद भी भौंकने लगा।

''उसने सड़क से निगाहें हटाकर अब वापस काँच के दरवाजे से एयरकंडीशंड कमरे के अंदर देखा। वह जवान लड़की जो उसकी जगह लपककर बैठ गई थी मन-ही-मन किसी बात पर मुस्करा रही थी। शायद उसे उम्मीद थी कि वह गलियारे में सामने खड़ी मोटी औरत की तरह कभी अधेड़ और थुलथुल नहीं होगी। बाकी लोग तने हुए बैठे थे और एक-दूसरे से सटकर बैठने के बावजूद एक-दूसरे की तरफ बिलकुल नहीं देख रहे थे। उसे लगा कि धीरज नामक गुण की अगर मूर्ति बनानी हो, तो इनमें से किसी भी एक की बनाई जा सकती है। सबके चेहरों पर अपार शांति विराज रही थी, हालाँकि उनमें से प्रायः सबको एक घंटा या उससे ज्यादा इंतजार करना था।

''पिछले कई दिनों से अचानक उसकी आँखों के सामने काले मच्छर जैसे चिह्न उड़ते रहते थे। उसे मालूम था कि यह किसी बड़ी बीमारी का

सूचक हो सकता था। कल से उसकी एक आँख में थोड़ा धुँधलापन भी चला आया था और तब उसे लगा था कि उसे डॉक्टर के पास जाने में देर नहीं करनी चाहिए। पर इस तरह सड़क पर खड़े-खड़े ऑटो टैक्सी वगैरह का धुआँ खाते-खाते और बेमतलब बजाए जाते हॉर्न को सुनते-सुनते उसके कान, नाक, आँख सब विद्रोह करने लगे थे। उसे अमेरिका की याद हो गई। सड़कों पर कभी हॉर्न न सुनने की आदत उसे पंद्रह सालों तक अपने देश से दूर रहने के बावजूद वहाँ रहते नहीं पड़ी थी। उसे महसूस होता कि जैसे सड़कों की सारी सुव्यवस्था उसके अपने मन के बिलकुल विपरीत हो, जहाँ कुछ भी व्यवस्थित नहीं हो पाता था। उसकी नींदें हमेशा हराम रहती थीं, उसका हर दिन हमेशा कम-से-कम एक बार आत्महत्या कर डालने की तीव्र इच्छा से व्याकुल होता था। उसने अपने को साल-दर-साल समझाया था कि उसने इंग्लैंड के राजा की मुखबिरी तब की थी, जब उसके पहले ही उसके दल के दस सदस्यों में से छह पुलिस के मुखबिर बन चुके थे। जिन्हें फाँसी हुई, उन्हें तो फाँसी होती ही, वह कुछ कहता या न कहता। पर वह अपने को ग्लानि के समुद्र के किसी किनारे तक नहीं लगा पाया था।

"धीरे-धीरे उसे सड़कों के इस बेवजह शोर पर बहुत गुस्सा आने लगा। जिसे देखो, वही हॉर्न बजाए जा रहा है। सामने कोई न हो, हवा को हटाने के लिए ही मानो हॉर्न बजा रहा है। यह कोई ढंग है? यह तो निरी हिंसा है दूसरों के प्रति। इसीलिए इस देश की यह हालत हो रही है। यहाँ कोई व्यवस्था हो ही नहीं सकती। हर आदमी दूसरे आदमी की परेशानी से बेपरवाह है। यहाँ सभ्यता जैसी कोई चीज ही नहीं कि आदमी दूसरों के सुख-दुख के बारे में भी सोचता हो।

"अचानक उसकी निगाह दो मकान पार नुक्कड़ पर बने एक छोटे-से शनि मंदिर के सामने उगे बरगद के पेड़ के नीचे बैठे सात-आठ साल के दो बच्चों पर चली गई। उनमें से एक झाड़ू के तिनकों जैसी बराबर साइज की सींकें लिए एक घर जैसा कुछ बना रहा था। दूसरा बच्चा उसे एक-एक सींक उठाकर देता और वह उसे बड़े करीने से बरगद के पास की कच्ची मिट्टी में लगाता जाता। उसके हाथों में एक सुंदर सधापन था। वह न जाने कितने प्रेम और विश्वास के साथ यह काम कर रहा था जैसे कोई सचमुच का घर बना रहा हो। पहले उसने एक के बगल में एक खंभा लगाकर तिनकों का घर बनाया, फिर आड़े तिनके रखकर उन पर छप्पर बनाने लगा।

"उसे अमेरिका में अपना पड़ोसी दोस्त क्रिस्टोफर याद आ गया, जो

घर बनाने का काम करता था। क्रिस्टोफर से उसकी दोस्ती होने का कारण उसका हिंदुस्तानी न होना तो था ही—उसके हमवतन लोग दूसरों के जीवन में ताका-झाँकी किए बिना नहीं रह सकते—पर उससे दोस्ती का मुख्य कारण एक संस्मरण था, जो क्रिस्टोफर ने वियतनाम युद्ध से वापस जिंदा लौटकर एक अखबार में लिखा था। उसे पढ़कर पहली बार उसने अपने को कहा—'जवाहर, यह आदमी तुम्हारी अपनी ही दूसरी शक्ल है। इसे भी तुम्हारी तरह सारे जीवन अपनी आत्मा का बोझ उठाए चलना होगा।' उसने इतनी बार वह छोटा-सा लेख पढ़ा था, कि उसे उसका एक-एक शब्द याद हो गया था। कितनी जानी-पहचानी थीं ये बातें, ये विचार, ये भावनाएँ—'मैंने और मेरी पीढ़ी ने एक ऐसी लड़ाई लड़ी थी, जिससे लौटने पर हमारे ऊपर थूका गया, हमें धिक्कारा-लताड़ा गया, हमारे खिलाफ नारे लगाए गए और हमें अकेला छोड़ दिया गया। हमारे पास कोई तर्क नहीं था, कोई सफाई नहीं थी। कोई नहीं था जिसके लिए हम हीरो थे, जबकि हमने देश के लिए अपनी जान की बाजी लगाई थी। बाद में बचे रहने के लिए हमारे पास इसके अलावा कोई रास्ता नहीं था कि हम उस सारे अनुभव को अपने अंदर कहीं गहरे दफना दें ताकि न कोई उसे देख सके, न उसे छू सके, न कोई हमें चोट पहुँचा सके। पर उसे इतना गहरा गाड़ने की कोशिश में हम इस दुनिया से हटकर उसी गड्ढे में गिर गए और आज तक इस दुनिया तक वापस नहीं लौट सके हैं।'

अपने से तीस साल छोटे क्रिस्टोफर से उसकी गहरी दोस्ती तब तक चली थी जब तक क्रिस्टोफर ने अपने गिराए हुए नापाम बमों से उजाड़े हुए घरों के प्रायश्चित में लोगों के घर बनाते-बनाते एक दिन आत्महत्या नहीं कर ली थी। उसने क्रिस्टोफर को अपना पूरा किस्सा सुनाया था कि किस तरह पुलिस ने उसे दूसरे मुखबिर बने लोगों—जिनमें उसका अपना गुरु भी शामिल था जो उसे दल तक लाया था—के बताए हुए पते-ठिकाने और नाम दिखाए थे, जिसका मतलब था कि दल का सारा भंडाफोड़ हो चुका था। वह कुल बीस साल का था और जिंदा रहना चाहता था। इसलिए वह बाकी जिंदा बचनेवालों के साथ जा मिला था। क्रिस्टोफर ने उससे कहा था—'तिलकराज, तुम्हें अपने वियतनाम को यह सोचकर परे हटाकर जीना होगा कि वियतनाम एक समय का नाम है, एक भूल का नाम है, जिसमें हमारी कोई असली हिस्सेदारी तक नहीं होती।' पर क्रिस्टोफर खुद कहाँ अपने वियतनाम को परे हटा पाया था? वहाँ से लौटने के पाँच साल बाद उसने

आत्महत्या की थी, पाँच महीने बाद नहीं। इसका मतलब यह था कि पाँच साल का अंतराल और इतने दिनों की चेष्टा से भी वह अपने को इस दुनिया में रहने लायक नहीं बना पाया था। उसने मरने के दो दिन पहले उससे कहा था—'तिलकराज! वसंत ऋतु फिर आ गई है। मुझे फिर वियतनाम के जंगलों की गंध आने लगी है। मैं इन सारी गंधों से परेशान हूँ, जो बार-बार मुझे वियतनाम की याद दिलाती हैं। मेरी अपनी टट्टी में वह गंध है, जो हम लोग जंगलों में करने के बाद जला दिया करते थे। कल चोट लगने से मेरे पैर में खून आ गया, तो फिर मनुष्य के खून की वही गंध मेरी नाक में घुस गई। डीजल के ट्रक सामने से गुजर जाएँ, तो मुझे फिर वियतनाम याद आ जाता है। कोई बच्चा बगल से दौड़ जाए, तो नापाम बम में भागते उसे नंगे बच्चे की तस्वीर याद आ जाती है। ये मुझे जीने नहीं देतीं, मैं क्या करूँ?'

"उसने देखा कि सींक से घर का ढाँचा बच्चे ने तैयार कर लिया था। अब वे दोनों पीछे हटकर खड़े थे और उस घर को मुग्धता से देख रहे थे। वह उन्हें उस सुंदर घर को देखते हुए देखता रहा। फिर वह कुछ कदम चला और उस बरगद के पेड़ के पीछे जाकर खड़ा हो गया, जहाँ वह बिलकुल पास से उस बच्चे और उसके साथी को देख सकता था। उसे वहीं से वह चंपा के सफेद फूलोंवाला खुशबूदार पेड़ भी दिख रहा था। बच्चे ने घर की परिक्रमा-जैसी की और उससे लगभग सटकर उसके बगल से गुजर गया। फिर उसने बरगद के पास जमीन पर उकड़ूँ बैठकर वापस वे सींकें निकालनी शुरू कीं—ठीक उसी क्रम में, जिसमें उसने उन्हें लगाया होगा। वह उसी नफासत से सींकें निकाल रहा था। हर सींक को धीरे से छूकर उठाता और बाकी सींकों को हिलाए बिना उन्हें धरती पर रखता जाता। जब छप्पर की सींकें हट गईं, तो घर के खंभे की सींकें खड़ी रहीं। फिर उसने उन्हें भी बहुत जतन से एक-एक करके निकालना शुरू किया।"

मौसी चुप हो गई। शशांक को आश्चर्य हुआ। आगे क्यों नहीं पढ़ती? उसने धीरे से 'हूँ' की आवाज की। मौसी ने मुस्कराकर बचपन की तरह कहा—"खतम कहानी, जिगना रानी।" अरे, शशांक ने सोचा, यह तो हद हो गई। आगे कुछ भी नहीं, कि उस तिलकराज उर्फ जवाहरलाल(!) का क्या हुआ? वह अपनी आत्मा के बोझ से मुक्त हो पाया या नहीं? क्या उसने भी आत्महत्या कर ली? और उस सींकों का ढाँचानुमा घर बनानेवाले लड़के से उस जवाहर को क्या मिला या क्या नहीं मिला? यह भी कोई

कहानी है भला? यह तो मौसी की बाकी सब कहानियों से भी ज्यादा अधूरी है।

सारे दिन शशांक मौसी को उस कहानी में कुछ जोड़ते-काटते देखता रहा। वह कभी किसी पन्ने में कुछ करती, कभी किसी पन्ने में। कहानी के बारे में सोचते हुए वह मौसी को गहरे सोच में डूबे देखता रहा। क्या इस कहानी का भी मौसी के जीवन से कोई संबंध है? क्या मौसी के पति ने वाकई आत्महत्या की थी? क्या उनके अंदर कोई 'गिल्ट' पल रहा था, जो वे किसी को बता नहीं पाए थे—अपनी बीवी तक को भी नहीं? या फिर यह दो नामोंवाला आदमी मौसी का ही प्रतिरूप है? क्या मौसी के अंदर कोई 'गिल्ट' है, अपने पति की मौत के लिए? क्या मौसी खुद किसी तरह का बोझ लिए सारा जीवन काटने के लिए अभिशप्त है?

अचानक शशांक को अपने सोच पर बुरी तरह खीझ हुई। यह कोई तरीका नहीं है किसी कहानी को देखने का। हर वक्त लेखक के जीवन या लेखक के आसपास के जीवन को उसमें खोजने की कोशिश करना कहानी को कहानी नहीं रहने देना है। क्यों वह मौसी की कहानी को सिर्फ एक कहानी की तरह नहीं देख सकता, जैसे वह लिखनेवाले को जानता ही न हो। पर तभी उसे अचानक दिखाई पड़ा कि मौसी की कहानी में वह तिनके से घर बनानेवाला लड़का खुद शशांक है—और वे सींकें, सींकें नहीं हैं, शब्द हैं।

घर में सात दिनों की भागवत कथा होने की तैयारियाँ चल रही हैं। सबके मन में अपने-अपने तरीके से कथा सुनने का उत्साह है पर मौसी का हर काम में पूरे जोश के साथ शामिल होना शशांक को समझ में नहीं आता। वह इन दिनों जितनी बार मौसी की तरफ देखता है, उसे उस तिलकराज उर्फ जवाहर की कहानी याद आ जाती है। क्या मौसी अपनी आत्मा का कोई बोझ उतारने के लिए यह भागवत कथा सुनना चाहती है? या कहानियाँ ढूँढने के लिए? उस कहानी का अंत बार-बार शशांक के सामने एक प्रश्नचिह्न बनकर खड़ा हो जाता है। क्या वह लड़का खुद शशांक है? क्या मौसी शशांक को शब्दों के घर बनाते-सजाते देखना चाहती है, इसीलिए उसकी कहानी उस सींक के घर बनानेवाले लड़के पर आकर खत्म हो जाती है?

क्व नु त्वं कितवच्छित्त्वा वस्त्रार्धम् प्रस्थितो मम।
उत्सृज्य विपिने सुप्तामनुरक्तामं प्रियाम् प्रिय॥

"ओ जुआरी प्रियतम! तुम मुझे—अपनी प्रिया को, जो तुम पर अनुरक्त थी—अकेली वन में सोई हुई आधे कपड़े में छोड़कर चले गए। मेरे शरीर से आधा कपड़ा लेकर तुम कहाँ गए?"

"दमयंती वन-वन भटक रही है अपने प्रियतम राजा नल के पीछे—उसे खोजती हुई। जुए में अपने भाई को राज्य हारकर राजा नल अपनी पत्नी दमयंती को लेकर मात्र एक धोती पहने वन चले जा रहे थे। बहुत भूख लग आई। उधर से कुछ कबूतर उड़कर आ रहे थे। उनका आहार करने के लिए राजा नल ने अपनी धोती का जाल फेंका। पर कबूतर धोती ही लेकर उड़ गए। कबूतरों ने कहा—"नल, हम कबूतर नहीं हैं, हम तो जुए के पासे हैं, जो तुम्हारे पास बची हुई धोती लेने आए थे, क्योंकि तुम्हें पूरी तरह नंगा होना था।"

"शाम हुई। नल-दमयंती दोनों सो गए। नल ने रात में जागकर सोचा—दमयंती राजकुमारी है। अगर मैं इसे न छोड़ूँगा, तो यह रात-दिन मेरे साथ भटकेगी। मेरे पास इसे खिलाने के लिए कुछ भी नहीं है। यह सोचकर सोई हुई दमयंती की आधी साड़ी फाड़कर नल ने अपने अधोभाग में लपेट ली और उसे छोड़कर चला गया।"

शशांक की निगाह भागवत की कथा सुनते लोगों के चेहरों को एक-एक कर देखते हुए पंडितजी पर टिक गई। पंडितजी उसकी ओर ही देखते हुए कह रहे थे—"महाभारत के वनपर्व में राजा नल की कथा सुनने से दुख-दारिद्र्य का नाश होता है। अति सुंदरी राजपुत्री दमयंती वन-वन भटक रही है। जब प्रारब्ध विपरीत होता है, साधन साथ नहीं देते। शरीर साथ नहीं होता। अपने पराए हो जाते हैं। दमयंती सोचती है कि जब से मैंने होश सँभाला, मन, कर्म, वचन से अब तक मैंने कोई पाप नहीं किया। फिर भी मुझे यह दुख क्यों मिल रहा है?"

—प्रारब्ध? सुना-सुना-सा शब्द है। क्या मतलब है इसका—शशांक ने सोचा। यही अर्थ होगा—भाग्य। और कुछ हो ही नहीं सकता। जब किसी 'क्यों' का जवाब न मिले, तो इसी भाग्य के एकाउंट में डाल दो।

शशांक ने बगल में बैठी माँ की ओर कनखियों से देखा। आम तौर पर खुले बालों को पीछे बाँधे हुए, माथे पर टीका लगाए, लाल-पीली साड़ी पहने तमाम औरतों के बीच बैठकर उनकी ही तरह भागवत कथा सुनती हुई माँ ऐसी लग रही है जैसे कोई और हो। उसने दफ्तर के साथ-साथ अपने हाई-नेक के सफेद ब्लाउज और हल्के रंग की साड़ियों से सात दिन की छुट्टी ली है। माँ का इस तरह ध्यान लगाकर कथा सुनना दुनिया का आठवाँ आश्चर्य नहीं तो और क्या है। या शायद आश्चर्य की उतनी बात नहीं है जितनी वह सोच रहा है। दादी जितना न भी मानती हो, तो भी कुछ-कुछ शायद माँ भी मानती होगी कि जिस कथा ने सात दिनों के अंदर साँप काटने से मर जानेवाले राजा परीक्षित को मुक्त कर दिया, उस कथा में कुछ तो होगा। पंडितजी कह रहे थे कि हम सब परीक्षित हैं, सप्ताह के सात दिनों में से ही एक-न-एक दिन हमारी भी मृत्यु होनेवाली है।

यह बात सुनकर उसे सिहरन हुई थी। अगर वह उस बुखार से मर गया होता, तो क्या पता उसकी जगह उसकी फोटो यह भागवत सप्ताह-कथा सुन रही होती। शशांक ने भागवत की मोटी पुस्तक के सामने रखी तस्वीरों के फ्रेमों को गिना। दादी के सास-ससुर, उनके भी सास-ससुर, एक देवर, एक जिठानी, दादी के माता-पिता के साथ-साथ एक फ्रेम में एक पीपल का पत्ता सब भागवत की कथा सुन रहे हैं। ''पत्ते को क्यों कथा सुनाते हैं दादी?''—अदिति ने पहले दिन पूछा था। उसे कथा सुनने में कोई दिलचस्पी नहीं है, पर घर में बहुत सारे लोग आएँगे, रोज नई ड्रेस पहनेगी, ढेर सारा ताम-झाम होगा, इसी में वह बहुत खुश है। ''सब कोई नहीं सुनाते, हम लोग सुना रहे हैं। जब यह मकान बन रहा था न, तब यहाँ पिछवाड़े में एक पीपल का पेड़ था। तुम्हारी माँ ने उसकी तरफ अँगुली करके कहा था, उसे कटवा दो। तुम्हारी माँ बेचारी क्या जाने। गीता में कृष्ण ने कहा है 'वृक्षाणाम् अश्वत्थोऽहम्'। वृक्षों में मैं पीपल का पेड़ हूँ। पंडितजी ने कहा कि पेड़ का प्रायश्चित भी हो जाएगा, घर में भागवत कथा कराने से और...''—बोलते-बोलते दादी का ध्यान किसी दूसरे काम में चला गया और दादी के न बोले हुए शब्द हवा में झूलते रह गए। अदिति ने उसकी तरफ देखा और उन दोनों की आँखें मिल गई थीं। एक बहुत छोटे क्षण के लिए अदिति सकपका गई थी—शायद जीवन में पहली बार। उसे लगा होगा कि शशांक ने दादी की बातें सुन ली हैं और वह भी वही सोच रहा है, जो वह सोच रही है। यानी कि दादी की बाकी रह गई बात का संबंध शशांक से है।

अगले क्षण अदिति ने अपनी एक अँगुली अपने दिमाग पर लगाकर हाथ झटकार दिया था—'दादी का दिमाग उड़ गया है'—उसका इशारा कह रहा था। वे दोनों एक साथ हँस पड़े। मौत, बीमारी, आत्मा, प्रायश्चित—इन सारे शब्दों को वे भरसक उस हँसी से उड़ा देना चाहते थे। शायद अदिति के जीवन में भी भागवत की कथा न सुनने के बावजूद ये सारे शब्द आकर कुछ-कुछ खटपट करने लगे थे—वे सारे शब्द जो जीवन के चारों तरफ रहते हैं, पर कोई उनकी तरफ कभी ताकना नहीं चाहता। खासकर बचपन में तो बिलकुल नहीं। अदिति को धुंधकारी नाम के प्रेत की कथा जिसने अपनी माँ की हत्या की थी और जो बाद में सात दिन की कथा में रोज बाँस की एक गाँठ फटने के साथ मुक्त होता जाता था, कहीं से बच्चों की कॉमिक कथा या टी.वी. के सीरियलों जैसी परी-कथा नहीं लग सकती थी। शशांक रोज भागवत की कथा के सामने टँगे बाँस को देखता और रोज उसे धुंधकारी की याद आ जाती। किसने गढ़ी होगी यह कथा? क्या सचमुच कोई अपनी माँ की हत्या कर सकता है और क्या किसी कथा को सुनने से उस पाप से मुक्त हो सकता है? बाइबिल में भी तो दुष्ट केन ने अपने भाई अबेल को मार डाला था और उसे ईश्वर ने दुनिया में भटकते रहने की सजा दी थी। अबेल के लिए मुक्त होने का कोई रास्ता किसी कथा को सुनने में था या नहीं?

उसने आस-पास बैठे लोगों की ओर ताका। क्या सोचते होंगे ये लोग उसके बारे में? क्या यही कि उसने पिछले जन्म में कुछ ऐसा किया है, जिसके कारण वह इस जन्म में ऐसी सजा भुगत रहा है। शशांक का मन जैसे मनों भारी हो आया। क्या माँ भी ऐसा ही सोचती होगी उसके लिए? शशांक का मन हुआ कि वह सारे लोगों से दूर भाग जाए—इन सारे इकट्ठे लोगों से जिन्होंने उसके जैसा कोई पाप नहीं किया होगा किसी पिछले जन्म में। यह सब कितना 'अनफेयर' है, कितना गलत, यदि यह सच है तो। आदमी को उसके किए की सजा उसी जन्म में मिल जानी चाहिए ताकि उसे कम-से-कम पता तो रहे कि उसे किस गलती की सजा मिल रही है। पर शायद यह अगला जन्म, पिछला जन्म कुछ होता ही नहीं है। सब आदमी की कल्पना है—उसी एक प्रश्न 'क्यों' का जवाब जानने के लिए। अचानक शशांक का मन हुआ कि वह माँ को लिखे कि 'तुम यह कथा-वथा मत सुनो। तुम ठीक कहती थीं, माँ इन सबमें उलझने से अच्छा है कि आदमी अपने हिस्से की तकलीफ को हिम्मत से झेल ले।'

शशांक ने माँ की तरफ कनखियों से देखा। माँ के चेहरे पर दर्द की छाया थी। माँ दमयंती के वन-वन भटकने से दुखी है या दिमाग के जंगल में अपने बेटे की बोली के भटककर खो जाने से? पर उसकी तकलीफ से माँ के चेहरे पर ऐसे भाव आए हों, उसने कभी नहीं देखा। हो सकता है कि माँ इस चेहरे पर एक दूसरा चेहरा ओढ़ लेती हो और अभी, जब कथा सुनते-सुनते वह चेहरा हट गया हो, तो माँ का असली चेहरा दिखने लगा हो। या यह भी हो सकता है कि दमयंती की कथा सुनते-सुनते माँ एक घड़ी के लिए अपने जीवन की कथा भूल गई हो और उसे अपनी असली कथा से दमयंती की कथा ज्यादा असली लगने लगी हो। दादी जब उसे कहानियाँ सुनाती है तो हर पात्र के दुख से ऐसे दुखी होती है, जैसे कि वह उसका अपना दुख हो। दादी का गला भर्रा जाता है, उसकी आँखें डबडबा जाती हैं और कई बार तो, आँसू भी ढुलक पड़ते हैं। लेकिन क्या माँ इन कथाओं के पात्रों के दुखों से दादी की तरह दुखी हो सकती है—इतनी कि वह भूल जाए अपने खुद को? शशांक को लगा कि माँ कह रही हो—"लोग अपने ही दुख से दुखी होते हैं और अपने ही सुख से सुखी होते हैं।" ऐसा ही कुछ कहा था न माँ ने कल, जब सारी औरतें अपना-अपना हाथ दिखाने के लिए पंडितजी की लड़की पर टूट पड़ी थीं।

किसी तरह सबको पता चल गया था कि पंडितजी की लड़की सुमन बाई को काली का इष्ट है और वह हाथ देखकर बिलकुल सही भूत और भविष्य बता सकती है। अब तो सबका मन पंडितजी की कथा में कम और इस बात में ज्यादा लगने लगा था कि सुबह की कथा कब खत्म हो और बीच में दो घंटे का विश्राम हो। जैसे ही सुबह की कथा खत्म होती, सारी औरतें सुमन बाई पर ऐसे टूट पड़तीं जैसे 'मिठाई पर चींटियाँ'। यह उपमा वैसे माँ की न होकर दादी की थी। दादी को भी शायद पहली बार सब औरतों का यह व्यवहार कुछ भद्दा-सा लगा था जैसे इससे कथा की महिमा कम हो गई हो। यों दादी सुमन बाई से पूछकर कई औरतों को शाम देर से अपने पति के साथ आने का 'एपॉयंटमेंट' भी दे रही थी।

सुमन बाई रोज सुबह कथा शुरू होने के आधे घंटे पहले आकर उसके कमरे में बैठ जाती। बीच-बीच में उसका हाथ पकड़कर हस्तरेखाएँ देखती और उसे कुछ कथा-किस्सा सुनाती जाती। शशांक को काफी हैरानी हुई थी जब वह दूसरी बार आई थी। वह तो चुप रहता है, तब भी वह क्यों चली आती है? कुछ बोलती है, फिर बहुत देर चुप रह जाती है। तीसरे

दिन उसे कोफ्त हुई थी, हालाँकि वह उनके आने पर ऐसे मुस्कराया था जैसे उनका ही इंतजार कर रहा हो। माँ ने उसकी मुस्कान से ही उसका भेद पकड़ लिया—"यों तो मैं जानती हूँ कि तुम कितने भी बोर हो जाओ, पर सुमन बाई के सामने जाहिर नहीं करोगे। पर तुम्हें यह भी सोचना और समझना चाहिए कि वे तुम्हारे पास आकर इस तरह क्यों बैठ जाती हैं। क्या और कोई तुम्हारे पास आता है ? सारी भीड़ कथा-कहानी सुनकर, खा-पीकर, गप्पें लगाकर, भाग्य पूछकर चली जाती है। किसी को ख्याल तक नहीं आता..."

माँ बोलते-बोलते चुप हो गई थी। इस तरह की बातों के बारे में बात करना भी कितना भद्दा है—कहीं जैसे हम कोई भीख माँग रहे हों कि आइए, हम पर ध्यान दीजिए! शशांक को पता है कि माँ यही सोचकर चुप हो गई थी। कितनी मुश्किल होती है जिंदगी, जब आप दुनिया की परवाह न करते हों, पर फिर भी उसकी बेरुखी से चोट खाते हों। वैसे यह कितना अजीब है कि अपनी आनेवाली तकलीफों के प्रति जो लोग इतने भयभीत हैं, उन्हें दूसरों का कष्ट दिखाई तक नहीं पड़ता।

सुमन बाई ने कथा के सातवें दिन शशांक का हाथ देखकर माँ को खुद ही कहा—"आपने तो नहीं पूछा भाभी, पर मैं कहती हूँ कि आपका बेटा ठीक हो जाएगा। एकदम पहले जैसा हो जाएगा।" पहले जैसा? सुनकर शशांक ने चौंककर माँ की तरफ देखा था। पहले वह जैसा था, उसमें सुधार लाने के लिए कितनी बार उसका माँ और पापा से मनमुटाव हुआ था। वे लोग टोकते—ठीक से चलो, ठीक से बैठो, ठीक से बोलो, ठीक से खाओ—और वह बिदक जाता। तभी माँ ने कहा—"पहले जैसा हो जाए, बाई, तो मैं समझूँगी कि मेरे जीवन की सारी इच्छाएँ पूरी हो गईं।" शशांक फिर चौंका था। कैसे बोल रही है माँ इस तरह—जैसे माँ नहीं दादी बोल रही हो।

"मैं कहूँ भाभी, इत्ते लोग आए हाथ दिखाने मुझे। तुम्हारे परिवार के सारे लोग हाथ दिखा गए। सबने पूछा कि हमारे मकान कब होगा, फैक्टरियाँ कब होंगी, दुकानें कब मुनाफा देने लगेंगी, पर मुझे तो ताज्जुब हुआ भाभी, कि एक ने भी यह नहीं पूछा कि सुमन बाई, यह बच्चा ऐसा बीमार हो गया। यह कब चलेगा? कब बोलेगा? एकौ ने नहीं पूछा"—सुमन बाई की आँखों से सचमुच के आँसू टपकने लगे थे। माँ और वह अवाक् होकर उनके आँसू देखते रहे। ऐसे भी कोई रोता है किसी के लिए? तब माँ ने कहा—

"लोग अपने ही सुख से सुखी होते हैं और अपने ही दुख से दुखी होते हैं।" शशांक पर घड़ों पानी पड़ गया। क्या बोल रही है माँ—इतनी गलत बात कैसे कर रही है जब उस बात को झूठी प्रमाणित करनेवाली घटना सामने ही घट रही हो। माँ किन लोगों की बात कर रही है? और उन लोगों की बात क्यों कर रही है? सुमन बाई ने अपने आँसू पोंछ लिए और कहा—"अपना-अपना कलेजा है भाभी।"

'कलेजा का मतलब दिल होता है ना माँ?'—शशांक ने मन-ही-मन पूछा। तभी माँ ने कहा—"आपके जैसे दिलवाले लोग जब दुनिया में मौजूद हों, तो हम दूसरों की बातें करें ही क्यों, सुमन बाई?" शशांक माँ को देखकर मुस्करा दिया और माँ ने समझ लिया कि उसने बिल्कुल शशांक के मन की बात कह डाली है।

"जो कथा नारायण ने ब्रह्मा को, ब्रह्मा से सुनकर नारद ने व्यास को सुनाई, जिन्होंने अठारह हजार श्लोकों में जिसे विस्तार से लिखा और जिसे उनके पुत्र शुकदेव ने राजा परीक्षित को, सनकादिक ऋषियों ने फिर नारद को और सूत ने शौनक मुनियों को, मैत्रेय ने विदुर को सुनाई...वही कथा आज मैं तुम्हें सुना रहा हूँ।"

शशांक ने पंडितजी की बात से चमत्कृत होकर मौसी की तरफ देखा। तो क्या सारी कथाएँ कभी-न-कभी किसी ने किसी को सुनाई हैं? सारी कथाएँ क्या सुनी-सुनाई कथाएँ होती हैं? आदमी उन्हीं कथाओं को थोड़ा इधर-उधर बदलकर नए-नए रूपों में गढ़कर दोहराता रहता है? समय बदल जाता है, तो कथा बदली हुई लगती है, पर आदमी तो शायद हमेशा वही-का-वही रहता है। उतना नहीं बदलता, जितना कि वह सोचता है कि वह बदल गया है।

मौसी ने कपिल मुनि की कथा सुनते समय उसकी ओर देखा था। दोनों की आँखें मिल गई थीं और शशांक को साफ दिखाई पड़ा था कि मौसी को इस कथा में कोई अपनी कहानी के लिए प्लॉट जैसा कुछ मिल गया है। कपिल मुनि ने अपनी माँ देवहूति को जो ज्ञान दिया था, वह ज्ञान तो मौसी के काम का नहीं था, पर फिर भी मौसी की आँखों की चमक बढ़ गई थी। उसका शक मजबूत हो गया कि मौसी ये कथाएँ अपनी कहानियों को ढूँढ़ने के लिए सुन रही है। साथ ही उसे तसल्ली हुई कि शायद अब मौसी ऐसी कहानियाँ लिख सकेगी, जो अधूरी नहीं होंगी। शायद उसकी कहानियाँ हर कोई पढ़कर हमेशा समझ लेगा और वे हमेशा बनी रहेंगी—उसी तरह जैसे ये भागवत की कथाएँ। रात को सोते समय मौसी ने उसे कहा—"सोचती हूँ कि पंडितजी जो पोथा बाँच रहे हैं, वह अब भी कैसे सुना जा रहा है। कब की लिखी हुई कथाएँ हैं, पर अब भी उनमें कुछ-न-कुछ नया मिल जाता है। देखने में सीधी-सादी कथाएँ लगती हैं, पर आदमी के मन के उलझाव को कैसे पकड़ती हैं। नहीं?" शशांक ने मन-ही-मन कहा—'तो तुम क्यों नहीं लिखतीं एकदम सीधी कथाएँ? कम-से-कम एक पूरे अंतवाली?'

सुबह मौसी ने माँ से पूछा—"कैसा लग रहा है तुम्हें भागवत सुनना?"

''ठीक ही है''—माँ ने कुछ अटककर कहा था। ''वह कथा ही क्या, जो आदमी में कोई परिवर्तन न करे?'' चाची ने तुरंत पंडितजी की नकल पर एक डायलॉग ठीक उनकी ही आवाज में सुना दिया। सब हँस पड़े थे। मौसी ने गंभीर होकर कहा—''बात वैसे एकदम ठीक है। कोई भी लिखनेवाला इससे अधिक क्या चाह सकता है कि कोई कथा पाठक के अंदर से गुजरकर उसे एक नया इंसान बना दे।''

''नया इंसान! बाबा, तुम लोगों की बड़ी ऊँची बातें हैं।'' शशांक को लगा कि माँ के इस वाक्य में एक ईर्ष्या की झलक थी। उसे आश्चर्य हुआ। मौसी के प्रति, जो अपनी प्रायः खेदसहित वापस लौट आनेवाली कहानियों के साथ माँ की तुलना में बहुत साधारण है, उसके प्रति माँ ईर्ष्यालु कैसे हो सकती है? ''भई, तुम लोग इतने रोमांटिक ख्याल रख सकते हो कि तुम नया इंसान बना सकते हो। तुम्हारा उससे काम चल जाएगा। यहाँ तो जो केस हम लड़ते हैं, जो फैसले आते हैं, उनसे कोई इंसान तो कुछ नया-वया नहीं बन जाता, हाँ, नए झगड़ों को, केसों को लड़ने के लिए पुराने फैसलों से कुछ मैटर मिल जाता है।'' माँ चुप हो गई। उसके चेहरे की रेखाओं में कड़वाहट-सी थी, या यह शशांक का भ्रम था? माँ इस बात को हँसी-मजाक में भी बोल सकती थी, पर शायद उसके अंदर इन दिनों कुछ बदल रहा था। शशांक को मौसी और चाची के चेहरों को देखकर लगा कि उन्होंने भी माँ के अंदर उपजी इस नई कड़वाहट को देख लिया है।

क्या माँ के लिए उसकी बीमारी को झेलना इतना मुश्किल है कि माँ व्यक्ति के तौर पर बदल जाए? या इस भागवत कथा में जुटे लोगों ने माँ का यह विश्वास छीन डाला है कि बुरे-से-बुरे आदमी में भी अच्छे बनने की संभावना है। जब भी माँ ने बचपन में उसे उदास देखा और माँ को पता चला कि किसी ने उसकी नकल उतारी है या उसकी उपेक्षा की है—माँ ने हर बार उसे यही आश्वासन दिया था कि वह आदमी नासमझी में ऐसा कर रहा है। तो अब क्या हो गया है माँ को? क्या वह अपनी बात भूल गई है या उसने अपनी बात को झूठ मान लिया है?

माँ बदली हुई जैसी है, इसका पता शशांक को इस बात से भी लगा कि उसने पहली बार माँ को खुद अपने-आप बात चलाकर अपने काम के बारे में बताते हुए सुना है। आज तक माँ किसी के पूछने पर भी हाँ या ना जैसे छोटे वाक्यों में इस बारे में जवाब देती आई है। कभी किसी को पता नहीं चलता कि माँ जब घर के बाहर होती है, तो किस तरह की जिंदगी

जीती है। उसने अपने जीवन को दो भागों में ऐसा बाँट रखा है जैसे दो समानांतर जिंदगियाँ जी रही हो। घर में किसी की आदत ही नहीं बनी है कि कोई माँ से उसके दफ्तर-कोर्ट या किसी चालू केस के बारे में पूछे। ''अब इसके पीछे क्या कहानी है?''—शशांक ने सोचा और हैरत से माँ के मुँह की ओर देखता रहा। उसने देखा कि आरती मौसी भी माँ को ठीक वैसे ही देख रही है।

भागवत कथा की पूर्णाहुति। शशांक के इस नए शब्दहीन, गतिहीन जीवन का एक अध्याय भी जैसे पूर्ण हो गया। माँ ने उसके कमरे में उसके साथ सोने के बजाय पापा के साथ सोना शुरू कर दिया है। उसके कमरे में एक फोन लगा दिया गया है, जिससे जरूरत पड़ने पर वह माँ को फोन कर सके। वह कुछ नहीं बोलेगा, तो माँ समझ लेगी कि फोन पर वही है।

ठीक ही है। कुछ गलत तो नहीं। वह अपने-आप उठकर बैठ सकता है। फोन के बटन दबा सकता है। पिछले नौ महीनों से माँ उसके साथ सो रही है। पापा अकेले सोते हैं। तब भी उसे कुछ खटक क्यों रहा है—माँ का इस तरह उसे अचानक छोड़ देना। और अदिति का इस तरह पूरे जोर से माँ को कहना, जैसे वह माँ की बेटी न होकर खुद उसकी माँ हो—'तुम्हें तो सोना ही चाहिए अपने कमरे में। वह अपने-आप रह सकता है, पर तुम उसे रहने दो, तो।'

माँ ने उसकी तरफ देखा था। उसका मुरझाया हुआ उत्साहहीन चेहरा देखकर खुद भी एक क्षण मुरझाई थी। पर अपने निश्चय से नहीं डिगी थी—"मैं रात को दो-तीन बार आकर तुम्हें सँभाल लूँगी।" शशांक ने अपने से पूछा था, माँ को उसके साथ सोना अचानक इतना अखरने क्यों लगा है? क्या यह भागवत की किसी कथा का असर है? या किसी रात माँ को यह महसूस हुआ है कि वह उतना छोटा बच्चा नहीं है, जितना वह अब तक मानती रही है? एक धुँधली-सी स्वप्नवत् कोई स्मृति उसके दिमाग से गुजर गई। शायद...शायद...।

शशांक ने फोन नहीं किया। वह बाथरूम तक अपने-आप जाएगा। पर माँ को पता नहीं किस आशंका ने खटखटाकर उठा दिया। वह दौड़ती हुई आई थी। जोर से हैंडिल घुमाकर कमरे का दरवाजा खोला और उसके बगल से तेज चलती हुई पलंग तक पहुँच गई। पलंग पर उसे न देखकर उसके मुँह से चीख जैसी कोई आवाज निकली। या शायद उसने कुछ कहा—कहाँ चला गया—जैसा कुछ। फिर पलंग के बगल की बत्ती जलाकर वह खड़ी-की-खड़ी रह गई थी। शशांक जमीन पर चारों हाथ-पाँव से घुटनों के बल घोड़ा बना

खड़ा था। तब उसे समझ में आया कि अँधेरे में उसने जिसे कुर्सी समझा था, दरअसल वह शशांक था। एक तीखी राहत से वह अपने तेज गति से दौड़ते हुए दिल को सँभालती हुई पलंग पर एक क्षण के लिए बैठ गई। फिर उसके बगल में आकर उसे सहारा देकर खड़ा करते हुए एकदम शांत स्वर में कहा—"बाथरूम जाना था, तो मुझे फोन क्यों नहीं किया?" उसके बाद वह ऐसे हो गई जैसे कोई बात ही न हुई हो। माँ ने यह नहीं पूछा कि शशांक ने यह हरकत नाराजगी में की थी या अपने-आपको यह बताने के लिए वह अकेले रह सकता है। पर अगली सुबह जब वह पापा से मिला, तो उन्हें देखते ही समझ गया कि माँ ने पापा को वह बात बता दी है और पापा ने सारी रात करवटें बदलकर काटी है।

माँ ने जब उसे देखा, तो हल्के से हँसी। शशांक समझ गया कि माँ की हँसी कह रही है कि जीवन के हर मजाक पर हँसा जा सकता है। माँ ने उसके कान में फुसफुसाकर कहा—"सोच रही हूँ कि उस तरह चौपाए बने हुए तुम घोड़े लग रहे थे कि गधे?" शशांक खिलखिलाकर हँस पड़ा। पापा उन्हें देखते रहे। इस तरह के मजाक सिर्फ माँ और उसके बीच होते हैं। और तब उनकी हँसी में थोड़ी हैरानगी, थोड़ा झूठ, थोड़ी साजिश, थोड़ा नाटक न जाने क्या-क्या मिला होता है, जिनके लिए शब्द खोजना बेकार है। पापा यह अगर जान लें कि माँ ने ऐसा कुछ कहा है, तो वे एकदम घबड़ा जाएँगे। इसलिए उन्हें इसमें शरीक नहीं किया जा सकता। शशांक ने अपनी तरफ अँगुली कर दोनों हथेलियों से 'छोटा' का इशारा किया और माँ की तरफ अँगुली कर 'बड़ा' का। माँ ने हँसकर उसका कान पकड़कर मरोड़ दिया। फिर माँ ने इस इशारेबाजी और कानाफूसी से खिसियाए हुए पापा को कहा—"आपने वह चुटकुला सुना है? एक आदमी दो उल्लू बेच रहो था—बड़े उल्लू का दाम पचास रुपया, छोटे उल्लू का सौ रुपया। एक खरीददार ने कहा—'भई, यह तो उलटी बात है। छोटे उल्लू का दाम डबल क्यों?' 'अरे साहब'—उसने जवाब दिया, 'बड़ा उल्लू तो सिर्फ उल्लू है, छोटा उल्लू तो उल्लू भी है और उल्लू का पट्ठा भी।' " अब पापा भी उन लोगों की हँसी में शामिल हो गए थे।

माँ की एक हँसी वह भी है, जो वृहस्पतिवार और रविवार को छोड़कर रोज सुबह उसके चेहरे को ऐसे रोशन कर देती है, जैसे उसके अंदर कोई बत्ती

जल गई हो। रोज सुबह अमित उसे स्कूल के लिए लेने आता है और गाड़ी से उतरकर उसके लिए पीछे का दरवाजा खोलता है। उसे सहारा देकर गाड़ी में बिठाता है। कई बार वह बिना मोजे के जूते पहने रहता है और मोजे उसकी पॉकेट से झूलते रहते हैं—गाड़ी में पहने जाने के लिए। कई बार वह बाल बिना बनाए आता है और गाड़ी में सामने के शीशे को अपनी ओर टेढ़ा किए रहता है जिससे जाते समय बाल बना सके। वह शायद रोज हड़बड़ाते हुए तैयार होता है कि शशांक उसका इंतजार कर रहा होगा। ऐसा एक दिन भी नहीं हुआ कि माँ उसके साथ अमित से मिलने नीचे न उतरी हो। शशांक को अच्छी तरह पता है कि माँ के अंदर क्या चलता रहता है—माँ के लिए अमित को देखना वैसा ही है जैसे दादी के लिए रोज नहा-धोकर मंदिर में भगवान की मूर्तियों के सामने बैठकर उन्हें देखना। माँ कुछ भी अच्छा खाना बनने पर कहती है—'थोड़ा-सा अमित के लिए भेज देते हैं।' वह ऐसा बोलते हुए सकुचाती है जैसे डरती हो कि किसी को पता न चल जाए कि अमित की उसके जीवन में क्या जगह है। माँ को सब याद रहता है कि अमित को क्या भाता है और क्या नहीं भाता। फिर एक दिन वह दिन आ ही गया, जिसका माँ को डर था और जिसके कारण वह दिन में बीसों बार अमित का नाम लेते-लेते रुक जाती थी। अदिति ने माँ से कहा—'ऐसा करो कि तुम उस अमित को गोद ले लो और मुझे अनाथाश्रम भेज दो।' माँ ने सकपकाकर शशांक की ओर देखा। शशांक ने हँसकर आँखों-ही-आँखों में कहा—'बोलने दो। ऐसे ही बकती रहती है।' माँ ने चाची की तरफ देखा, तो चाची ने मुस्कराते हुए कहा—'ठीक बोलती है। हम लोगों के भाव तो रोज गिर रहे हैं।' फिर माँ की आवाज में कहा—'थोड़ा-सी पनीर की सब्जी अमित के लिए भेज देते हैं। उसे बहुत पसंद है।' इस पर सब खिलखिलाकर हँस पड़े थे। अदिति भी। माँ भी।

स्कूल में नया वाइस-प्रिंसिपल फादर फ्रेडरिक आया है। क्या वह इतना मनहूस इसलिए रहता है कि उसे मालूम है कि वह एकदम तवे की तरह काला है? सारे लड़के हर वक्त उसके रंग पर कमेंट करते रहते हैं—कल्लू, अँधेरा, कार्बन, काला पादरी—इस तरह के उसके न जाने कितने नाम अलग-अलग क्लासों में लड़कों ने रख रखे हैं। शशांक को इस तरह की बातों पर हँसने में कुछ गड़बड़ तो लगती है—क्या हमारे देश में भी साउथ अफ्रीका वाला

'एपारथीड' है? पर फिर भी वह साथ देने के लिए हँसने में सबका साथ देता है। पादरी का सफेद चोगा पहने फ्रेडरिक फुरती से कॉरीडोर से गुजरता जब-तब दिखाई पड़ जाता है। उसके आने के बाद से स्कूल में हल्ला-गुल्ला कुछ कम जरूर हो गया है, पर उसके प्रति एक तरह की हिंसा हवा में शोर मचाती रहती है। शशांक को इसमें कोई संदेह नहीं कि यदि फ्रेडरिक का रंग फादर प्रिंसिपल की तरह गोरा होता, तो सारे लड़कों का उसके प्रति रुख एकदम अलग होता। अब क्या किया जाए, दुनिया तो ऐसी ही है, सोचकर वह भी फ्रेडरिक पर सबके साथ हँस लेता है। बल्कि उसने टाइपराइटर के मार्फत उसे एक नया नाम 'ब्लैक टाइफून' देकर अपनी क्लास का सम्मान अर्जित कर लिया है।

फ्रेडरिक ने उनकी क्लास को शोरशराबा करने के लिए उस दिन सस्पेंड कर दिया था। सारे लड़के गेट-पास लेकर स्कूल से चले जा रहे थे। अमित शशांक के लिए गाड़ी मँगवाने के लिए फ्रेडरिक के ऑफिस में फोन करने गया, तो ऑफिस बंद था। वे लोग शशांक को पकड़कर नीचे ले आए और उसे ऑफिस के सामने सीढ़ियों पर बैठा दिया। न जाने फ्रेडरिक कहाँ गायब हो गया था। 'अमित उसे टैक्सी बुलाकर घर क्यों नहीं ले जाता?'—शशांक के मन में आया। पर वर्ड-बोर्ड और टाइपराइटर दोनों ही क्लास में पड़े हुए थे। इतने में बूढ़ा असलम चौकीदार दिखाई पड़ा। अमित ने उसे फ्रेडरिक के ऑफिस बंद होने के कारण हुई दिक्कत के बारे में बताया, तो असलम एक क्षण के लिए सोचता रहा। फिर वह अमित को बगल में मिस्टर डेविड के ऑफिस में ले गया, यह कहते हुए कि उधर से एक दरवाजा फादर फ्रेडरिक के ऑफिस में खुलता है।

सीढ़ियों पर बैठे हुए शशांक को तभी फ्रेडरिक चीते-सी फुरती से अपने ऑफिस की तरफ बढ़ता दिखाई पड़ा। 'ओह गॉड, कहीं कोई लफड़ा न हो जाए,' उसने सोचा। तब तक फ्रेडरिक ने अपने ऑफिस में चाभी लगाकर दरवाजा खोल लिया था। उसकी आवाज शशांक को सुनाई पड़ी, 'हाऊ डेयर यू...' और उसका दिल बैठ गया। उफ़, उसके कारण अमित फँस गया। तभी एक थप्पड़ मारने की आवाज, कुछ गिरने की आवाज और अमित की गुस्से और रुलाई से फटती हुई आवाज सुनाई दी। अमित उसे बता रहा था कि वह असलम के कहने पर उसके ऑफिस में फोन करने घुसा था क्योंकि व्हील-चेयरवाले लड़के के घर गाड़ी के लिए फोन करना था। अब

तक शशांक का दिल इतने जोर से धड़क रहा था कि उसे अमित की आगे की बात पूरी सुनाई नहीं दे रही थी।

'मेरे कारण सब हुआ'—वर्ड-बोर्ड पर माँ के लिए लिखते हुए वह सुबक पड़ा। माँ भयंकर तनाव से भरी हुई अमित को फोन मिलाने लगी। शशांक ने सुना कि वह कह रही थी—'हद है! बिना कुछ पूछे, बिना तुम्हारी बात सुने, इस तरह मारा कि तुम्हारा चश्मा टूट गया। नहीं, नहीं, तुम उस फ्रेडरिक को क्या देख लोगे! दूसरे लड़कों का क्या जाएगा? ठीक है, तुम्हारा गुस्सा बिलकुल सही है। पर सारे लड़कों के साथ मिलकर उनकी सलाह पर बदला लेने के लिए कुछ गड़बड़ करोगे, तो और फँसोगे।' शशांक को माँ की बात एक तरह से ठीक लगी कि मामला और न गड़बड़ाए, तो अच्छा है। पर उस इडियट को मजा तो चखाना चाहिए। वह ठीक होता, तो इस फ्रेडरिक का सचमुच कुछ कर डालता। वैसे वह ठीक होता, तो यह लफड़ा ही क्यों होता, उसने मरे हुए मन से सोचा।

रात को उसने देखा कि माँ उसके बिस्तर पर बैठी-बैठी किसी को चिट्ठी लिख रही है। वह तुरंत समझ गया कि फादर प्रिंसिपल को अमित का किस्सा लिखकर न्याय की माँग कर रही होगी। उसे आश्चर्य हुआ कि माँ अब तक यह कैसे मानती आ रही है कि वह चिट्ठी लिख-लिखकर सबको बदल सकती है? क्या उसे कभी नहीं पता चलेगा कि उसकी चिट्ठियों से कहीं कुछ नहीं होनेवाला है? 'पुअर ओल्ड मदर', सोचते हुए उसने माँ की ओर देखा। 'पढ़ोगे?'—कहते हुए माँ ने उसकी ओर कागज बढ़ा दिया।

उसने पत्र पढ़ा और माँ को लौटा दिया। पत्र वैसा ही था जैसा कि उसने सोचा था—वही स्थिति को ज्यों-का-त्यों समझाना, फादर फ्रेडरिक पर बिना कोई सीधा आरोप लगाए उनके गुस्से का कारण और परिणाम बताना, अमित के रोजाना के आचरण-व्यवहार की प्रशंसा करना। माँ की भाषा का सधापन, एक-एक शब्द को तौल-तौलकर लिखना उसे एकबारगी चकित कर गया—ऐसा तो मौसी की भाषा तक में नहीं है। सबसे अंत में माँ ने अपने वकीलाना अंदाज में लिखा था—''यह ठीक है कि कई बार बच्चों को शारीरिक चोट पहुँचाते हुए सजा देना बहुत जरूरी होता है क्योंकि इसके अलावा आप उन्हें किसी तरह समझा नहीं सकते कि उनकी हरकत कितनी बेजा है। पर यह तो साधारण व्यवहार है। एक धर्मप्राण व्यक्ति से हम ऐसे आचरण की उम्मीद करते हैं जो दुष्ट व्यक्ति के दिल में अफसोस या शर्मिंदगी पैदा करे। मुझे खेद है कि ऐसा नहीं हुआ। वह लड़का, जो कि अब भी

एक बच्चा है, भारी कष्ट में है—इतना कष्ट कि फादर फ्रेडरिक उसे कभी पहुँचाना नहीं चाहेंगे। उसके दिल पर बहुत चोट लगी है। किसी की मदद करने की उसकी सदिच्छा ने उसे यह फल दिया है। सवाल यह है कि क्या हम उसे जीवन के लिए यही सबक देना चाहते हैं?"

चिट्ठी लिखने के दो दिन बाद फ्रेडरिक ने माँ को अपने ऑफिस में बुलवाया। माँ ने देखा कि फादर प्रिंसिपल को लिखी हुई चिट्ठी फ्रेडरिक के टेबुल पर पड़ी है। फ्रेडरिक ने अँगुली से माँ को एक लाइन पढ़वाते हुए गुस्से से पूछा—"आपने जो लिखा है कि मैं उसे इतना कष्ट नहीं पहुँचाना चाहूँगा। तो क्या इसका मतलब है कि मैं उसे कष्ट पहुँचाना चाहता हूँ?" माँ ने फादर फ्रेडरिक के चमकते हुए काले रंग को देखा। वह बिना कुछ कहे फ्रेडरिक के सामने खड़ी रही। फिर उसने सिर झुकाकर कहा—"यदि आपको मेरी चिट्ठी से यही समझ में आया है, तो मुझे कुछ नहीं कहना है।" उसकी आवाज में गहरी हताशा थी।

माँ ने शशांक को यह किस्सा बताया। शशांक माँ के शब्दों में फ्रेडरिक के प्रति कोई हिकारत या कोई 'बेचारा फ्रेडरिक' जैसा दया भाव ढूँढ़ता रहा। इन दोनों में से कोई भी प्रतिक्रिया फ्रेडरिक के काले रंग के प्रति ही होती। उसने देखा है कि क्लास में फ्रेडरिक के प्रति गुस्से में उसके काले रंग का जिक्र जरूर होता है। या फिर सभी लोग यह मानकर चलते हैं कि फ्रेडरिक बेचारा है क्योंकि वह इतना काला है। इस बात को भूलकर कभी कोई उसके बारे में सोच तक नहीं पाता।

अचानक शशांक को मौसी की एक कहानी याद आई जिसे पढ़ते वक्त वह बिलकुल समझ नहीं पाया था। उस पूरी कहानी में सिर्फ एक ही घटना थी। कहानी शुरू होती थी एक ट्रैफिक जाम के वर्णन से, जो कलकत्ता में एक आम बात है। ट्रामें चुप, गाड़ियाँ चुप, सबके शरीरों से बहता हुआ चिपचिपाता पसीना और बेबस क्रोध। ऐसा लगना कि पूरी उम्र बीत जाएगी इस इंतजार में कि गाड़ियाँ हिलें और आगे बढ़ें। शशांक को याद है कि कहानी इसी तरह चलती गई थी। उसे लगने लगा था कि यह कहानी न होकर कोई ट्रैफिक जाम पर लिखा हुआ लेख है। तभी कहानी में एक घटना घटी थी—अलबत्ता इसे घटना मानना कल्पना की दौड़ से ही संभव था। एक सुंदर-सा सजा-धजा चौबीस साल का जवान लड़का एक काली बदसूरत लड़की के साथ खड़ी हुई गाड़ियों के बीच से रास्ता निकालता हुआ इस फुटपाथ से उस फुटपाथ तक चला गया था। लड़के ने लड़की को कोहनी

के पास से पकड़ रखा था। काली लड़की की आँखों से धड़ाधड़ आँसू बरस रहे थे। वह बेजार रो रही थी। लड़के के चेहरे पर एक संतुष्ट मुस्कान थी।

मौसी की कहानी में इस 'घटना' का ट्रैफिक जाम में अटकी हुई बस में बैठे लोगों पर कोई असर नहीं हुआ था। यह अंदाज लगाना किसी के लिए भी कठिन नहीं था कि बदसूरत लड़की को खूबसूरत लड़के ने धोखा दिया है। यह तो दुनिया में होता ही रहता था। धोखा खाकर दुनिया में लोग रोते भी थे ही—चाहे सड़क पर रोएँ या बंद कमरों में। इसलिए बस में भरे लोगों में से किसी ने इस घटना पर कुछ नहीं कहा था, जबकि सभी बोर हो रहे थे। बस की ऊब में इस बात से कोई कमी नहीं आई थी कि एक सिर्फ काली ही नहीं, एक बदसूरत लड़की इस तरह रोती हुई एक फुटपाथ से दूसरे फुटपाथ तक गाड़ियों के बीच से सड़क पार करती हुई चली गई थी।

मौसी की यह कहानी भी उसकी बाकी की कहानियों की तरह किसी ऐसे मुकाम पर कुछ बोलती-बोलती चुप हो गई थी, जबकि उसके वहाँ खत्म होने की कोई तुक नहीं थी। शशांक को पूरी कहानी ही एकदम बेतुकी लगी थी। पर आज शशांक को वह कहानी एकाएक समझ में आ गई। उसे यह भी लगा कि मौसी की उस कहानी से ज्यादा अच्छी तरह कोई नहीं कह सकता था कि दुनिया में बदसूरत लोगों के दुख कभी असली दुख नहीं लगते। शायद इसीलिए सारी फिल्मों में और कहानियों में भी अक्सर हीरोइनें सुंदर होती हैं। यदि वह बदसूरत भी होता तो? सोचकर वह सिहर उठा। उसे जीवन में पहली बार पता लगा कि उसका गोरा और सुदर्शन होना उसके बिना जाने ही कितनी बड़ी नियामत है।

शशांक का दिल फ्रेडरिक के प्रति सहानुभूति से भर उठा। उसे अच्छा लगा कि माँ ने फ्रेडरिक के अमित के प्रति गलत व्यवहार को एक बार भी उसके काले रंग से नहीं जोड़ा था। दो दिनों से क्लास के सारे लड़के फ्रेडरिक के खिलाफ जो-सो बक रहे थे, पर एक बार भी कोई उसे उसके नाम से नहीं बुला रहा था। कल्लू, कलुवा, कालीचरण—हर बार उसके नए नामकरण में उसके काले रंग का जिक्र रहता ही था। शशांक को इन दो दिनों में पूरा विश्वास हो चला था कि फ्रेडरिक यदि गोरा होता, तो कभी उसके अंदर इतना गुस्सा नहीं होता कि वह अमित को थप्पड़ मारकर उसका चश्मा तोड़ दे। न ही वह सारी बातों के बावजूद अमित को धमकी देता कि वह बोर्ड की परीक्षा के बाद स्कूल से जुड़े कॉलेज में उसका एडमिशन नहीं होने देगा।

माँ और वह बोर्ड की परीक्षा की तैयारी कर रहे हैं। टाइपराइटर से परीक्षा देने की अनुमति प्राप्त करने की कार्रवाई पूरी हो गई है। आधे घंटे का अतिरिक्त समय भी उसे दिया जाएगा। पर वह एक मिनट में 13-14 शब्दों से ज्यादा टाइप नहीं कर सकता। इसलिए माँ हर विषय में उसके लिए हर सवाल के एकदम संक्षिप्त उत्तर तैयार कर रही है। बोल-बोलकर उन्हें पढ़ती है, ताकि वह सिर्फ चुपचाप देखकर ही याद न करे, बल्कि सुनकर भी याद करे।

वह परीक्षा में साढ़े तीन घंटे टाइप करता है। बीच में माँ आती है और उसे नींबू-चीनी की शिकंजी पिला जाती है। फिर लाइब्रेरी में जाकर किताब पढ़ती-पढ़ती ऊँघने लगती है। एक पेपर खत्म होने के बाद उसे खाना खिलाती है। चाचा आकर उसे बाथरूम ले जाता है। फिर दुखते हाथों और कंधों के लिए एक दर्द की गोली खाकर वह दूसरा पेपर फिर साढ़े तीन घंटे टाइप करता है। माँ फिर लाइब्रेरी में बैठी समय बीतने का इंतजार करती रहती है। 'शी इज़ ग्रेट'—शशांक सोचता है।

मैथ्स की परीक्षा में माँ ने डेढ़ घंटे बाद आकर देखा, तो वह बिना कुछ किए पसीने-पसीने हुआ बैठा था। पिछला लिखा हुआ सवाल उसने पूरा काट दिया था। माँ एकदम बेकाबू होकर उस पर बरस पड़ी—'फेल होना है तुम्हें? इसीलिए इतनी जान लगाई थी मैंने?' तो यह बात है सारी महानता के पीछे! शशांक के अंदर घबड़ाहट को दबाता हुआ गुस्से का एक बवंडर उठा। उसने मैथ्स के पेपर का एक पन्ना फाड़कर फेंक दिया। माँ ने उसे उठाकर पर्स में रखा और गायब हो गई। क्या पागलपन है यह? गनीमत थी कि इनविजिलेटर उन लोगों को अकेला छोड़ शायद बाथरूम चला गया था। उसे पता चल गया तो पेपर कैंसिल कर दिया जाएगा। शशांक का दिल फिर बुरी तरह घबड़ाने लगा। पर माँ पाँच मिनट में लौट आई और उसने शशांक को बिना कुछ कहे चुपचाप पेपर पकड़ा दिया। माँ मैथ्स में एकदम जीरो है, पर शायद उसने सोचा हो कि वह एकाध सवाल का हल निकाल लेगी। या शायद उसके मैथ्स ट्यूटर को मोबाइल पर पूछ रही हो। माँ ने बुझे हुए निराश स्वर में कहा—'जल्दी-जल्दी करो। जितना आता है, कर डालो। कम-से-कम थोड़े नंबर तो मिल जाएँ।'

उसने माँ की ओर कोरी नफरत से देखा। उसने यह भी देखा कि माँ उस नफरत से बुरी तरह आहत हुई। माँ की आँखों में याचना का भाव

उभर आया जैसे कह रही हो—'मैं भी क्या करूँ? क्या मैंने तुम्हारी हर तकलीफ को अपनी तकलीफ की तरह नहीं झेला है?' शशांक की आँखों में कुछ बदला, जिसके बदलते ही माँ की आँखें डबडबा आईं। शशांक को खीझ हुई। अब ये आँसू-वाँसू। रहने दो यह सब। तभी दरवाजे पर आ खड़े हुए इनविजिलेटर की छाया ने उन लोगों को चौंका दिया—"हैव यू फिनिश्ड गिविंग हिम हिज मेडिसिन?" उस आवाज में झुँझलाहट थी। ठीक ही तो है, शशांक ने सोचा। दवा देने के बहाने छूट मिल गई है उसके पास आने की, तो माँ ने यहाँ डेरा डाल लिया है। 'तुम जाओ'—शशांक के मुँह से साफ-साफ निकला। उसे और माँ—दोनों को हवा में तैरते उन दो शब्दों ने जैसे बिजली की तरह करेंट लगा दिया। माँ ने उस अजनबी टीचर की तरफ देखा और कहा—"यह अभी बोला। सुना आपने? सुना?" जैसे किसी अपने घर के आदमी से बात कर रही हो। इनविजिलेटर ने सिर हिलाया। उसके चेहरे पर घोर विस्मय था। हद है माँ की—शशांक ने वापस मैथ्स-पेपर की ओर देखा—यह तक भूल जाती है कि सारी दुनिया को यह जानकारी नहीं है कि वह एक साल से चुप है।

उसके दिल में अजीब-अजीब तरंगें उठकर मैथ्स-पेपर और टाइपराइटर को घेर रही थीं। क्या यह खुशी है? क्या यह सुख है? क्या वह सचमुच बोला था? क्या वह फिर मुँह खोलेगा और फिर उसके मुँह से शब्दों के फूल झरेंगे, जो सितारे बनकर आकाश में तैरने लगेंगे, सूरज बनकर दुनिया-भर में रोशनी कर डालेंगे? कौन-सी क्लास में पढ़ा था यह—'बहिरौ सुनै, मूक पुनि बोलै...'—कोई सूरदास, रहीम, कबीर—किसने लिखा है यह—तो क्या मान लिया जाए कि अब भी ईश्वर बचा है इस दुनिया में?

फिर शनिवार। फिर दोपहर का सोना। शशांक ने आँखें खोलीं तो उसे जतीन दा को फिर बगल में लेटा हुआ देखकर उतना आश्चर्य नहीं हुआ, जितना कि उनके वहाँ न होने पर होता। तो क्या उसे आनेवाली घटनाओं का पहले से पता चलने लगा है? शशांक को एकदम मालूम था कि आज वह जब आँखें खोलेगा, तो देखेगा कि जतीन दा बगल में ऐसे आराम से सो रहे हैं, जैसे भविष्य की तमाम उम्मीदों और पिछली शिकायतों से बेखबर छोटे बच्चे सोते हैं।

"तो तुमने अपना मौन व्रत खोल दिया?"—जतीन दा ने कहा। अरे, शशांक को लगा कि उसे यह भी मालूम था कि जतीन दा ऐसा ही कुछ कहेंगे। व्रत? पर व्रत तो आदमी अपनी मर्जी से करता है।

"वाटडूयूमीन?"—शशांक ने हल्के से हँसकर पूछा। जतीन दा ने हतप्रभ होकर कहा—"क्या कहा तुमने?" शशांक की हँसी उड़ गई। अब वह बोलने लगा है तो उसकी बातें किसी को समझ में नहीं आतीं। वह शब्दों के बीच में जगह छोड़ना क्यों भूल गया है? उसका हर शब्द अपने आगे-पीछे के शब्द के अंदर घुस जाता है और अपना मतलब खो देता है। "वाट डू यू मीन"—उसने एक-एक शब्द के बीच चार गुनी जगह छोड़कर कुछ खीझ के साथ कहा।

"ओह, मैंने सोचा कि तुम कोई ऐसी भाषा बोल रहे हो, जो मैं नहीं जानता। अच्छा, तो तुम यह कहना चाहते हो कि तुमने कोई मौन व्रत अपनी मरजी से नहीं ले रखा था? तुम्हें क्या मालूम कि वाकई ऐसा ही था? शुरू में तुम्हारी माँ तो कम-से-कम ऐसा ही सोच रही थी कि तुम जान-बूझकर नहीं बोल रहे हो।"

उफ् जतीन दा की बातें! कहाँ-कहाँ से कैसी-कैसी विचित्र बातें ले आते हैं। लेकिन लेकिन, एक मिनट—शशांक ने आश्चर्य से सोचा—'शुरू में, यानी उसकी बीमारी की शुरुआत में जतीन दा माँ से कब मिले थे? कमाल है! या जतीन दा सचमुच माँ से मिले थे और उसे पता नहीं चला था? पर माँ तो कम-से-कम तीन महीने घर के बाहर ही नहीं निकली थी। तो क्या मौसी मिलती थी जतीन दा से?'

'पूछे या जाने दे?'—शशांक सोचता रहा। कितने आश्चर्य की बात है

कि कोई ऐसा उसके बारे में सोचे—और वह भी माँ—कि वह जान-बूझकर नहीं बोल रहा था। "तुम यदि बोलते रहते, तो तुम्हें अपनी तकलीफों से और ज्यादा कष्ट होता। तकलीफ के बारे में बोलने से तकलीफ ठोस हो जाती है। जम जाती है। फिर उससे आदमी एक मिनट के लिए भी बच नहीं सकता। सपने तक में नहीं।"

जतीन दा चुप होकर कुछ सोच में डूब गए। शशांक ने उनके चेहरे को पढ़ने की चेष्टा की। क्या पता किसके बारे में सोच रहे हैं जतीन दा! क्या खुद अपनी तकलीफों के बारे में? या किसी अपने की? तकलीफ तो सब जगह है—शायद ही इस धरती पर कोई साँस लेता हो और तकलीफ से न गुजरता हो। पर हमें उनकी ही तकलीफें उतनी ही तकलीफ देती हैं जिनसे हम जितना प्यार करते हैं।

"वैसे हर आदमी का तकलीफ से निपटने का मैकेनिज़्म या तरीका अलग होता है। अब अपनी माँ को ही देखो। तुम यदि बचपन से बीमार नहीं होते या तुम्हें कोई प्रॉब्लम नहीं होती, तो तुम्हारी माँ कोई वकील-उकील नहीं बनती। घर सँभालती, बच्चे सँभालती और रोज नई फैशन के कपड़े-लत्ते, गहने खरीदती घूमती"—जतीन दा की बातों में शशांक को पहली बार एक तरह के जातिवाद की बू आई। जैसे कि बंगाली औरतें फैशन की चीजें खरीदती नहीं घूमतीं।

शशांक ने माँ को एक नए सिरे से देखने की चेष्टा की। माँ को शुरू में यह मानने में बहुत मुश्किल तो हुई होगी कि वह दूसरे बच्चों से अलग है। उसे माँ की डायरी में लिखी हुई एक बात याद आई जिसे माँ ने लिखकर एक बार टेबुल पर खुला छोड़ दिया था और शशांक ने पढ़ डाला था—"जिस दिन अदिति ने चलना शुरू किया था, उसी दिन मैंने भगवान को उसकी नाइंसाफी के लिए माफ कर दिया। उस दिन से मैंने दुनिया के सारे चलते हुए बच्चों—यहाँ तक कि सड़क के भिखारियों के बच्चों से भी जलना-कुढ़ना छोड़ दिया था। अपनी तकलीफ आदमी को कितना ओछा बना देती है। अदिति के चलने से पहले दुनिया मुझे अपनी दुश्मन लगती थी।" इसे पढ़कर शशांक को शक हुआ था कि माँ ने जानबूझकर उसके पढ़ने के लिए डायरी में यह लिखा था क्योंकि उसने माँ से गुस्से में कहा था कि वह हर बार झगड़े में अदिति का पक्ष लेती है।

और अब? अब जब वह वापस चलना भूल गया है, तब माँ ने अपना काम कितनी मुश्किल से फिर ज्वाइन किया है। वह भी उसे व्हील-चेयर

पर स्कूल भेजने के बाद। तो क्या सचमुच माँ का कैरियर उसके ऐसा होने से जुड़ा हुआ है? अपने-आपमें माँ के काम का क्या माँ के लिए कोई महत्व नहीं है? जैसे फ्रेडरिक की सारी बातें उसके रंग से अलग नहीं की जा सकतीं, उसी तरह माँ का जीवन उसके ऐसा होने से अलग नहीं है? यहाँ तक कि माँ का अदिति को पैदा करना भी?

"किसी के लिए अपनी तकलीफ को जिंदा रखना जिंदगी का एक मकसद भी हो सकता है। ऐसा आदमी अपनी तकलीफ को बार-बार देखना चाहता है, उससे बार-बार गुजरना चाहता है। वह बार-बार उसे उलटता-पुलटता रहता है, ताकि कहीं वह सूखकर मर न जाए। तब उसे अपनी तकलीफ को बार-बार बोलकर बताना पड़ता है, लिखना पड़ता है, यहाँ तक कि उसे किताब की तरह छपवाकर दुनिया में हमेशा के लिए छोड़ जाना पड़ता है"—जतीन दा चुप हो गए। शशांक को लगा कि उनकी साँसें कुछ जोर-जोर से चल रही हैं। क्या बात हो सकती है जतीन दा की बातों के पीछे? कहीं जतीन दा मौसी के जीवन की तरफ इशारा तो नहीं कर रहे? या फिर जतीन दा उसे फिर कोई ऐसी कहानी सुनाने जा रहे हैं, जो उन्हें बहुत विचलित करती है?

"तुम्हारी यह हालत बुखार के एक वायरस ने की है। तुमसे इतना कुछ छीन लिया है कि तुम और तुम्हारी माँ दोनों हर घड़ी उस कमी से जूझ रहे हो। पर सोचो कि यदि तुम्हारी ऐसी हालत के लिए कोई हाड़-मांस का आदमी जिम्मेदार होता, तो क्या होता? तब क्या तुम्हारी तकलीफ सौ गुनी-हजार गुनी नहीं बढ़ जाती? क्या तुम उस शख्स को कभी माफ कर पाते? क्या उससे बदला लेना तुम्हारे जीवन का मकसद नहीं बन जाता? भले ही तुम्हें अपनी तकलीफ को जिंदा रखने में मेरे दोस्त शीर्षेन्दु की तरह अपनी जिंदगी के बीस साल और नहीं खोने पड़ते?"—जतीन दा की आवाज उत्तेजना से थरथराने लगी थी।

—सच है। एकदम सच। पर कोई आदमी किसी दूसरे आदमी के साथ इतनी क्रूरता कैसे कर सकता है, शशांक ने सोचा। अगले ही क्षण उसके दिमाग में सिनेमा, टी.वी., अखबारों में देखी-पढ़ी दंगे-फसाद-हत्याओं की खबरें घूम गईं। वाकई आदमी शायद बहुत क्रूर है—एकदम राक्षसों की तरह। शशांक के दिल में अजीब तरह की घबड़ाहट होने लगी। पता नहीं जतीन दा के इस दोस्त शीर्षेन्दु के साथ क्या हुआ था? क्या किसी ने उससे कोई बदला लेने के लिए या कुछ छीनने के लिए उसके साथ ऐसा कुछ किया

था कि उसकी हालत शशांक जैसी हो गई थी? शशांक ने अपने शरीर को देखा। उसके पैर देखने में एकदम सीधे, बिलकुल ठीक-ठाक, पर उसे खड़ा नहीं रख सकते। उसके हाथ, उसके गुलाबी नाखून, लंबी-पतली अँगुलियाँ, जो देखने में कहीं से कमतर नहीं लगतीं, पर जो न बहुत आसानी से रोटी तोड़ सकती हैं और न सीधे उसके मुँह की तरफ ले जा सकती हैं। उसका दिल डूबने लगा। उसके जैसी ही किसी और की कहानी सुनकर क्या होगा? क्यों दुनिया में इतनी तकलीफें हैं, इतने कष्ट हैं? किसने बनाई है ऐसी यह दुनिया? क्या कोई भगवान है, जो यह सब करता-कराता है? और अगर नहीं है, तो यह सब ऐसे क्यों घटता है? क्या साइंस ऐसी दुनिया नहीं बना सकता जिसमें न कोई बीमार हो, न गरीबी? क्या दुनिया के सारे साधु, संत, पादरी, मुल्ला ऐसा संसार नहीं बना सकते जिसमें न कोई किसी को मारता हो, न चोट पहुँचाता हो? शशांक की इच्छा हुई कि जतीन दा को कहे कि वे अपने उस दोस्त की कहानी उसे न सुनाएँ।

''तुम्हें पता है कि आदमी ने कैसे-कैसे तरीके खोजे हैं कि दूसरे आदमी को ज्यादा-से-ज्यादा तकलीफ कैसे दी जा सके, पर वह मरे नहीं?''—जतीन दा की आवाज से शशांक समझ गया कि अब यह कहानी उसे सुननी पड़ेगी। जतीन दा ने उससे सवाल की तरह यह बात पूछी थी, पर वे उसकी तरफ न देखकर खिड़की के बाहर नीम के पेड़ को देख रहे थे। उन्हें शशांक के किसी जवाब की कोई जरूरत नहीं थी।

''एक तरीका होता है जिसमें आदमी के तलवों पर लाठी या किसी लोहे की चीज से जोर-जोर से मारा जाता है। इसके लिए उसे इस तरह बाँध दिया जाता है कि उसका सिर नीचे रहे और दोनों पाँव ऊपर रहें। दोनों हाथों और पाँवों को एक साथ बाँधकर फिर उनके बीच से एक डंडा घुसा देते हैं जिसके सहारे उसे हवा में झुला दिया जाता है।''—जतीन दा के साथ शशांक नीम का पेड़ देखता हुआ कल्पना करता रहा कि इस तरह कैसे कोई आदमी हवा में झूल सकता है। अपने सुन्न होते दिमाग से उसने जतीन दा की बात को इस तरह समझना चाहा जैसे वह किसी आदमी के बारे में न सोचकर चारों पाँवों से एक डंडे में बँधे किसी घोड़े या गधे के बारे में सोच रहा हो।

''इस तरह झुलाकर उसकी पीठ और तलवों में डंडे से, लातों से, घूँसों से, जूतों से अगर मारा जाए, तो रीढ़ की हड्डी पर लगी चोटों से कुछ भी हो सकता है—लकवा, जिससे आदमी चल-फिर नहीं सकता। सिरदर्द, मिरगी,

दिखना और सुनना कम होना—वगैरह, वगैरह। लेकिन जरूरी नहीं कि यह सब तुरंत हो। धीरे-धीरे कई महीनों बाद भी ऐसा हो सकता है।''—जतीन दा ने नीम के पेड़ से आँखें हटाकर उसके चेहरे पर टिका दीं।

शशांक का दिल बुरी तरह धक-धक कर रहा था। क्यों बता रहे हैं जतीन दा उसे यह सब? क्या उनके दोस्त शीर्षेन्दु के साथ किसी ने यह सब किया था? पर क्यों? जतीन दा सीधे-सीधे उसे यह कहानी सुना क्यों नहीं डालते? इतना वर्णन किसलिए कर रहे हैं? उसकी जबान सूखकर उसके मुँह में जैसे चिपक गई थी। उसे लगा कि वह कुछ भी बोल नहीं सकेगा और यदि बोला भी, तो जतीन दा को कुछ समझ में नहीं आएगा। वह हताश होकर उनकी तरफ देखता रहा।

''तुम सोच रहे होगे कि मैं तुम्हें यह सब क्यों बता रहा हूँ। पर मैं यह कहानी नहीं सुनाना चाहता कि यह सब शीर्षेन्दु के साथ या उसकी पत्नी के साथ किस तरह हुआ और क्यों हुआ—किस तरह उन्हें अपाहिज बना दिया गया? मैं तुम्हें शीर्षेन्दु की कहानी के अंत में उसकी कहानी बताना चाहता हूँ। इस कहानी का अंत यह है कि एक साधारण आदमी अपने ऊपर हुए अन्याय के खिलाफ बीस साल तक लड़ता रहा, जब तक कि उसने इस अत्याचारी को सजा नहीं दिलवा दी।''

शशांक को अब जतीन दा पर गुस्सा आने लगा। कोई तरीका है यह कहानी सुनाने का? न यह बताएँगे कि शीर्षेन्दु को किसने मारा, क्यों मारा और कैसे उस मारनेवाले को सजा दिलवाई शीर्षेन्दु ने और क्या सजा दिलवाई? जतीन दा क्या उसे अंतरयामी समझते हैं कि वह बिना बताए उनकी सारी बातें समझ लेगा। शायद जतीन दा ने उसके मन की बात भाँप ली और कहने लगे—''दुनिया का इतिहास पलटकर देखो, तो यह कभी समझ में नहीं आएगा कि अपनी सभ्यता को श्रेष्ठ मानकर दुनिया के तमाम देशों पर राज करनेवाले यूरोप में हिटलर जैसा एक आदमी हुआ जिसके कहने पर चुन-चुनकर यहूदी लोगों का शिकार किया गया। उन्हें क्या-क्या यातनाएँ नहीं दी गईं। कैसे उनके कैम्प-पर-कैम्प श्मशान बना दिए गए। कैसे समझाया हिटलर ने अपने साथियों को कि ऐसा करना एकदम सही है? और कैसे मान लिया उन लोगों ने?''

ओह गॉड!—शशांक ने सोचा। फिर वही लंबी भूमिका। सीधे-सीधे शीर्षेन्दु की कहानी थोड़े ही सुना डालेंगे जतीन दा! बातों के लच्छे घुमाते रहेंगे। हिटलर की बातें अब कहाँ से ले आए?

"एक रात शीर्षेन्दु को किसी उग्रवादी ग्रुप से जुड़ा हुआ मानकर पुलिस उसे पकड़ने आई। उसके न मिलने पर उसकी पत्नी को पकड़कर ले गई। उससे पूछताछ शुरू की। न बताने पर वैसे ही बाँधकर तलवों में, पीठ में, रीढ़ में मारा जैसा कि तुम्हें अभी मैंने बताया था। जलती हुई सिगरेट से उसे जहाँ-तहाँ जलाया। फिर बालों को पकड़कर दीवार से बार-बार सिर भिड़ाकर मारा। चमड़े की मजबूत रस्सी से उसके सिर पर भारी वार किए। इस तरह एक महीने तक लगातार उसे टॉर्चर किया जाता रहा। वह बार-बार बेहोश हो जाती, तब उसे छोड़ देते। फिर वही सिलसिला शुरू कर देते। एक महीने बाद उसकी हालत इतनी खराब हो गई कि उसे अस्पताल भेजना पड़ा। उसके बाद धीरे-धीरे उसके शरीर के नीचे का हिस्सा लकवा मारने से बेकार हो गया।"

शशांक आँखें फाड़कर जतीन दा की कहानी सुन रहा था। जतीन दा के चुप होते ही उसे अपने ऊपर शर्म आई कि वह कितने आराम से, बिना कोई खास तकलीफ के, ऐसी दर्दनाक कहानी सुन रहा था जैसे वह कोई सचमुच की कहानी न होकर कोई फिल्म-विल्म की नकली कहानी हो। क्या सचमुच आदमी के लिए किसी और की तकलीफ एक कहानी से ज्यादा कुछ नहीं होती? जतीन दा उसे बता रहे हैं कि एक औरत को कितनी बुरी तरह मार-मारकर अपाहिज बना दिया गया और उसके दिल की धड़कन तक तेज नहीं हुई है। ठीक वैसे ही जैसे टी.वी. में एक शहर पर बमबारी होते हुए लोग ऐसे देखते हैं जैसे कोई आतिशबाजी देख रहे हों।

"शीर्षेन्दु के लिए इस अन्याय का बदला लेना कोई मुद्दा नहीं था। बदला तो उसे कहते हैं जब वह उस पुलिस अफसर को मार देता या उस तरह मारता कि वह भी अपाहिज हो जाता। शीर्षेन्दु तो कोर्ट-कानून के रास्ते उस पुलिस अफसर को दोषी सिद्ध करने चला था। भले ही इसमें बीस साल लग गए..."—जतीन दा के 'भले ही' कहने में वही ध्वनि थी, जो शशांक के अंदर गूँज रही थी। अगर किसी को सही सजा दिलवाने में किसी आदमी के जीवन के इतने साल खर्च हो जाएँ, तो उस सजा का मतलब ही क्या हुआ? यह तो सजा दिलवाने वाले को ही सजा मिलना हो गया।

"फायदा?"—शशांक ने एक शब्द से जतीन दा को बताना चाहा कि वह क्या सोच रहा है। जतीन दा का चेहरा उतर गया। "हाँ, फायदा तो एक तरह से देखो, तो कुछ नहीं। उस पुलिस अफसर को बीस साल केस चलने के बाद सिर्फ तीन महीने की जेल की सजा हुई। मजे की बात देखो

कि बीस साल में लगातार वह ऊँची पोस्ट पाता जा रहा था, जैसे कि इस केस से इस बात का कोई संबंध ही न हो। एक तरफ शीर्षेन्दु कभी डॉक्टरों के, कभी वकील के, कभी कोर्ट के चक्कर लगाता चप्पलें घिस रहा था और किसी तरह इन सारे खर्चों का जुगाड़ बैठा रहा था, वहीं वह पुलिस अफसर मजे से तरक्की की सीढ़ियाँ चढ़ता हुआ जिंदगी काट रहा था। अब वह जमाना गया कि किसी के बदनाम होने से उसका जात-बिरादरी में हुक्का-पानी बंद हो जाया करता था। अब तो ऐसे आदमी का रुतबा ही बढ़ता है कि वाह, क्या मजबूत आदमी है। पहले आदमी को लगता था कि किसी को उसके गुनाह का पता न चल जाए। अब वह सोचता है, पता चले तो चले—मेरा क्या कर लेगा।''

शशांक ने अपनी आँखें झुका लीं। वह नहीं चाहता था कि जतीन दा उसकी आँखों में देखें और यह जान लें कि वह भी रोज दुनिया की इसी बेपरवाह बेशरमी का सामना करता है। कितने लोग हैं—स्कूल के लड़के, टीचर, घर के रिश्तेदार—जो उसे देखकर भी नहीं देखते, जानबूझकर ऐसा दिखाते हैं, जैसे वह हो ही नहीं। उनकी आँखों में शशांक ने हमेशा यही लिखा देखा है, 'हूँह, यह मेरा क्या कर लेगा।'

जतीन दा फिर शीर्षेन्दु की पत्नी को दी गई यातनाओं का वर्णन करने लगे थे। कैसे उसे बालों से पकड़कर घसीटा, कैसे उसे जानवर की तरह एक महीना नहाने और कपड़े बदलने नहीं दिया गया, कैसे उसे मुँह में झाग आने पर ही मारना बंद किया जाता था। शशांक सुनकर भी जैसे नहीं सुन रहा था। आदमी खुद की छोटी-से-छोटी तकलीफ में भी कैसे हाय-हाय करता है और दूसरे को कितना भी कष्ट हो रहा हो, उसे कोई फर्क नहीं पड़ता। वह पुलिसवाला यह सब कैसे कर पा रहा था? क्या उसे किसी ईश्वर का या खुद अपनी आत्मा के मर जाने का कोई डर नहीं था? कैसे उसने यह मान लिया था कि ड्यूटी के नाम पर एक औरत से ऐसा व्यवहार करना सही है?

शशांक के पास जो प्रश्न थे उन्हें पूछना उसे बेकार लगा। उसे मालूम था कि जतीन दा के पास भी वही प्रश्न होंगे। पर उनके उत्तर किसी के पास नहीं हैं, यह वह जानता है। शायद पूरी दुनिया में कभी किसी के पास नहीं रहे हैं। तभी आदमी यह सब हमेशा से करता आया है और शायद करता ही जाएगा। पर शीर्षेन्दु की पत्नी ठीक हुई या नहीं, यह जानना शशांक के लिए सबसे जरूरी है। शायद जतीन दा का उसे यह कहानी सुनाने का

मकसद भी यही है। दिमाग पर चोट या बीमारी के कारण दिमाग के एक हिस्से का खराब हो जाना करीब-करीब एक-सी बातें हैं। शशांक के दिल में एक हिलोर उठी। जरूर वह ठीक हो गई होगी, वरना यह कहानी जतीन दा उसे कभी नहीं सुनाते।

"सबसे ज्यादा मुश्किल था कोर्ट में यह प्रमाणित करना कि शीर्षेन्दु की पत्नी इसलिए अपाहिज हुई थी क्योंकि उसे इस बुरी तरह मारा गया था। उसका निचला हिस्सा धीरे-धीरे कई महीनों में जाकर बेकार हुआ था। सरकार के वकील ने कहा कि उसकी बीमारी का उसकी चोटों से कोई संबंध नहीं है। तब शीर्षेन्दु ने न जाने कहाँ-कहाँ से किताबें मँगवाकर पढ़ना शुरू किया—फॉरेंसिक साइंस, न्यूरोलॉजी, न्यूरोसर्जरी, टॉर्चर वगैरह पर लिखी किताबों से तो उसने प्रमाण जुटाए ही, साथ-साथ इस तरह के पुराने केसों पर दिए गए पचासों फैसलों से उसने प्रमाण जुटाए कि साबित कर सके कि उसकी पत्नी की यह हालत उन यातनाओं से ही हुई है। इस तरह मारने से क्या-क्या तकलीफें कितने प्रतिशत लोगों को हुई हैं, एक रिसर्च के हवाले से उसने जज के सामने प्रमाण रख दिया—सिरदर्द 63 प्रतिशत, दिखाई कम देना 34 प्रतिशत, चक्कर आना 38 प्रतिशत, कान से न सुनना 16 प्रतिशत...।"

"प्लीज"—शशांक के कहने पर जतीन दा चुप हो गए। बाप-रे-बाप, और नहीं सुन सकता वह। क्या आदमी हैं जतीन दा। कितने डिटेल में ऐसी बातें याद रख सकते हैं। पर यह सब काम शीर्षेन्दु ने ही किया, तो उसका वकील क्या कर रहा था?

"वकील?" शशांक ने पूछा। उसे हर वाक्य से एक शब्द चुनकर बोलना है, वरना जतीन दा फिर उसकी बात नहीं समझेंगे।

"वकील लोग क्या करते हैं, यह तो तुम शीर्षेन्दु से पूछो। उसे बाद में यह शक हो गया था कि उसका वकील उसे केस जिताना नहीं चाहता। इसलिए कोर्ट में दरख्वास्त कर उसने खुद केस लड़ने की इजाजत ले ली। कुछ लोगों ने जो वकालत पढ़े हुए थे, लेकिन अपने पेशे की बुराइयों से शर्मिंदा थे, शीर्षेन्दु की बहुत मदद की"—जतीन दा की आवाज में हँसी का पुट क्यों है, जानने के लिए शशांक ने उनकी तरफ देखा। उनकी आँखों में शरारत की चमक थी। क्या माजरा है, उसने हैरान होकर सोचा।

"सोचो, सोचो"—जतीन दा ने कहा। उनके इस तरह सोचने के लिए कहने से अचानक शशांक की सब समझ में आ गया। पिछले दो सालों

से माँ इतनी व्यस्त क्यों रहती थी! क्यों अचानक जतीन दा उसे विक्टोरिया मेमोरियल में मिल गए थे!! क्यों माँ ने एक बार कहा था कि वकील होने का मतलब तभी है, जब सच्चाई की तरफ खड़ा हुआ जा सके और वह भी ऐसी सच्चाई के पक्ष में, जिसके पास कोई ताकत नहीं है।

शशांक ने माँ की इस बात को कभी-कभार बड़े-बड़े डायलॉग मारने की उसकी आदत से जोड़कर उड़ा दिया था। उसे यह भी याद आया कि माँ की बात पर दादी महाभारत की पचासों बार सुनी-सुनाई कोई कथा सुनाने लगी थी कि कैसे कृष्ण ने अपनी सेना दुर्योधन को दी और खुद अर्जुन की तरफ चले गए। उसे माँ का दादी की कथा से उकताने पर बना चेहरा भी याद आया।

"अच्छा तो यह बात है। सारी मिलीभगत है"—शशांक का मन एकदम मर गया। क्या उसके जीवन में खुद उसका अपना निर्णय कुछ नहीं है? उसका अपना कोई चुनाव नहीं है? उसे लगा जैसे माँ, मौसी, जतीन दा सबने मिलकर उसे बहुत बड़ा धोखा दिया हो। माँ ने जिस तरह अपनी सहेली के लड़के को सेंट जोसेफ स्कूल के पहले साल में उसका मन लगाने का जिम्मा दे दिया था, अब उसी तरह जतीन दा को उससे मिलवाने विक्टोरिया मेमोरियल के मैदान भेज दिया। और वह बेवकूफ की तरह पूरे समय सोचता रहा कि जतीन दा उसकी अपनी खोज हैं। शशांक को लगा जैसे किसी ने उसकी बहुत कीमती चीज चुरा ली हो। लेकिन इस बात को माँ कभी नहीं समझ सकती और न ही जतीन दा समझेंगे।

"क्यों, बहुत बुरी लगी तुम्हें हमारी साजिश? तुम्हारे 'ईगो' को यह धोखे जैसा लग रहा है न?"—जतीन दा उसे गौर से देख रहे थे।

शशांक असहज हो उठा। बाप रे बाप, यह आदमी तो जैसे अंदर की सारी बातें पढ़ डालता है। "मैं तुमसे मिलना चाहता था, लेकिन तुम्हारी माँ के कहने पर नहीं। हाँ, यह सुझाव उसी का था कि मैं बिना उसकी दखलंदाजी के सीधे-सीधे तुमसे मिलूँ। पर 'ईगो' का प्रदूषण या कहो, ताकत का प्रदूषण सारे मन के गाँव को कालेपन से ढक देता है। अफसोस कि सब जगह यही होता है। यही तो हमारे संगठन की हार का कारण था, जबकि हम सबका एक ही सपना था कि इस दुनिया को बराबरी के धरातल पर ले आएँ। पर हमारे अपने 'ईगो' ने—हमारी ताकत की चाह ने—हमें ही बराबर का साथी नहीं होने दिया।"—जतीन दा के स्वर में इतनी निराशा शशांक ने कभी नहीं पाई थी।

“अरे किसका ईगो जतीन दा? आप मेरी माँ को नहीं जानते। वह मेरे आपके सबके जीवन की डोर अपने हाथों में रखे–उसका वश चले तो।”–शशांक की बात पर जतीन दा हँस पड़े। शशांक खुश था कि वह इतना साफ बोला था कि उसकी पूरी बात जतीन दा समझ गये थे। पर मन-ही-मन उसने जतीन दा से कहा–यह जो शीर्षेन्दुवाली कहानी आपने मुझे सुनाई, इसके दो मकसद तो मेरी समझ में आ गए। एक तो आपको माँ से अपनी पुरानी पहचान बतानी थी और दूसरा कि जीवन में बहुत सारे कष्ट दूसरों की क्रूरता के कारण होते हैं, सिर्फ मच्छरों या वाइरस के कारण नहीं। पर असली बात तो बताइए, शीर्षेन्दु की पत्नी ठीक हुई या नहीं?

“वह चलने लगी?”–उसने एक-एक शब्द को धीरे-धीरे अलग करते हुए पूछा।

“तो तुम क्या समझते हो कि वे लोग हार मान लेनेवाले थे? और तुम भी थोड़े दिन में चलने नहीं लगोगे?”–जतीन दा का जवाब तैयार था। शशांक का मन बाहर हवा में उड़ती जाड़े की धूप की तरह गुनगुनाने लगा।

3

असमाप्त कथा

मौसी की कहानी पूरी होने के लिए बेचैन है—शशांक जानता है। वह यह भी जानता है कि मौसी पहली बार अपनी कथा की 'सर्वांगपूर्णता' को लेकर बहुत संदेह में है। पर क्या सारी कथाएँ सूर्योदय के आकाश की तरह ही नहीं होतीं, जो रोज अधूरा होते हुए भी रोज पूर्ण होता है? शशांक मौसी को कहना चाहता है कि वह आधे दशक से लिखी जाती अपनी इस कथा को—जिसे मौसी ने न जाने कितनी बार लिखा और फाड़ा है—पूरी हो जाने दे। यह जिंदगी का एक टुकड़ा—और वह भी अधूरा—हो तो हो। इस बार वह खुद अधूरेपन के पक्ष में है।

मौसी नहीं मानती। यों शशांक की यह गुजारिश अनकही है। मौसी चाहती तो उसे समझ लेती। पर वह नहीं चाहती। उसे और-और कथाएँ मिलती जाती हैं जो उसे फिर वहीं खींच लाना चाहती हैं। वह एक पूरी हो गई पेंटिंग पर बार-बार रंग छुआना चाहती है। उसे लग रहा है कि शायद कहीं कुछ बाकी रह गया है।

बाकी क्या रह गया है? यही जो आदमी की कमजोरियों की कथा है। उसके सचमुच आदमी न हो पाने का कष्ट है। उसे कहकर भी क्या होगा? पर मौसी नहीं मानेगी। शायद उसे लगता है कि बाकी कथा कहकर वह आदमी को एक पूर्ण इंसान बना देगी या फिर अपनी कथा को एक पूर्ण कथा।

वे पचास लोग थे। एक बस में सवार। सवारी थी गढ़वाल विकास निगम की और यात्रा थी बद्री-केदार के पहाड़ों की। हजारों सालों से चलती ऐसी यात्राओं में शशांक का उस यात्रा में होना—वह भी व्हील-चेयर सहित—उस

यात्रा को खास बनाता था। आम तौर पर हिंदुस्तान में ऐसे लोग इतने पुण्यवान नहीं समझे जाते कि उन्हें घर की चहारदीवारी से निकालकर दुनिया की सैर कराई जाए। उन्हें घर में ही बंद रखा जाता है—दुनिया के भाग्यशाली लोगों की नजरों से दूर।

उन्हीं पचास लोगों में वह भी था। वह यानी कमजोर आदमी। अलबत्ता वह खुद की नजरों में कमजोर नहीं था। उसे सातों सुख मिले हुए थे। साठ साल की उम्र में भी तंदुरुस्ती। पैसा। मकान। लड़के, बहुएँ, पोते-पोती। वह अपनी कमजोरी भी नहीं जानता था। इसलिए यात्रा के अंतिम पड़ाव में उसने एक दिन बहुत बावेला मचाया। उसने बस की आगे की सीट शशांक के लिए रखे जाने की चिल्ला-चिल्लाकर शिकायत की कि व्हील-चेयरवाले लड़के को इतना महत्व क्यों दिया जा रहा है जबकि यात्रा में पैसा उसने भी उतना ही खर्च किया है।''

माँ स्तब्ध थी। हमेशा की तरह पापा ने मौन साध लिया। माँ ने पापा से पूछा कि कोई इतना घटिया कैसे हो सकता है। पापा चुप रहे। माँ गुस्सा नहीं कर पाई। उसे रोना आ गया था। इसलिए नहीं कि वह उस बात से दुखी हुई थी, इसलिए कि उसे लगा कि शशांक को जीवन-भर इस तरह के कमीनेपन को आमने-सामने झेलना पड़ेगा।

शशांक ने माँ से कहा, ''उसे बताओगी नहीं कि उसने कितनी गलत बात की है, तो उसे पता भी नहीं चलेगा। वह समझ रहा है कि उसकी शिकायत एकदम सही है जबकि मेरे कारण एक दिन भी यात्रा में किसी को देर नहीं हुई है। हमने कभी कोई एक्स्ट्रा सुविधा लेने की कोशिश नहीं की है। यहाँ तक कि बस के ड्राइवर और गाइड ने मेरे लिए वह सीट रखी थी, हमने खुद ऐसी कोई माँग नहीं की थी।''

उसके बाद यात्रा एक दिन और चली, पर उन लोगों के मन मर गए थे। यानी पापा, माँ और शशांक के मन। बाकी के मन या तो उदासीन थे या उन्हें इस बात की कोई परवाह नहीं थी कि उन्होंने किसी के रिसते घाव में ठोकर मार दी है। वे हँस रहे थे और जोर-शोर से 'जय बद्री विशाल की' के नारे लगा रहे थे। माँ ने देखा कि लोग उनसे आँखें मिलने से आँखें फेर लेते थे जबकि कमजोर आदमी से सब खूब हँस-बोल रहे थे। माँ को यकीन नहीं हुआ। उसने वकालत के पेशे में आदमी की कमीनगी के हर रोज दर्शन किए थे, पर सामूहिक कमीनगी से वह शायद अनजान थी। तो क्या ये सारे लोग मान रहे हैं कि कमजोर आदमी का तर्क सही था? क्या

ये सब मान रहे हैं कि उन लोगों ने शशांक को साथ लाकर कोई गलती की है जिसकी सजा उन्हें मिलनी चाहिए? 'माँ, प्लीज कुछ कहो', शशांक ने फिर कहा।

अंतिम दिन माँ ने बस में माइक लेकर कहा, "इस यात्रा में सिर्फ एक ही शिकायत देखी गई कि व्हील-चेयरवालों को बहुत महत्व दिया गया। इसलिए मैं सुझाव देती हूँ कि यह शिकायत पालनेवाले आगे कभी यात्रा करें, तो व्हील-चेयर पर आएँ।"

कमजोर आदमी उग्र होकर लड़ने के लिए उठ खड़ा हुआ। सबने बीच-बचाव किया—'सब शांत रहें। किसी के लिए कोई बुरा न सोचे। यह धर्मयात्रा है।' किसी ने नहीं कहा कि कमजोर आदमी ने गलत बात की थी। वे सब हँसते, आपस में गले मिलते, एक-दूसरे के पते लेते, अपने-अपने घर चले गए। उनकी धर्मयात्रा सफल रही थी।

कॉलेज में मोबाइल फोन साथ ले जाने के लिए शशांक को मनाना आसान नहीं था। माँ ने एकाध बार कोशिश की, फिर हार मान ली। अमित कॉलेज की पढ़ाई के लिए दिल्ली चला गया था।

एक दिन जाड़े की सुबह छह बजे मुँह-अँधेरे चाचा शशांक को क्लास में सबसे पहले बैठाकर घर चला आया था। जब उसे वापस लेने नौ बजे पहुँचा, तो शशांक क्लास में अकेला बैठा था। उस दिन कॉलेज में उसकी क्लास की छुट्टी थी। शशांक को यह बात मालूम नहीं थी। उस दिन के बाद वह मोबाइल लेकर कॉलेज जाने लगा।

एक सप्ताह के अंदर ही मोबाइल चोरी हो गया। शशांक को चोर का नाम मालूम था। चोर ने अपने स्कूटर की चाभी शशांक के बैग में रखवाने का नाटक किया था ताकि अगर कोई उसे मोबाइल निकालते देख ले, तो वह कह सके कि वह अपने स्कूटर की चाभी निकाल रहा था।

माँ चोर से मिलने गई थी क्योंकि कॉलेज में प्रिंसिपल तक बात जाए, इसके पहले चोर के दिल से अपील करना सिद्धांततः जरूरी था। मुश्किल सिर्फ एक थी कि चोर का बाप पुलिसवाला था। इसलिए उसके अंदर के दिल के बारे में अनुमान लगाना पेचीदा काम था। माँ ने चोर से कहा, मोबाइल रखना शशांक की मजबूरी है, दिखावेबाजी का शौक नहीं। चोर ने हामी भरी। आखिर उसके अंदर एक दिल तो धड़कता ही था। फिर उसने

उसी दिल से बहुत गहरा दुख प्रकट किया कि 'शशांक जैसे लड़के' से भी बातचीत करने का, जो उसकी समझ में एक महान काम था, उसे यह फल मिल रहा है कि उस पर ही चोरी का आरोप लगाया जा रहा है।

माँ हार गई। चोरी से भी ज्यादा इस प्रत्यारोप से वह बुरी तरह पस्त हो गई। आठ साल की जया ने नाश्ते की टेबुल पर चलती बहस में कहा, "मुझे तो लगता है कि वह पुलिसवाले का बेटा नहीं, भवानीपुरवाले चोर का बेटा है।" सब चौंक पड़े—कौन भवानीपुरवाला चोर? "वह दाँतवाला डॉक्टर। और कौन? पापा ने कहा था ना उस दिन कि भवानीपुरवाला डॉक्टर एकदम चोर है!" सब हँस पड़े। सिवाय माँ के। शशांक ने देखा कि वह आसपास की दुनिया के इस कदर खतरनाक बनते जाने से डर गई थी।

"शशांक अब अपने सारे काम खुद कर सकता है—नहाना-धोना, खाना-पीना, कपड़े पहनना वगैरह-वगैरह। वह दीवारें और फर्नीचर पकड़कर इधर-से-उधर जा सकता है"—माँ किसी को फोन पर बता रही है। उसकी आवाज में एक राहत है या अफसोस? शशांक समझ नहीं पाता। उसे बीमार पड़े तीन साल बीत गए। उसका इतना ठीक होना और कॉलेज भी चले जाना शायद एक असंभव-सी बात का संभव होना है। वह देखता है कि माँ उसे कभी-कभी बहुत अचंभे से देखती है—उस देखने में संतोष है या निराशा है, वह जान नहीं पाता। क्या वह यह सोच रही है कि मुँह से लार गिरती रहने और गरदन तक न सँभाल पाने की हालत से वह कम-से-कम यहाँ तक तो पहुँच गया है। या फिर वह पहले की तरह उसके अपने-आप, बिना किसी आदमी की सहायता के चलने का इंतजार करती-करती थकने लगी है।

वह पापा को देखता है तो वहाँ उसे हताशा साफ दिखाई पड़ती है। पापा माँ को अकेले में जरूर कहते होंगे—'तुमने तो कहा था, छह महीने में एकदम अपने-आप चलने लगेगा। कितने छह महीने बीत गए...।' शशांक को पता है कि माँ जवाब में कहती है—"बस अब ज्यादा-से-ज्यादा छह महीने और। इससे ज्यादा समय और नहीं लगेगा।

दादी कहती है कि औरतें मजबूत होती हैं। पापा के लिए उसकी बीमारी सहना मुश्किल है। वे कहना नहीं चाहते, पर फिर भी कभी-कभी अपने बंबई के दोस्त संजय के लड़के की बात बता जाते हैं जो शशांक का हमउम्र है—उसने संजय का काम में पूरा हाथ बँटाना शुरू कर दिया है। कॉलेज के बाद पूरे टाइम ऑफिस में रहता है। यह बात सुनकर माँ पापा को जिस

तरह देखती है, उसमें यह आश्चर्य साफ लिखा होता है–'कैसे तुम शशांक के सामने इस तरह की बात कर रहे हो।' पापा सिटपिटा जाते हैं। बेचारे पापा। वे सहन नहीं कर पाते, बस बात इतनी है। माँ मजबूत है। इसलिए चुप रह जाती है, भले ही मन में क्या-कुछ न चल रहा हो।

बंबई के संजय अंकल जिस दिन नाश्ते पर आनेवाले थे, वह भी जल्दी उठकर तैयार हो गया था कि उनसे मिलना है। बीमार पड़ने के बाद वह उनसे नहीं मिला है। पिछली बार वह स्कूल गया हुआ था और वे कलकत्ते में सिर्फ एक दिन ठहरते हैं। अगले ही दिन आसनसोल चले जाते हैं। वह तैयार होकर नीचे आया, तो पापा ने उसे अजीब तरह से देखा और कहा–"अरे, तुम तो संडे के दिन देर से उठते हो। आज कैसे उठ गए?" शशांक का एकबारगी मन हुआ कि वह तुरंत वापस ऊपर चला जाए, पर उसने अपने ऊपर काबू कर लिया। शायद ऐसे ही कह रहे हों। फिर उसने कुछ देर बाद पापा को माँ से कुछ खुसुर-फुसुर करते देखा। माँ का चेहरा बिलकुल फक था।

वह समझ गया। समझते ही उसे गुस्सा आया–ऐसा गुस्सा कि उसे लगा दिमाग की नसें फट जाएँगी। वह तनकर बैठ गया और पापा को आवाज लगाई। पापा के पास आने पर उसने दबी जबान में पूछा–"आर यू अशेम्ड ऑफ मी?"

उसने देखा कि उसके प्रश्न से पापा का चेहरा एकदम उतर गया जैसे उन्हें किसी ने सौ जूते मारे हों। उसने देखा कि माँ एकदम सन्न खड़ी थी। उसे लगा कि माँ पापा की तरफ से कुछ कहेगी। पर वह चुप रही। शायद उसे शशांक के प्रश्न से भूत-वर्तमान-भविष्य सहित पूरा ब्रह्मांड नजर आ गया था। वह जीवन में पहली बार अवाक् थी।

समय उन सबकी नसों को एक छोर से दूसरे छोर की तरफ रबर की तरह खींचे हुए था। पापा ने माँ की तरफ मदद के लिए देखा। उनकी घबड़ाहट से शशांक का मन कुछ पसीज आया। बेचारे पापा। जब पापा ने देखा कि माँ बिना कुछ कहे पत्थर की तरह खड़ी है, तब उन्होंने एक लंबी साँस लेकर शशांक की तरफ देखा और अपने हाथ से उसके बाल बिगाड़ते हुए कहा, "तुम मेरी जान हो। यू आर माइ लाइफ।"–इस बात की सच्चाई धरती और आकाश की तरह थी, जिन्हें कोई प्रमाण की जरूरत

नहीं होती। शशांक ने देखा कि पापा के चेहरे पर एक देवता है। उसने देखा कि माँ की पत्थर बन गई पलकें पापा के शब्दों के स्पर्श से हिलने लगी हैं और वह भी उसी देवता को देख रही है।

माँ ने अब अपने अंदर देखा—उन तमाम शिकायतों को, जो रोज वह जीवन से या किसी अनजाने ईश्वर से करती थी। बिना एक भी लफ्ज कहे। कैसे रोज वह एक नए सिरे से जिंदगी को सहना सीखती थी। कैसे वह रोज अपने से कहती थी—काश, ऐसा न हुआ होता। काश सबकुछ एकदम ठीक होता। काश, काश, काश। कैसे वह अपने आपको यह कहने से बचती थी कि बहुत मुश्किल है किसी की कमी को सहना—और वह भी अपनी बनाई हुई किसी चीज की। अपनी ही संतान की। कैसे शशांक कितनी बार उसकी आँखों में इस शिकायत को, इस निराशा को पढ़ लेता था और उसकी आँखें एक तरह से नफरत से भर जाती थीं। उफ् कितना बदसूरत होता था वह क्षण। कैसे वह क्षण निर्दयता से उनके दिलों को काट-पीटकर टुकड़े-टुकड़े कर डालता था। उन दिलों को, जो एक-दूसरे के प्रति संसार के सबसे सुंदर, अकथ प्रेम से भरे हुए थे। तब भी। तब भी। लेकिन फिर कैसे वे एक-दूसरे को माफ कर देते थे और तब यह कही-अनकही माफी उनके दिलों को कैसे एक और दर्द की मुहर लगाकर फिर जोड़ देती थी।

वे तीनों अपने-अपने अंदर देखने से निकलकर एक-दूसरे को देखने लगे थे। शशांक ने धीमे से मुस्कराकर कहा—'कोई बात नहीं।'

और तब एक सतरंगा इंद्रधनुष उसके इन तीन शब्दों से निकलकर उन तीनों के ऊपर तन गया। ऐसा झिलमिल जो आज तक इस पृथ्वी पर कभी नहीं देखा गया था। इसमें न दुख के रंग थे और न सुख के रंग थे। वह उसी तरह अद्भुत, पूर्ण और रहस्यमय था, जैसा कि खुद जीवन होता है और उसे जीनेवाली तमाम कथाएँ होती हैं। इसके बारे में ज्यादा कुछ लिखना या उसकी व्याख्या करना मौसी को बिल्कुल व्यर्थ लगा क्योंकि वह जानती थी कि इसे समझनेवाले ही समझेंगे और उन्हें क्या समझाना ?

●●●